대학연의보【13】大學衍義補

권100~권106

대학연의보【13】大學衍義補

1판 1쇄 인쇄 2024년 10월 4일
1판 1쇄 발행 2024년 10월 22일

—

저 자 | 구 준
역주자 | 오항녕
발행인 | 이방원

—

발행처 | 세창출판사
신고번호·제1990-000013호 | 주소·서울 서대문구 경기대로 58 경기빌딩 602호
전화·02-723-8660 | 팩스·02-720-4579
http://www.sechangpub.co.kr | e-mail: edit@sechangpub.co.kr

—

ISBN 979-11-6684-343-3 94150
979-11-6684-099-9 (세트)

—

·이 책은 한국연구재단의 지원으로 세창출판사가 출판, 유통합니다.
·잘못된 책은 구입하신 서점에서 바꾸어 드립니다.

—

이 번역서는 2015년 대한민국 교육부와 한국연구재단의 지원을 받아 수행된 연구임 (NRF-2015S1A5A7016334).

대학연의보 大學衍義補

권100~권106

A Translation of "**Daxue Yanyi Bu**"

【13】

구준邱濬 저
오항녕 역주

세창출판사

【머리말】

구준(邱濬)이 지은 《대학연의보(大學衍義補)》는 일반에게 잘 알려진 책은 아니다. 그러나 정주학(程朱學) 혹은 성리학(性理學)에 관심이 있거나 중국의 경세학(經世學)에 약간의 상식이 있는 사람이라면 이 거대한 저작에 대해 조금이라도 귀동냥을 했을 법한 나름은 유명한 책이기도 하다.

주지하다시피 성리학은 한때 지나친 관념주의로 치부되어 비판받기도 하였다. 하지만 송대에 주희(朱熹)가 정리한 이래 중국의 역사에서 가장 핵심적인 사상으로서 기능했으며, 또 현실을 움직였던 학문으로 두루 인정된 것은 또한 사실이다. 특히 주희가 주목한 경전으로서의 《대학》은 그 분량이 대단히 적음에도 불구하고 이전의 유학과는 다른 신유학의 핵심 경전이다. 그 《대학》의 순서에 따라 역사적 사실을 결합하여 경사(經史) 일치의 경세학으로서 《대학》과 관련된 여러 저작이 등장하였다.

그 대표적인 것으로 꼽을 수 있는 책이 진덕수(眞德秀)의 《대학연의(大學衍義)》(43권)와 구준의 《대학연의보》(160권)이다. 남송대와 명대를 대표하는 이 두 책은 모두 제왕학에 핵심적인 교재로서 원나라 이후에 경연에서도 읽힐 만큼 경세와 깊은 관련이 있었다. 송나라 후기와 원나라를 거치며, 명과 청 제국에서도 성리학적 사고와 이에 기반한 실천은 중국의 역사를 설명하는 가장 중요한 요소가 되었다.

《대학연의보》는 양명학이 발전한 명에서 주목이 되었던 경세서이다. 주희의 재전(再傳) 제자였던 진덕수는 《대학연의》에서 국가의 통치를 위해서 원칙을 중시하였고, 특히 황제의 개인적인 수양(修養)이 국가의 안녕과 경세의 기초가 됨을 강조하였다. 구준은 여기에 황제 개인의 수양만이 아니라 제도적인 정비와 개선의 노력이 또한 중요함을 《대학연의보》에서 수많은 역사적인 사례를 들어서 설득하려고 시도하였다.

황제 개인에게 권력이 집중됨으로써 황제독재체제를 유지하였던 명조의 상황에서 황제를 향한 이러한 제안은 군주의 마음을 바르게 하는 것에서 출발하여 조정과 백관, 만민과 나아가 사방(세계)을 안정시키는 유일한 경세의 대안이었다. 이전에 군주의 마음 수양에 강조를 두던 경향에 더하여 국가 경영과 민생에 필요한 분야는 모두 망라한 내용은 매우 실용적이고 객관적이며 실천가능한 내용을 포함한 것이었다.

이 때문에 이 책은 성리학으로 국가를 경영하였던 비슷한 처지의 조선에서도 주목이 되었던 것이다. 따라서 《대학연의보》의 번역은 단지 중국의 고전, 경세서로서만이 아니라 많은 문화를 공유하였던 중국과 한국, 특히 명, 청과 조선의 역사와 문화를 이해하는 데에도 매우 큰 시사점을 줄 수 있다.

이 책의 번역은 한국연구재단의 동서양학술명저번역사업의 지원으로 가능하였다. 160권에 달하는 엄청난 분량을 번역하기 위해 고 윤정분 덕성여대 교수를 연구책임자로 번역팀을 구성하여 2015년부터 번역이 시작되었다. 하지만 번역작업을 마쳐 가던 2017년 12월 불의의 사고로 인해 윤 교수님이 유명을 달리하시게 되어서 불가피하게 번역이 지체되어 이제야 간행에 이르게 되었다. 국내에서 《대학연의보》와 명대 정치사의 최고 권위자였던 윤 교수님께서 평생 소원이었던 이 책의 번역과 간행을 미처 보시지 못한 점을 우리 번역팀 모두는 매우 안타깝게 여기면서 윤 교수님의 영전에 이 책을 바친다.

2022년 4월

번역팀 일동

【차 례】

일러두기

1. 이 책의 번역 저본은 1506년 명(明) 정덕(正德) 원년(元年)에 주홍모(周洪謨) 등이 교감한 정덕본이다. 소장처는 동경대학 동양문화연구소이다.
2. 1559년 명(明) 가정(嘉靖) 38년(1559) 길징(吉澄) 등이 교감한 가정본, 청의 《사고전서》에 수록된 사고전서본을 참고하여 원문을 교감했다.
3. 번역 저본은 주제별로 경전(經傳)과 사서(史書)에서 발췌한 본문, 본문에 대한 여러 학자들의 해설, '신안(臣按)'으로 표시된 구준(邱濬)의 의견으로 구성되어 있다. 본문과 해설, 구준의 의견은 각기 번역문 하단에 원문을 부기하였다.
4. 원문은 읽기 쉽도록 표점하였으며, 한국고전번역원 표점 지침(2014)을 준용했다.
5. 본문을 비롯한 여러 글의 원주(原註)는 번역문의 중간에 【 】로 표시하고 번역했다.
6. 번역은 원주(原註)를 최대한 반영하였으며, 그러므로 현재 통용되는 해석과는 차이가 있을 수 있다.
7. 역자 주는 각주를 원칙으로 하되, 10자 안팎의 간단한 내용이면 본문 속에 한 포인트 작은 글자로 설명하였다.
8. 번역문은 한글 쓰기를 원칙으로 하되, 필요하면 한글(한자)로 병기했다.
9. 책은 《 》, 편장은 〈 〉으로 표시했다.
10. 책의 이해를 돕기 위하여 《대학연의보》 1권 앞에 전체 해제를 실었다.
11. 인명·지명·서명·고유명사는 현대 한국어표기법을 따랐다.

대학연의보

大學衍義補

대학연의보
(大學衍義補)

권100

치국평천하의 요체[治國平天下之要]

형법을 신중히 함[愼刑憲]

형벌 제정의 의의를 총론함(상) [總論制刑之義(上)]

《주역》에서 말하였다.[1]

서합【서(噬)는 깨문다[齧]이다.】【합(嗑)은 합한다[合]이다.】은 형통하니, 옥을 쓰는 것이 이롭다.

《易》: 噬【齧也】嗑【合也】, 亨, 利用獄.

정이(程頤)가 말하였다.[2]

"입속에 물건이 끼어 있으면 위아래를 가로막아 합할 수 없으니,

1 《주역》에서 말하였다: 《주역》 이상진하(離上震下 ䷔) 〈서합(噬嗑)〉괘의 상(象)에 나온다.

2 정이(程頤)가 말하였다: 이하 정이(程頤)의 말은 《주역》의 '전(傳)'에 나온다.

반드시 깨물면 합하게 되므로 '서합(噬嗑)'이라고 한 것이다. 성인(聖人)이 괘(卦)의 상(象)을 가지고 천하(天下)의 일에 미루어 보니, 입에는 물건이 가로막혀 있어 합하지 못하고, 천하에는 강경하거나 참언하는 사악한 자가 그 사이에 가로막고 있음이 되기 때문에 천하의 일이 합하지 못하는 것이니, 응당 형법을 쓴다. 작으면 징계하고 크면 주륙하여 이것을 제거한 뒤에야 천하를 다스릴 수 있다. 《서합》은 천하를 다스리는 대용(大用)이니, 천하의 간격을 제거함은 형벌을 쓰는 데 달려 있다.

程頤曰: "口中有物, 則隔其上下不得嗑, 必齧之則得嗑, 故爲噬嗑. 聖人以卦之象推之於天下之事, 在口則爲有物隔而不得合, 在天下則爲有強梗或讒邪間隔於其間. 故天下之事不得合也, 當用刑法, 小則懲戒·大則誅戮以除去之, 然後天下之治得成矣. 《噬嗑》者, 治天下之大用也, 去天下之間, 在任刑罰."

또 말하였다.

"천하의 일이 형통하지 못하는 까닭은 간격이 있기 때문이니, 깨물어서 합하면 형통하다. '옥(獄)을 쓰는 것이 이롭다'는 것은 깨물어 합하는 도(道)이니, 형옥을 써야 한다는 것이다. 천하의 간격을 형옥이 아니면 어떻게 제거하겠는가. '형을 쓰는 것이 이롭다'고 말하지 않고 '옥을 쓰는 것이 이롭다'고 말한 것은 괘(卦)에 밝게 비추는 상(象)이 있어서 옥사를 살피는 데 이롭기 때문이다. 옥은 실정(實情)과 거짓을 규명하여 다스리는 것이니, 그 실정을 얻으면 간격이 되는 방도를 아니,

그런 뒤에 방비책을 세우고 형을 가할 수 있다."

又曰: "天下之事所以不得亨者, 以有間也, 噬而嗑之則亨通矣. 利用獄, 噬而嗑之之道, 宜用刑獄也. 天下之間, 非刑獄何以去之? 不云利用刑而云利用獄者, 卦有明照之象, 利於察獄也. 獄者, 所以究治情僞, 得其情, 則知爲間之道, 然後可以設防與致刑也."

주희(朱熹)가 말하였다.[3]

"《서합》 괘는 음으로서 양위(陽位)에 있으니 자리에 마땅하지 않으나 옥을 쓰는 것이 이롭다. 대개 옥사를 다스리는 도(道)는 오직 위엄과 밝음뿐이고 그 중을 확보하는 것이 중요하다."

朱熹曰: "卦以陰居陽, 雖不當位而利用獄, 蓋治獄之道, 惟威與明而得其中之爲貴."

단(彖)에서 말하였다.

입안에 물건이 있으므로 '서합'이라 한 것이니, 깨물어 합하여 형통한 것이다. 강함과 부드러움이 나뉘며, 움직이고 밝으며, 우레와 번개가 합하여 빛난다. 부드러움이 중을 얻어 위에서 행하니, 자리에 마땅하지 않지만 옥을 쓰는 것이 이롭다.

---

3 주희(朱熹)가 말하였다: 이하 주희(朱熹)의 말은 《주역》의 '본의(本義)'에 나온다.

彖曰: 頤中有物曰噬嗑, 噬嗑而亨. 剛柔分, 動而明, 雷電合而章. 柔得中而上行, 雖不當位, 利用獄也.

정이가 말하였다.

"강효(剛爻)와 유효(柔爻)에 틈이 있어 강함과 부드러움이 나뉘어 서로 뒤섞이지 않았으니, 밝게 분변하는 상(象)이 된다. 밝게 분변함이 옥사를 살피는 근본이다. '움직이고 밝음'은 아래는 진(震)이고 위는 이(離)이니, 이것이 '움직이고 밝은' 것이다. '우레와 번개가 합하여 빛난다'는 말은, 우레는 진동하고 번개는 빛나서 서로 기다려 함께 나타나니, 이것이 합하여 빛나는 것이다. 비춤과 위엄을 병행하는 것이 옥사를 쓰는 도(道)이니, 비추면 숨기는 실정이 없고, 위엄이 있으면 감히 두려워하지 않는 이가 없다. 육오(六五)가 부드러움으로서 중(中)에 거처하였으니 마땅하지 않지만 옥을 쓰는 것이 이롭다는 것은 옥사를 다스리는 도는 전적으로 강하기만 하면 엄하고 사납게 되는 손상이 있고, 지나치게 부드러우면 너그럽고 풀어지는 잘못이 생기는데, 오(五)가 옥사를 쓰는 주체가 되어 부드러움으로서 강함에 처하여 중을 얻었으니, 옥사를 쓰는 마땅함을 얻은 것이다."

程頤曰: "剛爻與柔爻相間, 剛柔分而不相雜, 爲明辨之象. 明辨, 察獄之本也. 動而明, 下震上離, 其動而明也. 雷電合而章, 雷震而電耀相須並見, 合而章也. 照與威並行, 用獄之道也, 能照則無所隱情, 有威則莫敢不畏. 六五以柔居五爲不當而利於用獄者, 治獄之道全剛則傷於嚴暴, 過柔則失於寬縱, 五爲用獄之主, 以柔處剛而得中, 得用獄之宜也."

신은 이렇게 생각합니다. 선유(先儒)의 말에, 〈서합(噬嗑)〉은 진(震)이 위에 있고 이(離)가 아래에 있으며, 진은 우레이고 이는 번개라고 합니다. 천지가 존재를 낳을 때 존재를 만드는 강경함이 있어 반드시 우레와 번개로 내려치고, 성인이 천하를 다스릴 때 백성을 낳는 강경함이 있어 반드시 형옥을 써서 판결합니다. 그러므로 깨물어 합하여 턱 안에 강경함을 제거하고 우레와 번개로 턱 안의 강경함을 제거하며 형옥으로 천하의 강경함을 제거합니다.

강경하다는 것은 곧 틈이 있다는 말입니다. 물건이 내 턱 안에 끼어 있으면 반드시 물어 자른 뒤에 입을 닫을 수 있으며, 입을 합할 수 없으면 막혀서 기가 통하지 못합니다. 사람이 내가 다스리는 사이에 강경하게 끼어 있으면 반드시 잘라낸 뒤에 백성들이 편안할 수 있습니다. 백성들이 편안하지 못하면 혹독한 동요가 생겨 태어나도 편안할 수 없습니다.

그런데 나의 다스림을 경직되게 만들고 백성들을 불안하게 하는 데는 반드시 그 사정이 있고, 그 사정이 있기 때문에 옥사가 있습니다. 그러므로 이런 옥사를 다스리는 방법은, 밝지 않으면 정밀히 살필 수 없고 위엄이 아니면 판결을 내릴 수 없습니다. 밝게 판단하되 반드시 번개의 섬광처럼 밝게 함으로써 사람들로 하여금 덮을 방법을 알지 못하게 하고, 위엄을 가지고 판결하되 반드시 우레의 굉음처럼 내려쳐서 사람들로 하여금 항거할 방법을 알지 못하게 해야 하니,

밝음과 위엄을 함께 행하는 것이 옥을 쓰는 도리입니다.

그렇지만 밖에 시행할 경우에는 강함을 이처럼 해도 되지만, 가운데[中]에 존재하는 경우에는 더욱 부드러움을 근본으로 삼아야 하고, 그 부드러움은 오로지 부드러움만 쓰지 않고 부드러움을 써서 강함에 거처하니, 큰 잘못이 없고 모자라는 것도 없습니다. 이것을 중이라고 하고 이것을 이롭다고 합니다. 만일 하나에 치우쳐 혹 과불급이 있으면 중이 아니니 이롭지 않게 됩니다.

臣按: 先儒有言,《噬嗑》, 震上離下, 震雷離電, 天地生物有爲造物之梗者, 必用雷電擊搏之; 聖人治天下有爲生民之梗者, 必用刑獄斷制之, 故噬嗑以去頤中之梗, 雷電以去頤中之梗, 刑獄以去天下之梗也. 所謂梗者, 卽有間之謂也. 物有間於吾頤之中, 必齧斷之而後口可閉合, 口不能合, 則有所窒礙, 而氣有不通矣. 人有梗於吾治之間, 必斷制之, 而後民得安靖. 民不得安, 則有所苛擾, 而生有不寧矣. 然其所以梗吾治而使民之不安者, 必有其情焉, 有其情, 故有其獄也. 所以治斯獄也, 非明不能致其察, 非威不能致其決, 明以辨之必如電之光焰然而照耀, 使人不知所以爲蔽; 威以決之必如雷之震轟然而擊搏, 使人不知所以爲拒, 明與威並行, 用獄之道也. 然其施外者用其剛如此可爾, 若夫存於中者, 則又以柔爲本, 而其柔也非專用柔, 用柔以處剛, 無太過焉, 無不及焉, 夫是之謂中, 夫是之謂利. 苟偏於一而或過與不及, 則非中矣, 則爲不利矣.

〈상(象)〉에 말하였다.

우레와 번개가 서합이니, 선왕(先王)이 이를 보고서 형벌을 밝히고 법령을 신칙하였다.

象曰: 雷電, 噬嗑. 先王以明罰勅法.

정이가 말하였다.

"번개는 밝고 우레는 위엄이 있으므로 선왕이 우레와 번개의 상(象)을 관찰하고 그 밝음과 위엄을 본받아 형벌을 밝히고 법령을 신칙하였다. 법은 사리를 밝혀서 미리 방비하는 것이다."

程頤曰: "電明而雷威, 先王觀雷電之象, 法其明與威, 以明其刑罰·勅其法令. 法者, 明事理而爲之防者也."

오징(吳澂)이 말하였다.[4]

"밝음은 판별하고 정밀히 살핀다는 의미이고, 신칙함은 정리하고 엄히 경계한다는 의미이다. 밝음은 번개의 빛을 형상하고, 신칙은 우레의 위엄을 형상합니다. 벌이란 한때 적용하는 법이고, 법이란 평

4 오징(吳澂)이 말하였다: 오징은 원(元)나라 숭인(崇仁) 사람으로, 자가 유청(幼淸)이며, 시호는 문정(文正)이다. 그가 사는 초당(草堂)에 초려(草廬)라는 편액을 걸었으므로 세상에서는 흔히 초려선생이라고 부른다. 한림학사(翰林學士)를 지냈으며, 《영종실록(英宗實錄)》의 편수를 총괄하기도 하였다. 저서가 아주 많아서 《역경》, 《서경》, 《춘추》, 《예기》 등에 찬(纂)을 하였으며, 《학기(學基)》, 《학통(學統)》 등을 저술하였다. 오징의 《역찬언(易纂言)》 권5에 나온다.

일 정해 놓는 벌이다. 한때 적용하는 벌의 합당함이 평일 정해 놓은 법의 신뢰성을 보이기 때문에, 벌을 밝히는 것이 법을 신칙하는 방도이다."

吳澂曰: "明者辨別精審之意, 敕者整飭嚴警之意. 明象電光, 敕象雷威. 罰者一時所用之法, 法者平日所定之罰, 一時所用之允當者, 示平日所定之信必也, 故明其罰所以敕其法."

신은 이렇게 생각합니다. 평소에 제정한 것을 법이라고 하고 사건이 일어났을 때 적용하는 것을 벌이라고 합니다. 법은 벌의 몸체이고 벌은 법의 적용이니, 그 실제는 하나입니다. 임금은 번개의 빛을 형상하여 벌을 밝히고, 우레의 위엄을 형상하여 법을 신칙합니다. 대개 번개의 빛은, 항상 쉬지 않는 해와 별의 밝음 같지 않고, 불꽃을 내며 타지만 때가 되어 빛을 내니, 마치 죄를 지은 사람이 혹 유사(有司)에게 범법자로 걸리면 응당 그 사안에 따라 명찰함을 적용하여 벌을 정하며, 경중이 있더라도 반드시 실정에 타당해야 하고 엄폐해서는 안 되는 것과 같아, 그렇지 않으면 밝음이 아닙니다. 우레의 위엄은 해마다 항상되고 두려운 소리가 백 리를 놀라게 하며, 마치 나라에 율령 제도가 있어서 그 법식을 어기고 금령을 범하면 반드시 형벌이 있으며, 경중이 있더라고 모두 정해진 제도가 있어 변경할 수 없는 것과 같아, 그렇지 않으면 신칙이 아닙니다.

법에는 일정한 제도가 있으나 사람의 범법은 일정하지 않으니, 범한 일에 따라 책벌을 반드시 밝고 정당하게 시행함으로써 내가 시행할 벌과 일정한 법 사이에 혹여라도 출입이 없고 배치됨이 없고 항상 정리하고 엄히 경계하게 합니다. 옥사의 적용이 이와 같으면 불리한 것이 없을 것입니다.

臣按: 制定於平昔者, 謂之法; 施用於臨時者, 謂之罰. 法者, 罰之體; 罰者, 法之用. 其實一而已矣. 人君象電之光以明罰, 象雷之威以敕法. 蓋電之光非如日星之明有恒而不息, 焰然而爲光於時頃之間, 如人之有罪者, 或犯於有司, 則當隨其事而, 用其明察以定其罰焉, 或輕或重必當其情, 不可掩蔽也, 否則非明矣. 雷之威歲歲有常, 虩虩之聲震驚百里, 如國家有律令之製, 違其式而犯其禁必有常刑, 或輕或重皆有定制, 不可變渝也, 否則非敕矣. 夫法有定製, 而人之犯也不常, 則隨其所犯, 而施之以責罰必明必允, 使吾所罰者與其一定之法, 無或出入, 無相背戾, 常整飭而嚴謹焉. 用獄如此, 無不利者矣.

초구(初九)는 발에 차꼬를 채워【이(屨)는 발에 채우는 것이다.】【교(校)는 차꼬이다.】 발꿈치를 상하게 하니【멸지(滅趾)는 발꿈치를 상하게 하는 것이다.】, 허물이 없다【무구(無咎)는 작은 것을 징계하여 큰 것을 경계하는 것이므로 허물이 없다.】. 육이(六二)는 살【부(膚)는 뼈가 없는 살이다.】을 깨물되 코가 푹 들어가 없어지게 함【멸(滅)은 코가 푹 들어가 없어지는 것이다.】이니, 허물이 없다.

육삼(六三)은 포고기【납육(臘肉)은 마른 포로, 단단하고 질긴 물건이다.】를 씹다가 독을 만났으니, 조금 부끄러우나 허물은 없으리라.

구사(九四)는 뼈 섞인 말린 포【건치(乾胏)는 고기에 뼈가 붙은 것이다.】를 씹어 금(金)과 화살【금(金)은 30근의 금이고, 시(矢)는 10개의 화살이다.】을 얻으나 어렵게 여기고 정고(貞固)함이 이로우니, 길하리라.

육오(六五)는 마른 고기를 깨물어 황금을 얻었으니, 정고(貞固)히 하고 위태롭게 여기면 허물이 없으리라.

상구(上九)는 목에 차꼬를 써서 귀가 파묻혀 없어졌으니, 흉하도다.

初九, 屨【加於足】校【木械】滅趾【傷滅其趾】, 無咎【小懲而大戒, 故無咎】. 六二, 噬膚【無骨之肉】, 滅【深入至沒其鼻】鼻, 無咎. 六三, 噬臘肉【乾臘, 堅韌之物】遇毒, 小吝, 無咎. 九四, 噬乾胏【肉之帶骨者】得金【鈞金】矢【束矢】, 利艱貞, 吉. 六五噬乾肉得黃金, 貞厲, 無咎. 上九, 何校滅耳, 凶.

주희가 말하였다.

"초(初)와 상(上)은 지위가 없으니 형벌을 받는 상(象)이 되고, 가운데의 네 효(爻)는 형벌을 쓰는 상이 된다. 초는 괘의 초기로, 죄가 박하고 허물이 작으며, 또 괘의 아래에 있기 때문에 발에 차꼬를 채워서 발꿈치를 상하게 하는 상이 된다. 악(惡)을 초기에 중지하기 때문에 무구(无咎)가 된다."

朱熹曰: "初上无位爲受刑之象, 中四爻爲用刑之象. 初在卦始, 罪薄過小, 又在卦下, 故爲屨校滅趾之象. 止惡於初, 故得無咎."

공자가 말하였다.[5]

"소인은 어질지 않음을 부끄러워하지 않고, 의롭지 않음을 두려워하지 않으며, 이득을 보지 않으면 권하지 않고 위엄이 아니면 징계할 수 없다. 작은 것을 징계하여 큰 것을 예방하는 것은 소인들에게는 이것이 큰 복이다. 《주역》에 '발에 차꼬를 채워 발꿈치를 상하게 하니, 허물이 없다.'라고 한 것이 이를 말한다. 선(善)이 축적되지 않으면 이름을 이루기에 부족하고, 악(惡)이 축적되지 않으면 몸을 상하지 않는다. 작은 악으로는 상함이 없어 제거할 수 없기 때문에, 악이 축적되어 엄폐할 수 없고 죄가 커서 풀려날 수 없기 때문에 《주역》에 '목에 차꼬를 써서 귀가 파묻혀 없어졌으니, 흉하도다.'라고 한 것이다."

子曰: "小人不恥不仁·不畏不義·不見利不勸·不威不懲, 小懲而大誡, 此小人之福也. 《易》曰: '屨校滅趾, 無咎,' 此之謂也. 善不積不足以成名, 惡不積不足以滅身, 小人以小善爲無益而弗爲也, 以小惡爲無傷而弗去也, 故惡積而不可掩, 罪大而不可解, 《易》曰: '何【上聲】校滅耳, 凶.'"

신은 이렇게 생각합니다. 〈서합(噬嗑)〉 한 괘는 여섯 효(爻)가 다 형옥을 말했는데, 성인(聖人)은 〈대전(大傳: 계사전)〉에서 단지 초구(初九)와 상구(上九) 두 효만 논의했습니다. 이는 초구와 상구는 지위가 없어 형벌을 받는 사람이 되고, 그 가운데 네 효는 형을 적용하는 사람입니다. 그렇지만 아랫사람은 반드시 형법을 범한 뒤에 벌을 받고, 받는 방법은 윗사람을 경유하여 적용합니다. 형벌을 써서 사람에게 형을 가하여 장차 사람들이 감히 악행을 하지 못하고 선행에 힘쓰게 한 뒤

5 공자가 말하였다: 《주역》〈계사 하(繫辭下)〉에 나온다.

에 나의 형벌이 적용할 일이 없는 것입니다.

위에서 적용하는 바가 없으면 아래에서 받는 바가 없고, 아래에서 '목에 차꼬를 써서 귀가 파묻혀 없어짐'의 고통이 없고,[6] 위에서 '코가 푹 들어가 없어지게 하고' '독을 만나는' 수고가 없으니,[7] 그런 이유는 성인이 벌을 밝게 하고 법을 신칙하여 일찌감치 징치하기 때문입니다.

하늘이 성인을 낳아 백성을 위하여 복을 만들었습니다. 이륜(彝倫)을 편 뒤에 군자에게 종명(終命)을 고할 수 있는 복을 내렸고, 다시 형벌을 밝혀 소인에게 신명(身命)을 보전할 수 있는 복을 길렀습니다. 대개 소인은 어질지 못함을 부끄러워하지 않으므로 이로움을 본 뒤에야 어질게 되도록 권할 수 있으며, 의롭지 않음을 두려워하지 않기에 위엄을 두려워하게 한 뒤에야 의롭지 못함을 징계할 수 있습니다.

작은 것을 징계하는 것은 큰 것을 경계하는 방법이고, 처음에 징계하는 것은 그 끝을 경계하는 방법이니, 선은 큰 데 있는 것이 아니고 모두 보탬이 되고, 악은 아무리 작아도 반드시 상하는 데가 있다는 것을 알게 한 것입니다. 선이 작다고 해서 하지 않지 않고, 악이 작다고 해서 하지 않으며, 악이 축적되어 덮을 수 없고 죄가 커서 풀 수 없어서 살을 상하고 자기 몸은 죽고 종족을 망치는 데 이르지 않으니, 소인에게는 복이 됩니다. 그러니 또한 어떻게 군자에게 내린 것과 다름이 있겠습니까.

---

6 아래에서 … 없고: 《주역》 〈서합〉 상구(上九) 효에 해당되는 효사이므로, 아래 효에서 이 때문에 고통을 받지 않는다는 말이다.

7 위에서 … 없으니: 《주역》 〈서합〉 육이(六二), 육삼(六三) 효에 해당되는 효사이므로, 아래 효에서 이 때문에 수고하지 않는다는 말이다.

臣按:《噬嗑》一卦, 六爻俱以刑獄言, 而聖人於大傳特論初九·上九二爻, 蓋初與上無位爲受刑之人, 而其中四爻則用刑之人也. 然下之人必犯於刑而後受之, 所以受之者由上之人用之也, 用刑以刑人, 將使人不敢爲惡而務於爲善, 然後吾刑不用矣. 上無所用則下無所受, 下無何校滅耳之苦, 上無滅鼻遇毒之勞, 所以然者, 聖人明罰勅法, 懲之於早故也. 天生聖人爲民造福, 既敍彝倫而錫君子以考終命之福, 複明刑罰而養小人以全身命之福. 蓋小人不以不仁爲恥, 見利而後勸於爲仁, 不以不義爲畏, 畏威而後懲於不義, 懲之於小所以誡其大, 懲之於初, 所以誡其終, 使其知善不在大而皆有所益, 惡雖甚小而必有所傷, 不以善小而弗爲, 不以惡小而爲之, 不至於惡積而不可掩, 罪大而不可解, 以傷其膚·殞其身·亡其宗, 其爲小人之福也, 則亦何以異於錫君子者哉?

〈비(賁)〉 괘의 상(象)에서 말하였다.[8]

"산 아래에 불이 있는 것이 비(賁)이다. 군자가 이를 보고서 여러 정사(政事)를 밝히되 옥사(獄事) 결단을 함부로 하지 않는다."

〈賁〉之象曰: "山下有火, 賁. 君子以明庶政, 無敢折獄."

정이가 말하였다.

8 〈비(賁)〉 … 말하였다: 《주역》 간상이하(艮上離下 ䷕)의 〈비(賁)〉괘 상을 말한다.

"군자가 산 아래에 불이 있어 밝게 비추는 상(象)을 보고서, 여러 정사(政事)를 정비하여 밝힘으로써 문화가 밝은 정치를 이루되 옥사(獄事)를 결단할 때 과감하게 하지 않는다. 옥사를 결단하는 일은 인군(人君)이 지극히 신중히 하는 것이니, 어찌 밝음을 믿고서 가볍게 스스로 적용하겠는가. 이는 성인(聖人)의 마음씀씀이니, 경계함이 깊다. 옥사를 결단하는 것은 오로지 실정(實情)을 써야 하니, 문식(文飾)이 있으면 그 실정을 없애게 된다. 그러므로 감히 문식을 써서 옥사를 결단하지 않는 것이다."

程頤曰: "君子觀山下有火明照之象, 以修明其庶政, 成文明之治, 而無果敢於折獄也. 折獄者人君之所致愼也, 豈可恃其明而輕自用乎? 乃聖人之用心也爲戒深矣. 折獄者專用情實, 有文飾則沒其情矣, 故無敢用文以折獄也."

주희가 말하였다.

"산(山) 아래에 불이 있어 밝음이 먼 곳에 미치지 못하니, 여러 정사(政事)를 밝히는 것은 작은 일이고, 옥사(獄事)를 결단하는 것은 큰일이다. 안은 이(離)라서 밝고 밖은 간(艮)이라서 그치므로 상(象)을 취하는 것이 이와 같다."

朱熹曰: "山下有火, 明不及遠. 明庶政, 事之小者; 折獄, 事之大者. 內離明, 而外艮止, 故取象如此."

〈여(旅)〉의 상(象)에서 말하였다.[9]

"산(山) 위에 불이 있는 것이 여(旅)이니, 군자가 이를 보고서 형(刑) 적용을 밝게 하고 삼가며 옥사(獄事)를 지체하지 않는다."

〈旅〉之象曰: "山上有火, 旅. 君子以明愼用刑而不留獄."

정이가 말하였다.

"불이 높은 곳에 있음에 밝음이 비추지 않는 데가 없으니, 군자가 밝게 비추는 상(象)을 보고서 형(刑) 적용을 밝게 하고 삼가니, 밝음을 믿을 수 없기 때문에 삼가라고 경계한 것이고, 밝고 멈춤은 또한 삼가는 상이다. 불이 번져가고 머물지 않는 상(象)을 관찰하면 옥사(獄事)를 지체하지 않는다. 옥(獄)은 부득이하여 만든 것이니, 백성들이 죄(罪)가 있어 들어올 경우 어찌 지체하면서 오랫동안 머물게 하겠는가."

程頤曰: "火之在高, 明無不照. 君子觀明照之象, 則以明愼用刑, 明不可恃, 故戒於愼, 明而止亦愼象. 觀火行不處之象, 則不留獄. 獄者不得已而設, 民有罪而入, 豈可留滯淹久也?"

신은 이렇게 생각합니다. 주희는 "〈비(賁)〉 괘와 〈여(旅)〉 괘는 모두 형옥에 대한 일을 설명하고 있지만, 다만 간(艮)과 이(離)가 안팎에서

9 〈여(旅)〉의 … 말하였다: 《주역》 이상간하(離上艮下 ䷷)의 〈여(旅)〉괘 상을 말한다.

다투기 때문에 설명이 상반된다. 그침이 밖에 있고 밝음이 안에 있기 때문에 여러 정사를 밝게 하고 옥사를 함부로 판단하지 않고,[10] 그침이 안에 있고 밝음이 밖에 있기 때문에 형의 적용을 밝고 삼가며 옥사를 지체하지 않는다.[11]"라고 했습니다.[12]

또한 주희는 "간략히 말하면, 지금 주현(州縣)에서 옥사를 다스릴 때 조사와 심리에 자연 허다한 절차가 있는데, 이를 거치고도 판결이 나지 않으면 바로 옥사를 지체하는 것이고, 이에 미치지 않은 상태에서 판결을 하면 이는 옥사 판결을 함부로 하는 것이다. 《서경》에 '요수하는 데 5, 6일을 생각하며 열흘이나 한 철을 신중히 생각해서 명확하게 판결하라.[要囚, 服念五六日, 至于旬時, 丕蔽要囚.]'라고 하였고, 《주례(周禮)·추관(秋官)》에도 이런 구절이 있으니, 이와 부합하는 것이다. 옥사를 갖추지 않고서 판결하는 것이 함부로 옥사를 판결하는 것이고, 옥사가 이미 갖추어져 있는데도 지체하고 판결하지 않는 것이 이른바 옥사를 지체하는 것이다."라고 했습니다.

이렇게 보면, 〈비〉 괘와 〈여〉 괘는 대개 서로 이루고 작용합니다. 옥이 갖추어지지 않으면 함부로 결정하지 않기 때문에 옥이 참된 실정을 얻을 수 있고 사람들이 원망하지 않습니다. 옥이 이미 갖추어지면 혹시라도 지체함이 없기 때문에 옥에 머물러 가두지 않아서 사람들이 적체되지 않습니다. 옥을 다스리는 도는 여기에 갖추어져 있습니다.

---

10 그침이 … 않고: 〈비〉 괘를 말한다.

11 그침이 … 않는다: 〈여〉 괘를 말한다.

12 주희는 … 했습니다: 《주자어류(朱子語類)》 권71 〈역(易)7 서합(噬嗑)〉에 나온다. 이어서 아래 인용한 주희의 말도 같다.

옥을 다스리는 것은 군자가 반드시 이(離)의 밝음을 상(象)으로 삼아 체(體)로 삼아, 산(山)의 그침을 상으로 삼아 용으로 삼습니다. 밝으면서도 오히려 함부로 옥을 판결하지 않고, 밝으면서도 오히려 반드시 삼가고 지체하지 않으니, 모두 그침[止]의 상입니다. 옥은 다스리기가 어려운 것이 아니라 적용이 어렵기 때문에, 〈서합〉 괘사(卦辭)에 "옥을 쓰는 것이 이롭다[利用獄]"고 한 것입니다.

臣按: 朱熹謂《賁》與《旅》卦皆說刑獄事, 但爭艮與離之在內外, 故其說相反. 止在外·明在內, 故明庶政而不敢折獄; 止在內·明在外, 故明愼用刑而不留獄. 粗言之, 如今州縣治獄, 禁勘審覆自有許多節次, 過乎此而不決, 便是留獄, 不及乎此而決, 便是敢於折獄. 《書》曰: "要囚, 服念五六日至於旬時, 丕蔽要囚." 《周禮·秋官》亦有此句, 便是有合如此者. 若獄未具而決之, 是所謂敢折獄也; 若獄已具而留之不決, 是所謂留獄也. 由是觀之, 《賁》《旅》二卦蓋交相成而互相用也. 獄之未具, 則不敢折, 故獄得眞情而人不冤; 獄之已具, 則無或留, 故獄不停囚而人不滯. 治獄之道備於此矣. 治獄, 君子必象離之明以爲之體, 象山之止以爲之用, 明矣而猶不敢折獄, 明矣而猶必愼而不留, 皆止之象也. 獄不難於治而難於用, 故《噬嗑》卦辭曰"利用獄".

〈풍(豊)〉 괘의 상(象)에서 말하였다.[13]

"우레와 번개가 모두 이르는 것이 풍(豊)이다. 군자가 이를 보고서 옥사

13 〈풍(豊)〉괘의 … 말하였다: 《주역》 진상이하(震上離下 ䷶)의 〈풍(豊)〉괘 상을 말한다.

(獄事)를 결단하고 형벌(刑罰)을 가한다."

《豊》之象曰: "雷電皆至, 豊. 君子以折獄致刑."

정이는 말하였다.

"우레와 번개가 모두 이르는 것은 밝음과 진동함이 병행하는 것이니, 두 체(體)가 서로 합했으므로 '모두 이른다'고 말한 것이다. 밝음과 진동함이 서로 바탕이 되어 의지하여 풍(豊)의 상(象)을 이루었으니, 이(離)는 밝음이니 비추어 살피는 상(象)이요, 진(震)은 움직임이니 위엄으로 결단하는 상이다. 옥사를 결단하는 자는 반드시 그 실정을 비추어야 하니 오직 밝아야 믿을 수 있고, 형벌을 가하는 자는 간악한 자에게 위엄을 보이는 것이니, 오직 결단하여야 이룰 수 있다. 그러므로 군자가 우레와 번개가 밝고 동하는 상을 보아 옥사를 결단하고 형벌을 가하는 것이다.[14]"

程頤曰: "雷電皆至, 明震並行也. 二體相合, 故雲皆至. 離, 明也, 照察之象; 震, 動也, 威斷之象. 折獄者必照其情實, 惟明克允; 致刑者必威

---

14 군자가 … 것이다: 서합괘(卦)에는 선왕(先王)이 법(法)을 삼감을 말하였고 풍괘(豊卦)에는 군자(君子)가 옥사(獄事)를 결단함을 말하였으니, 밝음으로 위에 있으면서 위진(威震)에 걸려 있음은 왕자(王者)의 일이므로 형벌(刑罰)을 만들고 법을 세움이 되고, 밝음으로 아래에 있으면서 위진에 걸려 있음은 군자(君子)의 쓰임이므로 옥사를 결단하고 형(刑)을 가(加)함이 된다. 여괘(旅卦)는 밝음이 위에 있는데도 군자라고 말한 것은 여(旅)는 형(刑)을 쓰기를 신중히 함과 옥사를 지체하지 않음을 취한 것이니, 군자가 모두 당연히 그렇게 하는 것이다.

於奸惡, 惟斷乃成, 故君子觀雷電明動之象以折獄致刑也."

주희는 말하였다.[15]

"〈서합〉 괘는 밝음이 위에 있으니, 밝음이 사리를 얻으므로 먼저 그 법을 여기 세우고, 범한 사람이 다른 때의 등용을 머물러 기다리는 일이 없기 때문에 벌을 밝히고 법을 신칙한다고 말한 것이다. 〈풍〉 괘는 위엄이 위에 있고 밝음이 아래에 있으니, 이는 법을 적용할 때 반드시 아래의 실정을 밝게 보고 곡절을 얻는 것이다. 그렇지 않으면 위엄이 위에서 움직이는 것이 반드시 착오가 있게 되기 때문에 '옥사를 결단하고 형벌을 가한다'고 한 것이다. 이것이 정자(程子)의 뜻으로, 그 설이 극히 좋다."

朱熹曰: "《噬嗑》明在上, 是明得事理, 先立這法在此, 未有犯的人留待異時之用, 故云明罰敕法. 《豊》威在上·明在下, 是用這法時須是明見下情, 曲折方得, 不然威動於上必有過錯也, 故云折獄致刑. 此是程子之意, 其說極好."

홍매(洪邁)가 말하였다.[16]

---

15 주희는 말하였다: 《주자어류(朱子語類)》 권71 〈역(易)7 서합(噬嗑)〉에 나온다.

16 홍매(洪邁)가 말하였다: 홍매(1123~1202)의 자는 경로(景盧), 호는 용재(容齋)이다. 남송(南宋)

"《주역》은 64괘인데, 형벌에 대한 일을 대상(大象)에 드러낸 괘가 모두 넷이다. 〈서합〉과 〈여〉는 상괘가 이(離)이고, 〈풍〉과 〈비〉는 하괘가 이이다. 이는 밝음이니, 성인(聖人)이 형옥은 사람의 생명을 좌우할 권한을 가지는 것이라는 점을 알았기 때문에 괘를 세우고 상을 볼 때 반드시 문명(文明)을 위주로 하였는데, 후세에 법문과 속리에게 맡겼으니, 왜인가?"

洪邁曰: "《易》六十四卦, 而以刑罰之事著於大象者凡四焉, 《噬嗑》《旅》上卦爲離, 《豊》《賁》下卦爲離. 離, 明也, 聖人知刑獄爲人司命, 故設卦觀象必以文明爲主, 而後世付之文法俗吏, 何耶?"

신은 이렇게 생각합니다. 〈풍〉 괘의 성대하다는 뜻이며, 밝음은 비출 수 있고 움직임은 형통할 수 있은 뒤에 크고 풍부한 공력을 이룰 수 있습니다. 천하 사람들이 나의 교화에 강경하거나 나의 금령을 범하는데 나의 밝음이 비추기에 부족하고 나의 위엄이 결정하는 데 부족하다면, 어떻게 풍부하고 형통하며 성대한 다스림을 이루겠습니까.

그러므로 군자는 반드시 번개의 밝음을 본받아 옥사의 실정을 판단하고 우레의 위엄을 본받아 형벌의 죽임을 가합니다. 위엄은 있는데

때 명신이자 학자이다. 벼슬이 한림 학사(翰林學士), 용도각 학사(龍圖閣學士), 단명전 학사(端明殿學士)에 이르렀다. 저서로 《용재수필(容齋隨筆)》, 《이견지(夷堅志)》 등이 있다. 이 말은 《용재수필(容齋隨筆)》 권12 〈형벌사괘(刑罰四卦)〉에 나온다.

밝음이 오지 않으면 안 되며, 밝음이 있는데 위엄이 오지 않으면 안 됩니다. 반드시 밝음과 위엄이 함께 적용되어, 마치 우레가 칠 때 반드시 번개가 함께하고, 번개가 번쩍이니 반드시 우레가 함께합니다.

밝음은 위엄 있는 판단 가운데 깃드니 그 위엄이 멋대로 포학하지 않고 훤하게 간사함을 비추고, 위엄이 밝은 관찰 가운데 시행되어 그 밝음이 똑똑한 척하지 않아도 의연히 그 죄를 바로잡습니다. 위엄과 밝음이 함께 적용되니 빛이 들어가는 틈은 비추지 않는 데가 없고, 우레와 번개 아래 판결되지 않는 것이 없어 한 사람도 감히 그 실정을 숨길 수 없고 한 곳도 그 견고함을 감히 등질 수 없으니, 커다란 천하와 넓은 사해가 성대하고 화락하며[17] 형통해집니다.

臣按:《豊》之爲卦, 盛大之義也, 明足以照·動足以亨, 然後能致豊大之功. 苟天下之人有以梗吾之敎化·犯吾之禁令, 而吾之明不足以照之·吾之威不足以折之, 何以成其豊亨盛大之治哉? 是以君子必體電之明以折斷獄情, 體雷之威以致用刑殺, 威至而明不至不可也, 明至而威不至不可也, 必明威並用, 如雷之擊也必與電俱, 電之掣也必與雷並. 明寓於威斷之中, 則其威也非肆暴虐而灼然有以燭其奸; 威施於明察之下, 則其明也非作聰明而毅然有以正其罪. 威明並用, 容光之隙無不照, 雷霆之下無不折, 無一人而敢隱其情, 無一地而敢負其固, 則天下之大·四海之廣, 豊豫而亨通矣.

17 성대하고 화락하며: 풍(豊)과 예(豫)는 모두《주역》64괘(卦)의 하나이지만, 여기서는 특정 괘를 의미한다기보다 풍은 성대(盛大)함을, 예는 화락(和樂)함을 뜻하며, 천하가 태평하여 즐거움을 누린다는 말이다.

〈중부(中孚)〉 괘의 상(象)에서 말하였다.[18]

택(澤) 위에 풍(風)이 있으니 마음이 미덥다. 군자가 이를 보고 옥사를 논의하여 죽음을 늦춘다.

《中孚》之象曰: 澤上有風, 中孚. 君子以議獄緩死.

정이가 말하였다.

"물의 체(體)가 비어 있기 때문에 바람이 들어갈 수 있고, 사람의 마음이 비어 있기 때문에 물건이 감동시킬 수 있다. 바람이 못에서 움직임은 물건이 사람의 마음을 감동시키는 것과 같기 때문에 중부(中孚)의 상이 된다. 군자가 그 상을 관찰하여 옥사를 의논하고 죽임을 늦추니, 군자가 옥사를 의논할 때는 충성을 다할 뿐이고, 사형을 결단할 때는 측은한 마음을 지극히 할 뿐이므로, 성의(誠意)로 항상 늦추어 관대히 하기를 추구한다. 늦춤[緩]은 관대함이다. 천하의 일에 대해 충심을 다하지 않음이 없으나 옥사를 의논하고 죽임을 늦추는 것이 가장 중대한 일이다."

程頤曰: "水體虛, 故風能入之; 人心虛, 故物能感之. 風之動乎澤, 猶物之感於中, 故爲中孚之象. 君子觀其象以議獄與緩死, 君子之於議獄, 盡其忠而已; 於決死, 極於惻而已, 故誠意常求於緩. 緩, 寬也. 於天下之事無所不盡其忠, 而議獄緩死其最大者也."

18 〈중부(中孚)〉 괘의 … 말하였다: 《주역》 손상태하(巽上兌下 ䷼)의 〈중부〉괘 상을 말한다.

주희가 말하였다.

“바람이 감동시킬 때 물이 받아들이는 것이 중부(中孚)의 상이고, 옥사를 의논하고 죽임을 늦추는 것이 중부의 뜻이다.”

朱熹曰: “風感水受, 中孚之象; 議獄緩死, 中孚之意.”

양만리(楊萬里)가 말하였다.

“바람은 형체가 없어도 천택(川澤)을 진동시키고 은둔한 것을 고무할 수 있으며, 성의는 형상이 없어도 천지를 움직이고 사람을 감동시킬 수 있다. 이것이 못 위에 바람이 있는 것이 중부가 되는 이유이기 때문에 군자는 이것을 보고 옥사를 의논하고 죽임을 늦춘다. 생명을 좋아하고 백성을 다스리는 것은 순(舜) 임금의 중부이고, 유사를 범하지 않는 것은 천하의 중부이다. 천하가 마음이 미더우면 만 사람의 마음이 한마음이다. 새집도 들여다볼 수 있거늘, 하물며 돼지와 물고기이겠는가.[19] 다름이 아니라 죽이지 않는 마음이 새에게 미덥기 때문인 것이다. 설사 성의와 정성으로 생명을 좋아하는 마음이 없다면 둥지 안에 있는 새가 바닷가의 갈매기가 되지 않겠는가. 옥사를 의논하는 것은 안으로 들어간 것을 나오게 하려는 것이고, 죽임을 완화하는 것은 죽음 가운데서 삶을 추구하는 것이다. 만일 원악(元惡)이나 대

19 새집도 … 물고기이겠는가: 새에게 믿음을 주어 새집도 들여다볼 수 있으니, 돼지나 물고기는 더 쉽게 믿는다는 말이다. 《주역》〈중부(中孚) 단(彖)〉에 “괘사(卦辭)에서 돼지와 물고기에까지 미치게 되면 길하다고 한 것은 그 믿음이 돼지와 물고기에게까지 미치게 되기 때문이다.[豚魚吉, 信及豚魚也.]”라는 말이 나온다.

간(大奸)의 경우 법전에 처벌 규정이 없기 때문에 사흉(四凶)에 대해서는 의논하는 법이 없었고,[20] 소정묘(少正卯)는 완화하는 심리가 없었던 것이다.[21]"

> 楊萬里曰: "風無形而能震川澤·鼓幽潛, 誠無象而能動天地·感人物, 此澤上有風所以爲中孚, 故君子以之議獄緩死. 蓋好生治民, 舜之中孚也; 不犯有司, 天下之中孚也. 天下中孚, 則萬心一心矣. 鳥巢可窺, 况豚魚乎? 無他, 不殺之心孚於鳥耳. 使無誠慤好生之心, 巢中之鳥不爲海上之鷗乎? 議獄者求其入中之出, 緩死者求其死中之生, 若元惡大奸不在是典, 故四凶無議法·少正卯無緩理."

신은 이렇게 생각합니다. 괘상(卦象)에 형옥을 말한 것이 다섯 괘인데, 〈서합〉〈비〉〈풍〉〈여〉〈중부〉입니다. 〈서합〉〈비〉〈풍〉〈여〉는 모두 이(離)의 상(象)이 있는데, 〈서합〉〈풍〉은 진(震)을 겸하여 취하였고, 〈비〉〈여〉는 간(艮)을 겸하여 취하였습니다. 대개 옥사는 밝음으

20 사흉(四凶)에 … 없었고: 순 임금이 죄를 주었다고 하는 네 명, 즉 공공(共工)·환도(驩兜)·삼묘(三苗)·곤(鯀)을 가리킨다. 순 임금은 공공을 유주(幽州)로 유배 보내고, 환도를 숭산(嵩山)에 유치(留置)하고, 삼묘를 삼위(三危)로 쫓아내고, 곤을 우산(羽山)에 가두었다.《書經 舜典》.

21 소정묘(少正卯)는 … 것이다:《순자(荀子)》〈유좌(宥坐)〉에, 공자(孔子)가 대사구(大司寇)로서 7일 만에 간인(奸人)의 으뜸이라는 대부(大夫) 소정묘(少正卯)를 처형하자, 제자가 소정묘처럼 유명한 사람을 가벼이 처형한 것이 실수가 아닌지 물었다. 이에 공자는 소정묘가 "마음은 일에 통달했으나 음험하고, 행실이 편벽되면서 굳세고, 거짓을 말하면서 말재주가 좋고, 기괴한 일을 널리 기억하고, 잘못을 따르면서 꾸민다.[一曰心達而險, 二曰行辟而堅, 三曰言僞而辯, 四曰記醜而博, 五曰順非而澤.]"는 다섯 가지가 그 죄목이라고 설명했다.

로 비추는 것을 위주로 하고, 반드시 먼저 실정을 얻으면 형벌이 지나치지 않지만 진(震)으로 움직이지 않으면 위엄으로 결단할 수 없으며, 간(艮)으로 멈추지 않으면 형벌을 쓸 때 가볍습니다.

오직 〈중부〉 한 괘만 손(巽)과 태(兌)에서 취했습니다. 선유는 "〈중부〉의 몸체는 전적으로 〈이(離)〉 괘와 비슷하여, 호체(互體)에 진(震)과 간(艮)이 있다."라고 했습니다.[22] 대개 옥사를 쓸 때는 반드시 밝음으로 비추어 사람들로 하여금 숨기는 실정이 없게 하고, 우레로 위엄을 보여 사람으로 하여금 거역하는 뜻이 없게 해야 합니다. 또 마땅히 할 때는 하고 그칠 때는 그쳐야 하니, 그 밝음을 쓰고 위엄을 부리는 데 지나치지 않아야 합니다.

이런 뒤에 태(兌)로 의논하고 손(巽)으로 완화하여, 원정(原情)에 따라 죄를 정해되 두 번, 세 번 하고, 십의(十議)로 상세히 살피고, 삼유(三宥)[23]로 조사하며, 왕이 듣고, 사구(司寇)가 듣고 삼공(三公)이 듣습니다. 열흘이 지나 직책이 있는 사람이 듣고, 삼십일이 지나 직책이 있는 사람이 듣고, 석 달이 지나 올립니다. 의논하고 또 의논하며, 완화하고 또 완화하여, 구출하려고 노력한 뒤에 어쩔 수 없게 되면 집어넣으며, 살려 주려고 노력하다가 어쩔 수 없게 되면 죽입니다.

지극한 성의와 미더운 마음에 근본을 두고, 지극한 어짊과 측은한

---

22 선유는 … 했습니다: '선유'는 송나라 숭안(崇安) 사람인 서기(徐幾)를 가리킨다. 서기는 자가 자여(子與)로, 경사(經史)에 널리 통하였으며, 특히 역(易)에 밝았다.《易翼說 卷8》 호체는 괘의 6효 중에서 2, 3, 4효와 3, 4, 5효로 한 괘체(卦體)를 이루는 것을 말한다. 손상태하(巽上兌下 ䷼)인 〈중부〉 괘의 호체는 2, 3, 4효에서 진(震 ☳), 3, 4, 5효에서 간(艮 ☶)이 생긴다는 말이다. 참고로 간상진하(艮上震下 ䷚)의 괘는 〈이(頤)〉 괘이다.

23 삼유(三宥): 정상을 참작해 형을 가볍게 해 주는 세 가지 죄이다.《주례(周禮)》〈추관사구(秋官司寇)〉에 나오는, 모르고 지은 죄[不識], 과실로 지은 죄[過失], 잊어버리고 빠뜨린 죄[遺忘]이다.

뜻을 보존하고 있으니, 나에게 성심이 있으면 남에게 유감이 없습니다. 성인께서 경서를 만들어 후세에 물려주어 가르침을 세우면서, 형옥에 대한 일을 누차 간절히 타이른 것이 이처럼 한두 가지가 아닙니다. 성인이 천하와 후세의 우환거리가 될 것을 알고 그에 대해 우려한 것이 깊고도 원대합니다.

臣按: 卦象言刑獄者五卦,《噬嗑》《賁》《豊》《旅》《中孚》也,《噬嗑》《賁》《豊》《旅》皆有離象, 而《噬嗑》《豊》則兼取震,《賁》《旅》則兼取艮. 蓋獄以明照爲主, 必先得其情實則刑不濫, 然非震以動之則無有威斷, 非艮以止之則輕於用刑, 惟《中孚》一卦則有取於巽兌. 先儒謂"《中孚》體全似《離》, 互體有震艮", 蓋用獄必明以照之, 使人無隱情, 震以威之, 使人無拒意, 而又當行而行·當止而止, 不過於用其明而恣其威也. 夫然後, 兌以議之, 巽以緩之, 原情定罪至再至三, 詳之以十議, 原之以三宥, 王聽之, 司寇聽之, 三公聽之, 旬而職聽, 三旬而職聽, 三月而上之, 議而又議, 緩而又緩, 求其出而不可得然後入之, 求其生而不可得然後死之, 本乎至誠孚信之心, 存乎至仁惻怛之意, 在我者有誠心, 則在人者無遺憾矣. 聖人作經垂世立教, 惓惓於刑獄之事, 不一而足焉如此, 其知天下後世之憂患, 而爲之慮也深且遠矣.

《서경》〈순전(舜典)〉에서 말하였다.

(순 임금은) 떳떳한 형벌을 보여 주되, 신체를 훼손하거나 죽이는 다섯 가지 형벌에 해당되는 죄인을 너그러이 용서하여 유배 보내는 형벌로 감해 주며, 채찍은 관부의 형벌로 정하고 회초리는 학교에서 교화시키는

형벌로 정하며, 이보다 가벼운 죄는 황금으로 속죄할 수 있도록 하셨다. 실수나 재난 때문에 어쩔 수 없이 죄를 지은 자는 용서하였으나 뉘우치지 않고 재범하는 자는 사형을 내리시되, 항상 공경하고 공경하여 형벌을 신중히 하셨다.

《書·舜典》: 象以典刑, 流宥五刑, 鞭作官刑, 撲作教刑, 金作贖刑. 眚災肆赦, 怙終賊刑. 欽哉欽哉, 惟刑之恤哉.

주희가 말하였다.

"상(象)은 하늘이 상을 드리워 사람들에게 보여 주는 것과 같으며, 전(典)이란 상(常: 떳떳함)이다. '사람들에게 떳떳한 형벌을 보여 준다'는 것은, 이른바 묵(墨)·의(劓)·비(剕)·궁(宮)·대벽(大辟) 등 다섯 가지 형벌의 정형이니, 원악(元惡)이나 대대(大憝)로서 사람을 죽이거나 사람을 다치게 하며, 담을 뚫고 담을 넘어가 도둑질한 자와 음란하고 방탕하여 무릇 용서할 수 없는 죄를 지은 자들을 대하는 것이다. '다섯 가지 형벌에 해당되는 죄인을 너그러이 용서하여 유배 보낸다'는 것은, 유(流)는 보내어 멀리 떠나가게 하는 것이니, 아래 글의 유(流)·방(放)·찬(竄)·극(殛)과 같은 따위이다. 유(宥)는 관대하게 처벌하는 것으로 죄가 다소 가벼운 자를 대하는 것이니, 비록 오형(五刑)에 해당되나 정상이 애처롭고 법에 의심스러운 자와 왕의 친척과 귀한 자와 공로가 있어 형벌을 가할 수 없는 자에게는 이로써 관대하게 처벌하는 것이다. '채찍은 관부의 형벌로 정한다'는 것은, 나무 끝에 가죽을 늘어뜨린 것이니 관청의 형벌이며, '회초리는 학교에서 교화시키는 형벌로 정한다'는 것은, 박(撲)은 싸리나무인 하(夏), 초(楚) 두 물건으로 학교의 형벌이니, 이는 모두 죄가 가벼운 자를 대하는 것이다. '가벼운 죄는 황금으로 속죄할 수 있도록 하였다'는 것은, 금(金)은 황금이고 속(贖)은 그 죄를 속죄함이니, 죄가 지극히 가벼워서 비록 편박(鞭撲)의 형벌에 해당하나 정상과 법에 오히려 의논할 만함이 있는 자이다. 이 다섯 구절은 무거운 것으로부터 가벼운 것으로 들어가 각기 조리가 있으니, 올바른 법이다. 사(肆)는 풀어 놓아주는 것이다. '실수나 재난 때문에 어쩔 수 없이 죄를 지은 자는 용서하였다'는 것은, 생(眚)은 과오를 이르고 재(災)는 불행을 이르니, 만약 사람이 이와 같아서 형벌에 해당되는 경우가 있으면 또 유형(流刑)으로 관대하게 처벌하거나 황금으로 속죄하기를 기다리지 않고 그대로 사면하는 것이다. 적(賊)은 죽임이다 '뉘우치지 않고 재범하는 자는 사형을 내린다'는 것은, 호(怙)는 믿는 구석이 있는 것이요 종(終)은 재범(再犯)이니, 만약 사람이 이와 같이 하여 형벌에 들어가면 비록 관대한 처벌에 해당하고 속죄에 해당하더라도 또한 관대하게 처벌하거나 속죄를 허락하지 않고 반드시 형벌하는 것이다. 이 두 구(句)는 혹 무거운 것으로부터 가벼운 것에 나아가고 가벼운 것으로부터 무거운 것에 나아가니, 이는 법을 쓰는 권형(權衡)으로, 이른바 법 밖의 뜻이라는 것이다. 성인(聖人)이 법을 세우고 형벌을 제정한 본말(本末)을 이 일곱 말씀에서 대략 다하였다. 경중(輕重)과 취사(取捨)와 양(陽)으로 펴 주고 음(陰)으로 참혹하게 함이 똑같지 않으나 공경하고 공경하여 형벌을 신중히 하는 뜻은 일찍이 그 사이에 행해지지 않음이 없는 것이다. 대개 그 가볍고 무거움이 털끝만한 사이에 각각 해당하는 바가 있으니, 이는 바로 천토(天討)의 바꿀 수 없는 정해진 이치이며, 공경하고 신중히 하는 뜻이 그 사이에 행해지니, 여기에서 성인(聖人)이 생명을 좋아하는 본심을 볼 수 있다."

朱熹曰: "象如天之垂象以示人, 而典者常也, 示人以常刑, 所謂墨·劓·剕·宮·大辟, 五刑之正也, 所以待夫元惡大憝·殺人傷人·穿窬淫放, 凡罪之不可宥者也. 流宥五刑者, 流遣之使遠去, 如下文流放竄殛之類是也; 宥, 寬也, 所以待夫罪之稍輕, 雖入於五刑而情可矜·法可疑與夫親貴勳勞而不可加以刑者, 則以此而寬之也; 鞭作官刑者, 木末垂革, 官府之刑也; 撲作教刑者, 夏·楚二物, 學校之刑也, 皆以待夫罪之輕者; 金作贖刑者, 金黃金, 贖贖其罪也, 蓋罪之極輕, 雖入於鞭撲之刑, 而情法猶有可議者也. 此五句者出重入輕各有條理, 法之正也. 肆, 縱也. 眚災肆赦者, 眚謂過誤, 災謂不幸, 若人有如此, 而入於刑則, 又不待流宥金贖, 而直赦之也. 賊, 殺也. 怙終賊刑者, 怙謂有恃, 終謂再犯, 若人有如此而入於刑, 則雖當宥當贖亦不許其宥·不聽其贖而必刑之也. 此二句者或由重而卽輕, 或由輕而卽重, 蓋用法之權衡, 所謂法外意也. 聖人立法製刑之本末, 此七言者大略盡之矣, 雖其輕重取舍·陽舒陰慘之不同, 然欽哉欽哉, 惟刑之恤之意則未始不行乎其間也. 蓋其輕重毫厘之間各有攸當者, 乃天討不易之定理, 而欽恤之意行乎其間, 則可以見聖人好生之本心也."

또 말하였다.[24]

24 또 말하였다: 《주자어류(朱子語類)》 권78 〈상서(尙書)1〉에 나온다.

"'떳떳한 형벌을 보여 준다'는 한 구절은 나머지 다섯 구절의 강령이며, 여러 형벌의 총괄로, 오늘날 형벌이 태(笞)·장(杖)·도(徒)·유(流)·교(絞)·참(斬)으로 결정되는 것과 같다. 사람이 범한 죄가 묵에 해당되면 묵형을 가하고, 범한 죄가 의에 해당하면 의형을 가하니, 비(剕)·궁(宮)·대벽(大辟)이 모두 그러하다. '다섯 가지 형벌에 해당되는 죄인을 너그러이 용서하여 유배 보낸다'는 것은, 그 사람이 범한 죄가 이 다섯 가지 형벌에 해당되지만 정상이 가볍고 용서할 만하여 혹 과오 때문이면 그 사지(四肢)를 온전히 해 주고 도거(刀鋸)[25]를 가하지 않고 다만 유배로 너그럽게 하여 먼 지방으로 내치며 같이 살지 못하게 하니, '오형의 유배형에 머무는 곳이 있게 하되 오형의 머무는 곳은 세 등급으로 거처하게 한다[五流有宅, 五宅三居]'[26]는 따위와 같다.

'채찍은 관부의 형벌로 정한다'는 것은, 이는 관청의 형벌이니 오늘날 서리를 매질하는 것과 같다. 대개 원래 1항이 있고 형벌이 전적으로 관청의 서리를 다스리는데, 《주례(周禮)》의 '서리를 다스릴 때 5백 대를 때린다, 3백 대를 때린다'고 한 따위이다.[27]

'회초리는 학교에서 교화시키는 형벌로 정한다'는 것은, 이 1항은 학관의 형벌로 지금의 학사(學舍)의 하(夏)나 초(楚)이다. 사람을 가르치는 데 따르지 않는 경우가 있으면 이 형벌을 쓰니, 때리되 '과녁으로 밝혀서 회초리로 쳐서 기억하게 한다[侯明撻記]'[28]는 따위와 같다.

---

25 도거(刀鋸): 형벌의 도구로, 도(刀)는 궁형(宮刑)에 쓰는 칼이고, 거(鋸)는 월형(刖刑)에 쓰는 톱이다.

26 오형의 … 한다: 《서경(書經)》 〈우서(虞書) 순전(舜典)〉에 나온다.

27 《주례(周禮)》의 … 따위이다: 《주관총의(周官總義)》 권23에 나온다.

28 과녁으로 … 한다: 《서경》 〈익직(益稷)〉에, 순 임금이 "완악하고 참소하는 말을 하는 자들

'가벼운 죄는 황금으로 속죄할 수 있도록 하였다'는 것은, 채찍이나 회초리 두 형벌을 용서할 수 있다면 금으로 그 죄를 속죄하는 것을 허용한다. 떳떳한 형벌을 보여 준다는 측면에서 볼 때 가벼운 경우는 너그러이 용서하여 유배 보내고, 채찍이나 회초리로 벌주기에 가벼운 경우는 황금으로 속죄하는 것이다. 용서하여 유배 보내는 것은 오형(五刑)을 너그럽게 하는 것이고, 형을 속죄하는 것은 채찍과 회초리를 너그럽게 하는 것이니, 성인(聖人)이 손익을 참작하고 경중을 따져서, 천리와 인심의 자연스러움에 부합하지 않음이 없어 털끝만큼도 차이가 없도록 한 것이다.

'항상 공경하고 공경하여 형벌을 신중히 하였다'는 것은, 성인의 형을 두려워하는 마음에서 죽음은 다시 살릴 수 없고, 형은 다시 이을 수 없음을 걱정하여, 오직 살피되 환히 알지 못할까, 시행하되 마땅하지 않을까 두려워한 것이다. 또한 비록 이미 실정을 얻었더라도 오히려 반드시 가르치지 않아 무지한 나머지 이렇게까지 대든 것을 긍휼히 여긴 것이다. 이 몇 마디를 상세히 살펴보면 성인이 형벌을 제정한 뜻을 알 수 있고, 경중과 깊이, 출입과 취사의 때 또한 이미 살필 수 있을 것이다.

죄가 무거운 자 가운데 혹 참수하여 죽이거나 자르고 베어야 하는 죄에 해당하여 조금도 용서할 수 없는 경우라도, 여기에 이르게 된 이유를 따져 보면 그가 남에게 저지른 짓 또한 반드시 일찍이 이와 같

이 만약 충직하지 않거든, 과녁으로 그의 사람됨을 밝히며 회초리로 쳐서 기억하게 하며 글로 써서 기록하여, 이 세상에서 함께 살게 하려고 한다.[庶頑讒說, 若不在時, 侯以明之, 撻以記之, 書用識哉, 欲竝生哉.]"라고 하였다.

이 혹독하였기 때문인 것이다. 그러므로 성인이 혹독함을 당한 자의 원통함과 아픔을 차마 참지 못하고 이렇게 하여 갚은 것이니, 비록 매우 참혹하더라도 실상을 말하자면 사의(事宜)에 적절한 것이니, 차마 하지 못하는 마음과 형을 두려워하는 뜻으로도 용서할 수 없었던 것이다.

오직 사정이 가벼운 경우에는 성인께서 이에 대해 차마 하지 못하고 형을 두려워하는 뜻을 베풀어 너그럽게 할 수 있었다. 그렇지만 또한 반드시 먼 지방으로 던져서 해코지를 막았으니, 대개 이들의 범죄가 사람을 살상한 것이 아니면 또한 음탕이나 도둑질이어서, 그 정상은 가볍지만 죄는 실로 무거운 것이다. 만일 형을 면한 뒤 또 고향으로 돌아가 다시 평민이 된다면, 그에게 피해를 입은 과부나 고아들이 무슨 낯으로 그를 볼 것인가. 그리고 이 요행히 형을 면한 자가 피부나 사지에 아무런 손상이 없어 또 장차 전날의 악행을 저지르고도 후회하지 않을 것이니, 이것이 굳이 '너그러이 유배 보낸다'고 말하였고, 또 '오형의 유배형에 머무는 곳이 있게 하되 오형의 머무는 곳은 세 등급으로 거처하게 한다'는 문장을 남긴 것이다.

편박(鞭撲)의 형은 비록 형이 지극히 작지만, 정상이 가벼운 경우 또한 반드시 금을 내고 속죄하는 것을 허락하고 차마 매번 진짜 형을 가하지 않은 것도 어진 것이다. 그렇지만 유배는 오로지 육형(肉刑)을 너그러이 하면서도 아래로 편박에 이르지 않고, 속금은 오로지 편박에 대해 적용하고 위로 육형에 이르지 않았으니, 그 경중 사이에 또 상세하게 하지 않은 적이 없었다.

과오는 반드시 사면하고 고의 범죄는 반드시 주륙하는 법의 경우에도 다섯 가지 형벌[29] 안에서 권형(權衡: 저울)을 찾았고, '항상 공경하고 공경하여 형벌을 신중히 한다'는 취지는 항상 일곱 가지 범주[30] 가운데 관통하였으니, 이것이 성인께서 형을 제정하고 처벌을 밝힌 뜻이다. 그러므로 비록 사람을 죽이는 경우에도 그 안팎을 반복하여 뒤집어 보고 지극히 정밀한 묘리는 하나하나 모두 광대하고 허명한 마음속에서 흘러나온 것이었지 사사로운 지혜로 한 것이 아니었다.

그런데 혹자는 논하기를, 상고 시대에는 오직 육형만 있었는데, 순 임금이 유배, 속금, 편박을 만든 것은 백성들에 대한 참륙을 차마 하지 않은 것이고, 처음 가벼운 형을 만든 것이라고 한다. 이는 요 임금 이상 올라가는 시대에는 비록 편박의 형을 범한 자라도 반드시 시종 묵형이나 의형에 적용되었고, 순 임금의 마음은 살상, 음란, 도적질 하는 흉적에 대해서는 차마 하지 못하고 도리어 살상을 당하여 침범 받는 양민에 대해서는 차마 했다는 말이니, 성인의 마음이 아마도 그처럼 잔인하고 치우쳐 정도를 잃지는 않았음 또한 이미 분명하다."

又曰: "象以典刑, 此一句乃五句之綱領, 諸刑之總括, 猶今之刑皆結於笞·杖·徒·流·絞·斬也. 凡人所犯合墨則加以墨刑, 所犯合劓則加以劓刑, 剕·宮·大辟皆然流宥五刑者, 其人所犯合此五刑, 而情輕可恕, 或因過誤, 則全其肢體·不加刀鋸, 但流以宥之, 屛之遠方, 不與同齒,

29 다섯 가지 형벌: 묵(墨)·의(劓)·비(剕)·궁(宮)·대벽(大辟) 등을 말한다.

30 일곱 가지 범주: 《서경》 〈순전(舜典)〉에서 말한 바, ① 떳떳한 형벌, 즉 신체를 훼손하거나 죽이는 다섯 가지 형벌, ② 오형에 해당되는 죄인을 너그러이 용서하여 유배 보내는 형벌로 감해 주는 것, ③ 채찍은 관부의 형벌로 정한 것, ④ 회초리는 학교에서 교화시키는 형벌로 정한 것, ⑤ 가벼운 죄는 황금으로 속죄할 수 있도록 한 것, ⑥ 실수나 재난 때문에 어쩔 수 없이 죄를 지은 자는 용서하는 것, ⑦ 뉘우치지 않고 재범하는 자는 사형을 내린 것 등을 말한다.

如五流有宅·五宅三居之類. 鞭作官刑者, 此官府之刑, 猶今之鞭撻吏人, 蓋有一項刑專以治官府之胥吏, 如《周禮》治胥吏鞭五百·鞭三百之類. 撲作教刑, 此一項學官之刑, 猶今之學舍夏楚, 凡教人之事有不率者則用此刑, 撲之如侯明撻記之類. 金作贖刑, 謂鞭·撲二刑之可恕者則許用金以贖其罪. 夫象以典刑之輕者, 有流以宥之; 鞭撲之刑之輕者, 有金以贖之. 流宥所以寬五刑, 贖刑所以寬鞭撲, 聖人斟酌損益, 低昂輕重, 莫不合天理人心之自然, 而無毫厘秒忽之差也. 其曰'欽哉欽哉, 惟刑之恤哉'者, 此則聖人畏刑之心, 閔夫死者之不可復生·刑者之不可復續, 惟恐察之有不審·施之有不當, 又雖已得其情, 而猶必矜其不教無知, 而抵冒至此也. 詳此數言, 則聖人制刑之意可見, 而其於輕重淺深·出入取舍之際亦已審矣. 雖其重者, 或至於誅斬斷割, 而不少貸, 然本其所以至此, 則其所以施於人者, 亦必嘗有如是之酷矣. 是以聖人不忍其被酷者銜冤負痛, 而爲是以報之, 雖若甚慘, 而語其實則爲適得其宜, 雖以不忍之心畏刑之甚, 而不得赦也. 惟其情之輕者, 聖人於此乃得以施其不忍畏刑之意, 而有以宥之, 然亦必投之遠方以禦魑魅, 蓋以此等所犯非殺傷人, 則亦或淫或盜, 其情雖輕而罪實重, 若使旣免於刑, 而又得還鄉複爲平民, 則彼之被其害者寡妻孤子, 將何面目以見之? 而此幸免之人發膚肢體了無所傷, 又將得以遂其前日之惡而不悔. 此所以必曰'流以宥之', 而又有'五流有宅·五宅三居'之文也. 若夫鞭撲之刑, 則雖刑之至小, 而情之輕者亦必許其入金以贖, 而不忍輒以眞刑加之, 是亦仁矣. 然而流專以宥肉刑, 而不下及於鞭撲, 贖專以待鞭撲, 而不上及於肉刑, 則其輕重之間又未嚐不致詳也. 至於過誤必赦·故犯必誅之法, 則又權衡乎五者之內; 欽哉欽哉惟刑之恤之旨, 則常通貫乎七者之中. 此聖人制刑明辟之意. 所以雖或至於殺人, 而其反覆表裏·至精至密之妙, 一一皆從廣大虛明心中流出, 而非私智之所爲也. 而或者之論, 乃謂上古惟有肉刑, 舜之爲流·爲贖·爲鞭·爲撲乃不忍民之斬戮, 而始爲輕刑者. 則是自堯以上雖犯鞭撲之刑者, 亦必始從墨劓之坐, 而舜之心乃不忍於殺傷淫盜之凶賊, 而反忍於見殺見傷爲所侵犯之良民也, 聖人之心其不如是之殘忍偏倚, 而失其正亦已明矣."

신은 이렇게 생각합니다. 〈순전(舜典)〉의 이 장(章)은 만세토록 형을 논하는 시조로, '떳떳한 형벌을 보인다[象以典刑]' 이하 7구절 28자는 만세토록 성인께서 형을 제정한 떳떳한 법전입니다. '항상 공경하고 공경하여 형벌을 신중히 한다[欽哉欽哉, 惟刑之恤哉]' 2구절 9자는 만세토록 성인께서 형벌을 긍휼히 하신 항상된 마음입니다. 성현(聖賢)의 경전에서 형을 논한 천만 마디가 여기서 벗어나지 않고, 제왕(帝王)의 치법에서 형을 제정한 천만 조목 또한 여기서 밖에 있지 않습니다. 후세의 제왕이 마땅히 준칙으로 삼고 법으로 삼아야 할 것입니다.

이 장에 대해 진덕수(陳德秀)의 《대학연의(大學衍義)》에서 이미 '치체를 살핌' 편을 실어 덕과 형의 경중 구분을 보였고, 여기서 또 상세히 갖추어 놓았습니다. 이는 《대학연의》에서 치지(致知)를 이루는 이치를 언급했기 때문에 당연히 소략하였고, 이 책에서는 시행에서 나타나는 사실을 다루었기 때문에 상세하지 않을 수 없었으니 서로 대비해야 할 것입니다. 다른 것도 이와 마찬가지입니다.

臣按:《舜典》此章萬世論刑之祖, “象以典刑”以下七句凡二十八字, 萬世聖人制刑之常典; “欽哉欽哉, 惟刑之恤哉”二句凡九字, 萬世聖人恤刑之常心. 聖賢之經典, 其論刑者千言萬語不出乎此; 帝王之治法, 其制刑者千條萬貫亦不外乎此, 後世帝王所當準則而體法焉者也. 此章眞氏《衍義》旣已載於“審治體”篇以見德刑輕重之分, 而此又備詳之者, 蓋前編言其理所以致其知, 故宜略, 此編載其事所以見於行, 故不得不詳, 蓋互相備也, 他仿此.

제(帝)가 말하였다.

“고요야, 오랑캐인 만이(蠻夷)가 중하를 어지럽히며【활(猾)은 어지럽힘[亂]이다.】 사람을 협박하여【사람을 겁박하는 것을 구(寇)라고 한다.】 약탈하고 죽이며【사람을 죽이는 것을 적(賊)이라고 한다.】, 도적들이 안과 밖【밖에 있으면 간(奸)이고 안에 있으면 귀(宄)라고 한다.】을 어지럽혀 너를 사(士)【사(士)는 관을 다스림[理官]이다.】로 삼는다. 오형(五刑)을 받게 하되【복(服)은 그 죄를 받는 것이다.】 오형의 처벌은 세 곳에 나아가서 하도록 하고, 오형의 유배형【오류(五流)는 다섯 등급의 제시한 형벌 가운데 너그럽게 해야 할 대상이다.】에 머무는 곳이 있게 하되 오형의 머무는 곳은 세 등급으로 거처하게 해야 하니, 오직 형벌을 밝게 살펴 적용해야 백성들이 믿을 것이다.”

帝曰: “皐陶, 蠻夷猾【亂也】夏, 寇【劫人曰寇】賊【殺人曰賊】奸【在外曰奸】宄【在內曰宄】. 汝作士【理官也】, 五刑有服【服服其罪】, 五服三就. 五流【五等象刑之當宥者】有宅, 五宅三居. 惟明克允.”

주희가 말하였다.

"복(服)은 그 죄를 받음이니, 〈여형(呂刑)〉에 이른바 '상복(上服), 하복(下服)'이 이것이다. 삼취(三就)는 공씨(孔氏)가 "큰 죄인은 들에서 하고 대부(大夫)는 조정에서 하고 사(士)는 시장에서 한다." 하였다. 생각건대 대벽[大辟: 사형(死刑)]은 시장에 버리고 궁형(宮刑)은 잠실(蠶室)에 내려보내며 나머지 형벌도 또한 막힌 곳에 가게 했으니, 사형이 아니면 상처에 바람을 쐬어 잘못 죽음에 이르지 않게 하고자 한 것이니, 성인(聖人)의 인자함이다.

오류(五流)는 다섯 등급의 제시한 형벌 가운데 너그럽게 해야 할 대상이다. 오택(五宅)과 삼거(三居)는 유형(流刑)이 비록 다섯 가지가 있으나 머무는 곳은 단지 세 등급의 거처를 만드는 것이다. 공씨는 '큰 죄는 사예(四裔: 사방 변방)에 거처하고, 다음은 구주(九州) 밖에 하고 다음은 천리 밖에 한다.' 하였는데, 대개는 대략 비슷할 듯하다. 이는 우(禹)가 사양하자 거듭 명하고, 또 반드시 밝게 살핀 뒤에야 형벌이 그 죄에 마땅하여 사람들이 믿고 복종하지 않는 이가 없음을 경계하였다."

朱熹曰: "服, 服其罪也, 《呂刑》所謂上服·下服是也. 三就, 孔氏以爲大罪於原野·大夫於朝·士於市, 竊恐惟大辟棄之於市, 宮辟則下蠶室, 餘刑亦就屛處, 蓋非死刑不欲使風中其瘡誤而至死, 聖人之仁也. 五流, 五等象刑之當宥者也. 五宅三居者, 流雖有五, 而宅之但爲三等之居, 孔氏以爲大罪居於四裔, 次則九州之外, 次則千裏之外, 大概當略近之. 此因禹之讓而申命之, 又戒以必當致其明察, 乃能使刑當罪, 而人無不信服也."

신은 이렇게 생각합니다. 오직 밝으면 실정과 허위를 다 알 수 있고, 믿으면 경중이 적당한 것입니다. 밝지 않으면 사람의 정을 다할 수 없고, 믿지 않으면 사람의 죄에 합당하지 않습니다. 제순(帝舜)이 고요(皐陶)에게 고하며 '밝음', '믿음'으로 경계하면서, '오직[惟]'이라고 하고 이 밖에 다른 방법이 없다는 것이고, '할 수 있다[克]'고 말한 것은 이같이 한 뒤에 믿을 수 있다는 말입니다.

臣按: 惟明則情僞畢知, 克允則輕重適當, 非明不足以盡人情, 不允不足以當人罪. 帝舜告皐陶而戒之"以惟明克允", 謂之惟者, 此外別無他術, 謂之克者如此然後能信.

《서경》〈대우모(大禹謨)〉에서 말하였다.

제순(帝舜)이 말하였다. "고요야, 이 신하와 백성들이 혹시라도 나의 정사를 범하는【간(干)은 범한다[犯]이다.】【정(正)은 정치[政]이다.】 자가 없는 것은 네가 사사(士師)가 되어서 오형(五刑)을 밝혀 오품(五品)의 가르침을 도와【필(弼)은 돕다[輔]이다.】 나를 다스려짐에 이르도록 기약하였기 때문이다. 형벌을 쓰되 형벌이 없는 경지에 이를 것을 기약하여, 백성들이 중도(中道)에 맞는 것이 너의 공이니, 힘쓸지어다."

《大禹謨》: 帝曰: "皐陶, 惟茲臣庶, 罔或干【犯也】予正【政也】. 汝作士, 明於五刑, 以弼【輔也】五敎, 期於予治, 刑期於無刑, 民協於中, 時乃功, 懋哉."

주희가 말하였다.

"성인(聖人)의 다스림은 덕(德)으로 백성을 교화하는 근본을 삼고 형벌은 단지 미치지 못하는 점을 도울 뿐이다. 기(期)란 일에 앞서 반드시 견지함을 이른다. 제순(帝舜)이 말씀하기를 '이 신하와 백성들이 혹시라도 나의 정사를 범하는 자가 없는 것은 네가 사사(士師)의 관원이 되어서 오형(五刑)을 밝혀 오품(五品)의 가르침을 도와 나를 다스려짐에 이르도록 기약하였기 때문이다. 처음에는 비록 형벌의 적용을 면치 못하나 실로 형벌이 없는 경지에 이를 것을 기약하였다. 그러므로 백성들이 또한 모두 중도(中道)에 맞아서 애당초 과(過)·불급(不及)의 잘못이 없으니 과연 형벌을 시행할 곳이 없었거니와, 이는 모두 너의 공이다.'라고 한 것이다."

朱熹曰: "聖人之治, 以德爲化民之本, 而刑特以輔其所不及而已. 期者, 先事取必之謂. 舜言惟此臣庶, 無或有幹犯我之政者, 以爾爲士師之官, 能明五刑以輔五品之教, 而期我以至於治, 其始雖不免於用刑, 而實所以期至於無刑之地, 故民亦皆能協於中道, 初無有過不及之差, 則刑果無所施矣, 凡此皆汝之功也."

주희가 또 말하였다.[31]

"법가(法家) 부류의 경우 왕왕 항상 법 적용에서 참혹하고 각박한 잘못을 저지르는 것이 우환이었다. 지금 사대부들은 법관이 되기를 부

31 주희가 또 말하였다: 《주자어류(朱子語類)》 권78 〈상서(尙書)1〉에 나온다.

끄러워하여, 다시 서로 이어서 관대함을 일삼아 법에 따르면 죽어야 할 사람을 도리어 구하여 살려 주니, 전혀 오형(五刑)을 밝혀 오교(五教)를 도울 줄을 모른다. 순 임금조차도 벗어나지 못하고 가르치되 따르지 않으면 형으로 감독하였고 한 사람을 징계하여 천하가 권계할 바를 알게 한 것이니, 이른바 '벽(辟)을 통해 벽을 그친다'는 것이니, 비록 '죽인다'고 하였지만 인애(仁愛)의 실제가 이미 마음속에 행해진 것이다.

지금 법으로 그 생명을 구하지 않으면 사람은 징계할 바가 없고 법에 걸리는 자가 더욱 많아질 것이니, 비록 '어질게 한다'고 하지만 바로 해치는 것이다. 성인도 다만 정형(政刑)만을 쓴 게 아니라 덕과 예가 행해져서 천하가 다스려지기에 이르러 정형을 쓰지 않은 적이 없었다. 그러므로 《서경》에서 '형은 형이 없기를 기약한다'고 한 것이니, 단지 마음에 둔 것은 형이 없기를 기약한 것이고, 형을 당초 폐할 수 있는 것이 아니다."

朱熹又曰: "法家者流往往常患其過於慘刻, 今之士大夫恥爲法官, 更相循襲以寬大爲事, 於法之當死者反求以生之, 殊不知明於五刑以弼五教, 雖舜亦不免教之不從刑以督之, 懲一人而天下知所勸戒, 所謂辟以止辟, 雖曰殺之而仁愛之實已行乎中, 今非法以求其生, 則人無所懲懼, 陷於法者愈衆, 雖曰仁之, 適以害之. 聖人亦不曾徒用政刑, 到德禮既行·天下既治, 亦不曾不用政刑, 故《書》說'刑期於無刑', 只是存心期於無, 而刑初非可廢."

신은 이렇게 생각합니다. 오형(五刑)을 밝혀 오교(五敎)를 돕는 것은 만고에 성인께서 형벌을 제정한 본의이니, 형벌 제정이 오로지 사람들의 죄를 다스리는 데만 적용하는 것이 아님을 알 수 있습니다. 이는 세상 사람들이 오륜(五倫)의 가르침을 좇을 수 없을까 걱정하였기 때문에 형벌을 정하여 보필하여, 자식은 모두 효도하고 신하는 모두 충성하며 형제는 모두 우애하고, 위에 있는 자는 반드시 자애하고 다른 사람과는 반드시 신뢰하며, 남편은 반드시 의를 지키고 아내는 반드시 예를 지키게 한 것입니다. 하나라도 그렇지 못하면 법에 저촉되어 형벽(刑辟)이 반드시 더하게 됩니다.

천하 사람들이 이를 보고, 자질이 아름다운 사람은 두려워하는 것이 있어서 한결같이 선을 실천하고, 기품이 치우친 사람은 징계되는 바가 있어서 함부로 악을 행하지 못할 것이니, 이륜(彝倫)이 이로써 더욱 펴지고 형벌을 쓰지 않을 수 있습니다.

臣按: 明於五刑以弼五教, 此萬古聖人制刑之本意也, 可見刑之制非專用之以治人罪, 蓋恐世之人不能循夫五倫之教, 故制刑以輔弼之, 使其爲子皆孝·爲臣皆忠·爲兄弟皆友, 居上者則必慈·與人者則必信, 夫必守義·婦必守禮, 有一不然, 則入於法而刑辟之所必加也. 天下之人有見於此, 其資質之美者有所畏而一於爲善, 氣稟之偏者有所懲而不敢爲惡, 則彝倫爲之益敘, 而刑罰可以不用矣.

《서경》〈대우모(大禹謨)〉에서 고요(皐陶)가 말하였다.

"과오로 지은 죄는 용서하되 상한이 없고, 고의로 지은 죄는 형벌을 주되 하한이 없다. 죄가 의심스러운 경우는 가벼운 쪽으로 벌하고, 공이 의심스러운 경우는 무거운 쪽으로 상을 준다. 불고(不辜: 무죄)인 사람을 죽이기보다는 차라리 정해진 법대로 하지 않는 실수를 범한다. 이렇게 생명을 좋아하는 덕(德)이 민심에 흡족하고, 이래서 백성들이 유사(有司)를 범하지 않는다."

皐陶曰: "宥過無大, 刑故無小. 罪疑惟輕, 功疑惟重. 與其殺不辜, 寧失不經. 好生之德, 洽於民心, 茲用不犯於有司."

주희가 말하였다.

"과(過)는 알지 못하여 잘못 범법한 것이며, 고(故)는 알면서 고의로 범법한 것이다. 과오로 범한 것은 비록 죄가 크더라도 반드시 용서해주며 꺼리지 아니하며, 고의로 범한 것은 비록 죄가 작더라도 반드시 형벌하니, 이는 곧 상편(上篇)에서 말한 '과오와 불행은 풀어 놓아주고, 믿고 끝까지 재범하는 자는 죽이는 형벌을 가한다'는 것이다. 죄가 이미 결정되었으나 법 가운데에 무겁게 할 것인지 가볍게 할 것인지 의심스러운 것이 있으면 가벼운 쪽을 따라 처벌하고, 공이 이미 결정되었으나 법 가운데에 무겁게 할 것인지 가볍게 할 것인지 의심스러운 것이 있으면 무거운 쪽을 따라 상을 준다.

고(辜)는 죄이고 경(經)은 떳떳한 법이다. 이 말은, 법에 죽일 수도 있고 죽이지 않을 수도 있을 때에 죽이면 죄없는 자를 죽이는 잘못을 저지를까 두렵고, 죽이지 않으면 가벼이 풀어주는 잘못을 저지를까 두렵다. 두 가지는 모두 성인(聖人)의 지극히 공평한 뜻이 아니나 죄없는 자를 죽이는 것은 더욱이 성인께서 차마 못하는 바이다. 그러므로 죽여서 저의 생명을 해치기보다는 차라리 우선 목숨을 보전해 주어 스스로 형벌을 잘못 행한 책임을 받는 것이다. 이는 그 인애와 충후가 지극한 것이니 모두 이른바 생명을 좋아하는 덕이다.

성인(聖人)의 법은 다함[한계]이 있으나 마음은 무궁하다. 그러므로 형벌을 쓰고 상을 시행할 때 혹 의심스러운 바가 있으면 항상 법을 굽히고 은혜를 펴서 법을 집행하는 뜻이 살려 주기를 좋아하는 덕을 이기지 못하게 한다. 이는 그 본심(本心)이 막히는 바가 없어 상법(常法)의 밖으로도 행해질 수 있는 것이다. 이것이 흘러넘치고 점점 젖어듦에 이르러 민심에 들어가면 천하 사람들이 사랑하고 감동하여 기뻐하지 않음이 없어서 선(善)을 일으키어 저절로 유사(有司)를 범하지 않게 된다."

朱熹曰: "過者不識而誤犯也, 故者知之而故犯也. 過誤所犯雖大必宥不忌, 故犯雖小必刑, 卽上篇所謂'眚災肆赦, 怙終賊刑'者也. 罪已定矣, 而於法之中有疑其可重可輕者, 則從輕以罰之; 功已定矣, 而於法之中有疑其可輕可重者, 則從重以賞之. 辜, 罪, 經, 常也, 謂法可以殺可以無殺殺之, 則恐陷於非辜, 不殺之恐失於輕縱, 二者皆非聖人至公至平之意, 而殺不辜者尤聖人之所不忍也. 故與其殺之而害彼之生, 寧姑全之, 而自受失刑之責, 此其仁愛忠厚之至, 皆所謂好生之德也. 蓋聖人之法有盡, 而心則無窮, 故其用刑行賞或有所疑, 則常屈法以伸恩, 而不使執法之意有以勝其好生之德, 此其本心所以無所壅遏, 而得行於常法之外, 及其流衍洋溢·漸涵浸漬有以入於民心, 則天下之人無不愛慕感悅, 興起於善而自不犯於有司也."

주희가 말하였다.[32]

"고요가 말한 '제의 덕은 잘못이 없으시어[帝德罔愆]' 이하 한 구절은 곧 성인의 마음이 함육하여 발생한 것이니, 진실로 천지와 덕을 같이 하는 것이고, 사물이 혹 스스로 이치에 거슬러 하늘의 주륙에 걸리면, 경중과 취사 사이에도 자연 결단코 바꿀 수 없는 이치가 있다. 알지 못하고 잘못 저지른 죄를 너그럽게 벌하는 것은 사사로운 은혜가 아니고, 고의로 저지른 죄를 형벌 주는 것은 사사로운 노여움이 아니다. 죄가 의심스러울 때 가벼운 쪽을 따라 처벌하는 것은 고식이 아니고, 공이 의심스러울 때 무거운 쪽을 따라 상을 주는 것은 남용이 아니다. 마치 천지와 사계절의 운행은 한량(寒涼)과 숙살(肅殺)이 항상 반반이고, 함양하여 발생하는 마음이 당초 그 사이에 유행하지 않는 적이 없으니, 이것이 살리기를 좋아하는 덧이 민심에 흡족하고 스스로 유사를 범하지 않으며 죄에 이른 뒤에도 다시 방종히 버려두지 않는 이유이다.

백성들의 악을 그치게 하지 못하고 또 가벼운 형벌로 유도하여 남에게 흉포한 짓을 자행하면서도 꺼림이 없게 하면 폭행을 당하는 사람도 스스로 원통함을 풀 길이 없고 간사한 백성이 유사를 범하는 경우도 장차 날로 더욱 늘어날 것이다. 이 또한 성인께서 바로잡아 주고 곧게 해 주며 보익하여 백성들로 하여금 선으로 옮겨가고 죄를 멀리하게 하려는 뜻이다."

朱熹曰: "觀皐陶所言'帝德罔愆'以下一節, 便是聖人之心涵育發生, 眞

32 주희가 말하였다: 《회암집(晦庵集)》 권37 〈답정경망(答鄭景望)〉에 나온다.

與天地同德, 而物或自逆於理以幹天誅, 則夫輕重取舍之間亦自有決然不易之理, 其宥過非私恩, 其刑故非私怒, 罪疑而輕非姑息, 功疑而重非過予, 如天地四時之運, 寒涼肅殺常居其半, 而涵養發生之心未始不流行乎其間, 此所以好生之德洽於民心, 而自不犯於有司, 非旣抵罪而複縱舍之也. 夫旣不能止民之惡, 而又爲輕刑以誘之, 使得以肆其凶暴於人而無所忌, 則不惟彼見暴者無以自伸其冤, 而奸民之犯於有司者且將日以益衆, 亦非聖人匡直輔翼, 使民遷善遠罪之意也."

신은 이렇게 생각합니다. 살리기를 좋아하는 덕이 민심에 흡족했던 것이 제순(帝舜)이 순 임금이 되었던 이유입니다. 대개 천지가 사람을 낳고 그래서 사람이 살 수 있으니, 사람이 살면서 모두 삶을 욕구하지 않는 법은 없습니다. 그렇지만 저들이 자기가 삶을 욕구하는 것은 알면서도 남들도 삶을 욕구하지 않는 경우가 없다는 것을 알지 못하여, 서로 싸우고 빼앗아 결국 서로 죽이기에 이르고 삶을 살리는 이치를 잃게 됩니다.

임금은 사람을 살리는 주인이 되어 천지의 큰 덕을 체현하고 생령의 부모가 되었으니, 천하의 백성에 대해 그 삶을 욕구하지 않음이 없고, 생명이 있는 자에 대해 진실로 양생할 수 있는 수단이 되는 것은 다 처리하고 도모하여 서로 편안하고 즐겁게 생명을 낳은 천명을 온전히 하게 해야 합니다. 만일 그 가운데 스스로 자신의 생명을 상하게 하고 생명을 낳은 이치에 거스르면 반드시 그를 제거하니, 이것이 형법을 만든 이유입니다.

그렇게 되는 이유는 모두 백성의 삶을 온전하게 만들고자 하는 것이고, 성인께서 백성의 삶을 이처럼 온전하게 만들고자 하였으니, 한마디로 하면 '살리기를 좋아함[好生]'입니다. 아, 천지의 큰 덕이 생명이고, 성인의 큰 덕이 인(仁)이니, 인이란 살리기를 좋아한다는 말입니다.

臣按: 好生之德洽於民心, 此帝舜所以爲舜也. 蓋天地生人而人得以爲生, 是人之生也莫不皆欲其生, 然彼知己之欲生, 而不知人之亦莫不欲其生也, 是以相爭相奪以至於相殺, 以失其生生之理. 人君爲生人之主, 體天地之大德, 爲生靈之父母, 於凡天下之人無不欲其生, 於凡有生者苟可以爲其養生之具者無不爲之處置營謀, 俾之相安相樂以全其生生之天, 苟於其中有自戕其生而逆其生生之理者, 則必爲之除去, 此所以有刑法之制焉. 所以然者, 無非欲全民之生而已, 聖人欲全民之生如此, 一言以蔽之曰好生. 吁, 天地之大德曰生, 聖人之大德曰仁, 仁者好生之謂也.

《서경》〈강고(康誥)〉에 말하였다.

왕(王)이 말씀하였다. "아! 봉(封)아. 너의 형벌을 공경히 밝혀라. 사람들이 작은 죄가 있더라도 모르고 지은 죄가 아니면 바로 죄를 끝까지 저지른 것으로, 스스로 떳떳하지 않은 일을 하여 이렇게 된【식(式)은 씀[用]이다.】 것이고, 그 죄가 작더라도 죽이지 않을 수 없다. 큰 죄가 있더라도 죄를 끝까지 저지른 것이 아니고 바로 모르고 지은 죄이거나 재앙으로 인해 마침 이와 같이 된 것이니, 이미 그 죄를 있는 대로 다 말하였거든 이는 죽이지 말아야 한다."

《康誥》: 王曰: "嗚呼, 封, 敬明乃罰. 人有小罪, 非眚, 乃惟終, 自作不典式【用也】爾, 有厥罪小, 乃不可不殺. 乃有大罪, 非終, 乃惟眚災, 適爾, 旣道極厥辜, 時乃不可殺."

채침(蔡沈)이 말하였다.

"이 이하는 형벌을 삼간 것이다. 사람이 작은 죄(罪)가 있더라도 과오가 아니면 진실로 상도(常道)를 어지럽히는 일을 하는 것이니, 의도가 이와 같으면 그 죄(罪)가 비록 작더라도 죽이지 않을 수 없으니, 이는 곧 〈순전(舜典)〉에 이른바 '고의범(故意犯)을 형벌할 때 작게 하지 말라'는 것이다. 사람이 큰 죄(罪)가 있더라도 고의범이 아니면 바로 과오이거나 불행에서 나와 우연히 이와 같이 된 것이고, 이미 스스로 죄를 말하면서 그 실정을 모두 털어놓고 감히 은닉하지 않는다면 죄가 비록 크더라도 죽이지 말아야 하니, 이는 곧 〈순전〉에 이른바 '과오를 용서하며 확대하지 말라'는 것이다.

제갈공명(諸葛孔明)이 촉(蜀)나라를 다스릴 때 죄에 자복(自服)하고 실정을 털어놓는 자는 비록 죄가 무겁더라도 반드시 풀어 주었으니, 이는 '이미 죄를 있는 대로 다 말하였거든 죽이지 말라'는 뜻일 것이다."

蔡沈曰: "此愼罰也. 人有小罪, 非過誤, 乃其固爲亂常之事, 用意如此, 其罪雖小乃不可不殺, 卽《舜典》所謂'刑故無小'也; 人有大罪, 非是故犯, 乃其過誤, 出於不幸偶爾如此, 旣自稱道盡輸其情, 不敢隱匿, 罪雖大時乃不可殺, 卽《舜典》所謂'宥過無大'也. 諸葛孔明治蜀, 服罪輸情者雖重必釋, 其'旣道極厥辜, 時乃不可殺'之意歟."

신은 이렇게 생각합니다. 〈강고〉에서 말한 '이미 그 죄를 있는 대로 다 말하였거든 이는 죽이지 말아야 한다'는 한 마디에서 후세 법률 조문의 '자수한 사람은 죄를 면제함' 조항이 나왔습니다.

臣按: 《康誥》所謂"旣道極厥辜, 時乃不可殺"一言, 此後世律文'自首者免罪'之條所自出也.

너 봉(封)【봉(封)은 강숙(康叔)의 이름이다.】이 사람을 형벌하거나 죽이라는 것이 아니니, 혹시라도 사사로운 감정으로 사람을 형벌하거나 사람을 죽이지 말라. 또 너 봉이【'비여봉(非汝封)' 석 자는 '우왈(又曰)' 아래 와야 한다.】 코 베거나 귀 베라는 것【의(劓)는 코를 베거나 귀를 베는 것이다.】이 아니니, 혹시라도 사사로운 감정으로 사람을 코 베거나 귀 베지 말라.

非汝封【康叔名】刑人殺人, 無或刑人殺人. 非汝封【三字當在"又曰"下】又曰劓【割鼻也】【截耳也】人, 無或劓人.

채침(蔡沈)이 말하였다.

"형벌과 죽임은 하늘이 죄가 있는 자를 토벌하는 것이고, 너 봉(封)이 마음대로 형벌하거나 죽이라는 것이 아니니, 너는 혹시라도 사사로운 감정으로 사람을 형벌하거나 죽이지 말라는 것이다. 형벌과 죽임은 중대한 형벌이고, 코 베고 귀 베는 것은 작은 형벌이니, 작은 형벌과 큰 형벌을 겸하여 들어서 거듭 경계하였다."

蔡沈曰: "刑殺者, 天之所以討有罪, 非汝封得以刑之殺之也, 汝或無以已而刑殺之. 刑殺, 刑之大者; 劓, 刑之小者, 兼舉小大以申戒之也."

주희(朱熹)가 말하였다.[33]

"강숙이 주(周)나라 사구(司寇)가 되었기 때문에 한 편에 형벌 적용에 대해 설명이 많다. 여씨(呂氏)는, '봉(封)이 사람을 형벌하거나 죽이라는 것이 아니니 다른 사람도 감히 사람을 형벌하거나 죽일 수 없다'고 말했고, 또 '너 봉이 코 베거나 귀 베라는 것이 아니니, 다른 사람도 감히 사람을 코 베거나 귀 벨 수 없다'고 말했다. 이는 형벌 적용 권한은 강숙에게 있지만 삼가지 않을 수 없다는 뜻을 말한 것이다."

朱熹曰: "康叔爲周司寇, 故一篇多說用刑. 呂氏說'非汝封刑人殺人, 則人亦無敢刑人殺人'. 又曰'非汝封劓人, 則人亦無敢劓人'. 蓋言用刑之權正在康叔, 不可不謹之意耳."

---

33 주희(朱熹)가 말하였다: 《주자어류(朱子語類)》 권79 〈상서(尙書)2〉에 나온다.

신은 이렇게 생각합니다. 〈강고〉의 이 말에서, 형벌의 대소를 막론하고 모두 하늘이 죄 지은 자를 토벌하는 것임을 알 수 있습니다. 남의 위에 있는 자가 만일 사사로운 뜻을 가지고 사람을 형벌로 죽인다면 하늘의 토벌이 아닙니다. 한 사람이 사람을 죽이는 것은 한계가 있지만, 아래 있는 사람은 그것을 본받아 살육이 더 심해질 것이니, 남의 위에 있는 자가 어찌 형륙에 삼가지 않을 수 있겠습니까. 위로 하늘의 뜻을 거스르고 아래로 민심을 잃는 것이 모두 여기에서 시작합니다. 쇠퇴하는 세상의 임금이 왕왕 임의로 살인을 저지르다가 향년이 길지 못하고 국운이 길지 못하게 되는 이유가 이것일 것입니다.

臣按: 《康誥》此言可見刑無大小, 皆上天所以討有罪者也. 爲人上者苟以私意刑戮人, 則非天討矣. 一人殺人有限, 而下之人效之其殺戮滋多, 爲人上者奈何不謹於刑戮, 上拂天意·下失人心, 皆自此始. 衰世之君往往任意恣殺, 享年所以不永·國祚所以不長, 其以此夫.

왕(王)이 말씀하였다. "너는 이 법【얼(臬)은 법(法)이고, 한계가 있다는 뜻이다.】과 사안을 펴서 형벌할 때 은(殷)나라의 떳떳한 법으로 결단하되 마땅한【의(義)는 마땅함[宜]이다.】 형벌과 마땅한 죽임을 써야 하고, 너 봉(封)의 뜻에 맞추지 말도록 하라【차(次)는 차사(次舍)의 차이다.】. 네가 모두 사의(事宜)에 순조롭고【손(遜)은 따름[順]이다.】 이 차서(次序)가 있다 하더라도 너는 사의에 순조로운 일이 없다고 말하라."

王曰: "汝陳時臬【法也, 爲準限之意】事罰. 蔽殷彝, 用其義【宜也】刑義殺, 勿庸以次【次舍之次】汝封. 乃汝盡遜【順也】曰時敘, 惟曰未有遜事."

채침이 말하였다.

"'이 법과 사안을 펴서, 은(殷)나라의 상법으로 벌을 결단하라'고 하였고, 또 옛 법에 빠져서 소통하지 못할까 염려해서 또 '그 형벌과 죽임을 반드시 때에 마땅한지 살핀 뒤에 쓰라' 하였으며, 또 때에 따라 사사로운 감정을 따를까 염려하여 또 '형벌과 죽임을 너 봉(封)의 뜻에 맞추지 말라' 하였고, 또 형벌과 죽임이 비록 이미 죄에 합당하더라도 자랑하고 기뻐하는 마음이 틈타고 들어올까 염려하여 또 '가령 네 형벌과 죽임이 모두 사의(事宜)에 순조롭고 차서(次序)가 있다 하더라도 너는 마땅히 사의에 순조롭운 일이 있지 못하다고 하라' 한 것이다. 대개 자랑하고 기뻐하는 마음이 생기면 곧 태만한 마음이 일어나고, 형벌이 중도가 아닌 데서 유래하니 경계하지 않을 수 있겠는가."

蔡沈曰: "言敷陳是法與事, 罰斷以殷之常法矣; 又慮其泥古而不通, 又謂其刑其殺必察其宜於時者, 而後用之; 旣又慮其趨時而徇己, 又謂刑殺不可以就汝封之意; 旣又慮其刑殺雖已當罪, 而矜喜之心乘之, 又謂使汝刑殺盡順於義, 雖曰是有次敘, 汝當惟謂未有順義之事. 蓋矜喜之心生乃怠惰之心起, 刑罰之所由不中也, 可不戒哉."

신은 이렇게 생각합니다. 이는 무왕(武王)이 강숙을 위(衛)에 봉하면서 벌을 삼가라는 뜻으로 고한 것입니다. 위는 은(殷)나라의 옛 수도입니다. 주(周)나라는 은나라의 뒤를 이었고, 강숙이 은나라 옛 수도로 가서 그 유민을 다스렸습니다. 이 때문에 이 형법 사안을 펴고자 벌할 자가 있으면 한결같이 은나라 상법으로 결단하였습니다.

그렇지만 은나라 형벌과 죽임이 꼭 모두 옳지는 않고, 사의(事宜)에 합당한 것도 있고 사의에 합당하지 않은 것도 있으니, 사의에 합당한 것만 택하여 적용해야 했습니다. 그런데 이른바 사의에 합당한지 여부는 또한 오로지 자기 의사에 맞추어서는 안 됩니다. 사의에 합당하고 또 자기에 따르지 않으면 형벌이 죄에 마땅해집니다.

설사 형벌과 죽임이 다 사의에 순조롭고, 여기에 차서가 있다고 해서 너는 또한 오직 '사의에 순조로운 일이 없다'고 말하라고 했습니다. 대개 형벌과 죽임은 사람의 성명(性命)에 관계되어 있고, 한 사람이 원한을 지면 천지가 그 때문에 색이 변하고 화기가 그 때문에 느껴 손상되니, 어찌 가볍고 소홀하겠습니까.

무왕이 강숙에게 다 순조롭더라도 '일이 순조롭지 않다'고 말하라고 고한 일은, 강숙의 마음에 항상 부족함을 느껴 이미 순조로운데도 여전히 '순조롭지 않다'고 말하고, 다했는데도 늘 미진한 듯하게 한 것이니, 함부로 인명을 경시하지 않고 옥사 내용이 갖추어지면 형을 묻는 사람과 형을 받는 사람 모두가 유감이 없고 형벌이 중도에 맞지 않음이 없습니다. 임금이 신하에게 백성을 다스리게 하고 형벌을 신중하라고 간절히 일러 가르치는 것이 이와 같았으니, 신하된 자가 어찌 감히 마음을 다하지 않겠습니까.

臣按: 此武王封康叔於衛, 告以謹罰之意. 蓋衛是殷之故都, 周承殷之後, 康叔往殷故都而治其遺民, 故欲其敷陳是刑法之事, 其有所罰者一斷以前殷之常法矣. 然殷之刑殺不必皆是也, 有合義者焉有不合義者焉, 惟取其合於義者而用之, 然所謂合義與否又不可專用以就己意也, 夫旣合於義又不徇己, 則刑罰當其罪矣. 設使刑殺盡順於義, 雖曰是有次敍, 而汝亦惟曰未有順義之事焉. 蓋刑殺關乎人之性命, 一人負冤, 天地爲之變色, 和氣爲之感傷, 人心爲之喪失, 烏可以輕忽哉? 武王告康叔以雖盡遜而惟曰未遜事, 蓋欲康叔之心, 常常不足, 已遜而猶曰未遜, 已盡而常如未盡, 則不敢輕視人命, 而苟具獄辭, 則問刑之人與受刑之人, 兩無所憾焉, 刑罰無不中者矣. 人君命臣以治民, 而欲其愼罰, 拳拳告敎如此, 爲之臣者, 安敢不盡其心哉?

《서경》〈입정(立政)〉에서 말하였다.

"우리 서옥(庶獄)과 서신(庶愼)을 조화롭게 하시고, 이에 소인(小人)이 끼게 하지 마십시오."

또 말하였다.

"지금부터 이후로 문자(文子), 문손(文孫)은 서옥(庶獄)과 서신(庶愼)을 그르치지 마시고, 오직 담당관을 다스리십시오."

또 말하였다.

"지금 문자(文子), 문손(文孫)이신 어린 자식께서 왕이 되셨으니, 서옥(庶獄)을 그르치지 마시고 오직 유사(有司)인 목부(牧夫)에게 맡기소서."

《立政》曰: "和我庶獄庶愼, 時則勿有間之." 又曰: "繼自今文子文孫, 其勿誤於庶獄庶愼, 惟正是乂之." 又曰: "今文子文孫, 孺子王矣. 其勿誤於庶獄, 惟有司之牧夫."

채침이 말하였다.

"서옥(庶獄)은 옥송(獄訟)이고, 서신(庶愼)은 나라의 금계(禁戒)와 저비(儲備: 대비)이다. 서옥과 서신의 일을 조화롭게 하고 고르게 할 것이며, 또 소인이 끼게 하지 말아서 그 다스림을 끝마치도록 경계하였으니, 이는 사람을 임용하는 요점이다.

문자와 문손의 경우, 성왕(成王)은 무왕(武王)의 문자(文子)이고, 문왕(文王)의 문손(文孫)이다. 오(誤)는 그르침이니, 겸하는 바가 있고 알려는 바가 있어서 유사에게 맡기지 않고 자기로써 그르치는 것이다. 정(正)은 〈강고(康誥)〉에서 말한 정인(正人)과 관정(官正)·주정(酒正)의 정(正)과 같으니, 직책을 담당한 자를 가리켜 말한 것이다. 자기 때문에 옥송과 대비를 그르치지 말고 오직 직책을 담당한 사람을 이에 다스려야 한다는 말이다."

채침이 또 말하였다.

"처음에는 '우리 서옥(庶獄)과 서신(庶愼)을 조화롭게 하시고, 이에 소인(小人)이 끼게 하지 마십시오' 하였고, 뒤이어 '서옥과 서신을 그르치지 마시고 오직 담당관을 다스리십시오' 하였고, 여기에 이르러서만 '서옥(庶獄)을 그르치지 마시고 오직 유사인 목부(牧夫)에게 맡기소서' 하였으니, 형은 천하의 중대한 일이므로 오직 그 중한 것을 홀로 거론해서 성왕(成王)으로 하여금 더욱 형옥(刑獄)이 두려워해야 할 일임을 알아, 반드시 담당관인 목부(牧夫)의 임무를 전담시키고 자기 때문에 그르치지 않게 한 것이다."

蔡沈曰: "庶獄, 獄訟也. 庶愼, 國之禁戒儲備也. 和調均齊, 獄愼之事, 而又戒其勿以小人間之, 使得終始其治, 此任人之要也. 文子文孫者, 成王·武王之文子, 文王之文孫也. 誤, 失也, 有所兼有所知不付之有司而以己誤之也. 正猶《康誥》所謂正人與官正·酒正之正, 指當職者. 爲言不以己誤庶獄庶愼, 惟當職之人是治之."

又曰: "始言和我庶獄庶愼, 時則勿有間之, 繼言其勿誤於庶獄庶愼, 惟正是乂之, 至是獨曰其勿誤於庶獄, 惟有司之牧夫, 蓋刑者天下之重事, 挈其重而獨擧之, 使成王尤知刑獄之可畏, 必專有司牧夫之任而不可以己誤之也."

여조겸(呂祖謙)이 말하였다.[34]

"처음에는 '서언서옥서신(庶言庶獄庶愼)'을 말하고,[35] 이어서 하나를 제외하고 '서옥서신'이라고 했으며, 또 하나를 제외하고 오직 '서옥'만 말하였으니, 더욱 중대한 것을 들어 옥사만 거론한 것이다. 어째서 그것이 유독 중대한 것인가.

---

34 여조겸(呂祖謙)이 말하였다: 《서경대전(書經大全)》 권9에 나온다.

35 처음에는 … 말하고: 《서경》 〈입정(立政)〉 제13장에 "문왕은 서언(庶言)·서옥(庶獄)·서신(庶愼)을 겸하신 바가 없으셨고, 오직 유사(有司)인 목부(牧夫)에 대해서만 명령을 따르는 자와 어기는 자를 훈계하셨습니다.[文王罔攸兼于庶言庶獄庶愼, 惟有司之牧夫, 是訓用違.]" 하였다.

백성의 목숨이 매어 있고 나라의 운명이 매어 있기 때문이다. 좋은 기운을 맞고 영원한 천명을 하늘에 기도하는 것이 옥이다. 아울러 죄가 없는 사람이 대를 이어 아래에 있지 못하게[36] 고하는 것도 옥이니, 주공(周公)이 이것만 말하면서 유독 경계한 것이 당연하다."

呂祖謙曰: "始言庶言庶獄庶愼, 繼去其一止曰庶獄庶愼, 又去其一獨曰庶獄, 蓋挈其尤重, 獨擧之獄. 曷爲其獨重也? 民命所繫, 國命所繫, 導迎善氣·祈天永命者獄也, 並告無辜無世在下者亦獄也, 宜周公獨言而獨戒之."

신은 이렇게 생각합니다. 선유(先儒)는 말하기를, "〈입정(立政)〉에서 주공이 서옥과 서신에서 잘못해서는 안 된다고 말하고, 여기에 와서 또 옥을 설명한 것은 대개 옥이란 천하의 목숨이고, 그래서 문왕(文王)이 반드시 덕을 밝히고 벌을 신중히 하였으니, 인심을 모으고 조화로운 기운은 감동시켜 부르는 것이 모두 옥이며, 인심을 이산시키고 어그러진 기운을 감동시켜 부르는 것도 옥이다. 대저 사안 중 가장 중요한 점이 단지 옥에 있기 때문에 삼대(三代)가 천하를 얻은 것도 단지 사람 죽이기를 좋아하지 않은 데 있었고, 진(秦)나라가 망했던 이유도

36 죄가 … 못하게: 원래의 뜻은 순 임금이 무고한 사람을 가엾게 여겨 명을 거스르던 이민족 묘민(苗民)을 막아 대대로 그곳에 살지 못하게 했다는 말에서 나왔다. 《서경》〈여형(呂刑)〉 제5장에 "황제께서 죄가 없이 형벌을 받은 자들을 가엾게 여기시어 위엄으로 사나움을 갚고 묘민을 끊어서 대를 이어 아래 나라에 있지 못하게 하였다.[皇帝哀矜庶戮之不辜, 報虐以威, 絶苗民, 無世在下]" 하였다.

단지 옥이 신중하지 못했기 때문이다. 그러므로 옥을 적용할 때 하나의 살리기 좋아하는 덕을 기르고, 이로부터 출발하여 바야흐로 임금의 덕을 다 얻을 수 있다." 하였습니다.[37] '사안 중 가장 중요한 점이 옥에 있다'는 말이 가장 절실하니, 임금이 다스릴 때 진실로 옥이 중대하다는 것을 안다면 반드시 조화롭고 고르게 될 것입니다.

서옥과 서옥이란 사안은, 사람을 택하여 등용하되 소인이 끼지 못하게 하고, 마음에 맡겨 적용하되 자기 사심 때문에 잘못하지 못하게 해야 합니다. 오직 궁궐에 있는 옥은 전적으로 형을 담당하는 관직에 맡기고, 밖에 있는 옥은 지방관의 직임에 나누어 명하여, 명을 적용하는 경우는 더욱 경건히 하도록 신칙하고 명을 어기는 경우는 경계하여 거리낌 없이 하지 못하도록 해야 하니, 감히 잘못하지 못하게 할 뿐 아니라, 함부로 겸하지 못하게 해야 합니다.

臣按: 先儒謂"《立政》周公說不可誤於庶獄庶愼, 到此又說獄者蓋獄者天下之命, 所以文王必明德愼罰, 收聚人心·感召和氣皆是獄; 離散人心·感召乖氣亦是獄. 大底事最重處隻在於獄, 故三代之得天下隻在不嗜殺人, 秦之所以亡亦隻是獄不謹. 惟是以用獄之際養得一好生之德, 自此發將去, 方能盡得君德." 所謂事最重處隻在於獄, 最爲切要, 人君爲治眞誠知獄之爲重, 則必調和均齊. 夫獄愼之事, 擇人以用, 而不間以小人; 委心以用, 而不誤以己私. 惟在內之獄, 專任之以司刑之職; 在外之獄, 分命之以收守之任. 用命者, 則申敕之使益虔; 違命者, 則戒約

37 선유(先儒)는 … 하였습니다: '선유'가 누구인지 미상이다. 《주례집설(周禮集說)》 권1에 '잡설(雜說)'로 나온다.

之使不肆, 非惟不敢誤, 且不敢兼之也.

이상은 '형벌 제정의 의의를 총론함(상)'이다.

以上總論制刑之義(上)

대학연의보
(大學衍義補)

—

권101

치국평천하의 요체[治國平天下之要]

형법을 신중히 함[愼刑憲]

형벌 제정의 의의를 총론함(하)[總論制刑之義(下)]

《서경》〈주서(周書) 여형(呂刑)〉에서 말하였다.

백이는 예를 내려 백성들이 형벌에 빠지는 일을 끊었다.

《呂刑》: 伯夷降典, 折民惟刑.

채침(蔡沈)이 말하였다.

"전(典)은 예(禮)이다. 백이는 천(天)·지(地)·인(人)의 세 예(禮)를 내려 백성들의 사악하고 망령된 짓을 끊었다."

蔡沈曰: "典, 禮也. 伯夷降天地人之三禮以折民之邪妄."

소식(蘇軾)이 말하였다.[1]

"예(禮)를 잃으면 형벌로 들어가니, 예와 형벌이 한 물건이다."

蘇軾曰: "失禮則入刑, 禮·刑一物也."

오징(吳澂)이 말하였다.

"위에서 아래를 가르치는 것이 강(降)이다. 백이가 백성에게 예를 가르치니, 백성이 예로 들어가고 형으로 들어가지 않았으며, 이 백성들이 형으로 들어가는 길을 끊었다."

吳澂曰: "自上教下曰降. 伯夷教民以禮, 民入於禮而不入於刑, 折絕斯民入刑之路也."

신은 이렇게 생각합니다. 순 임금의 조정에 구관(九官)이 있는데, 백이가 질종(秩宗)이 되어 예를 관장했고, 고요(皐陶)가 사사(士師)가 되어 형을 관장했는데, 이래서 '백이는 백성들이 형벌에 빠지는 일을 끊었다'고 했으며, 채침은 고요를 제쳐 두고 백이를 말하였으니, 근본을 탐구하는 논의입니다. 대개 예와 형 둘은 예에서 나오면 형으로 들어가니, 예에서 전범을 세워 백성에서 예절의 당연함을 보이고, 또 한쪽에서 형을 본떠 백성에게 금법의 필연을 보입니다. 당연한 것은 사전

1 소식(蘇軾)이 말하였다: 채침의 집전(集傳)에 나온다.

(祀典)의 제도이고, 필연한 것은 유사(有司)의 성법이니, 백성에게 그 전례를 내려 지혜가 반드시 이와 같으면 예에 합치되고, 이와 같지 못하면 형을 범합니다. 선한 단서를 열고 사악한 생각을 막아 꺾어 방향을 돌려 형에 들어가지 않고 예로 들어가게 합니다.

그런 까닭은 대개 화란의 흥기는 대부분 백성들이 예전(禮典)을 범하는 데서 생깁니다. 사람과 귀신이 섞여 요망한 거짓이 멋대로 일어나면 인심이 바르지 않고 화란이 일어납니다. 백이가 질종이 되어 천신(天神)에게 제사 지내고 인귀(人鬼)에게 제향하고 지지(地祇)에게 제사하는 세 전례를 내려 펴도록 알렸으며, 정비하여 정식 법령으로 삼아, 온갖 백성들로 하여금 모두 사람은 각각 제사 지내야 할 귀신을 알게 하여 종족이 아니면 사전(祀典)에 해당되지 않고 제사 대상이 아닌 데 제사를 지내는 것은 금하였으며, 금령을 범한 자가 가벼우면 벌을 주고, 무거우면 주륙하였습니다.

그러므로 각각 본분을 편안히 하였고 함부로 제맹(齊盟)을 더럽히거나, 참람한 예를 행하거나, 음사(淫祀)를 거행하거나 요술을 읽히지 못하였고, 이렇게 해서 일상의 도리가 밝아졌고 인심이 바르게 되었습니다. 그래서 유사를 범하지 않았고, 이는 백이가 내린 전례가, 그 예의와 등급이 비록 하나의 단서는 아니었지만, 백성들의 간사한 마음과 망령된 생각이 오직 형(刑)에 빠지는 것을 끊었을 뿐입니다. 이른바 '백성들이 형벌에 빠지는 일을 끊었다[折民惟刑]'는 것은 뜻이 여기에 있을 것입니다.

또한 반고(班固)의 《한서(漢書)》〈형법지(刑法志)〉에 이 말을 인용하면서 '절(折)' 자를 '철(悊)' 자로 썼고, 아래 문장에 바로 이어서 "예를 제정하여 형을 그친다는 말이다" 하였는데, 풀이하는 사람이 '철(悊)'은 '안다[知]'라고 했습니다.[2] 이는 백이가 예법을 내려서 백성을 인도하고, 사람들이 예를 익히 알게 된 뒤에 형벌을 쓴다는 말이니, 이 말도 일리가 있습니다.

臣按: 虞廷九官, 伯夷作秩宗典禮·皋陶作士師掌刑, 而此則云伯夷折民惟刑, 蔡沈謂舍皋陶而言伯夷, 探本之論也. 蓋禮與刑二者出此則入彼, 立典於此而示民以禮節之所當然, 而又象刑於彼而示民以法禁之所必然, 所當然者祀典之常製, 所必然者有司之成法, 降下其典於民, 使其知必如此則爲合於禮, 不如此則爲犯於刑, 啟其善端, 遏其邪念, 折而轉之, 使不入於刑而入於禮焉. 所以然者, 蓋以禍亂之興多起於民之幹犯禮典, 民神雜揉·妖誕肆興則人心不正而禍亂作矣. 伯夷作秩宗, 降下祀天神·享人鬼·祭地祇之三典播告之, 修著爲格令, 使夫蚩蚩蠢蠢之民皆知人各有所當祭之鬼神, 非此族也不在祀典, 祭非祭者有禁, 犯禁者輕則有罰·重則有誅, 是以各安其分而不敢瀆齊盟·行僭禮·舉淫祀·習妖術, 由是常道明而人心正, 所以不犯於有司, 是則伯夷所降之典, 其禮儀等級雖非一端, 而折絕斯民之邪心妄念惟在於刑焉耳. 所謂折民惟刑, 意或在此歟? 又按班固《漢書·刑法誌》引此言"折"作"悊", 下文卽繼之以"言制禮以止刑", 解者謂"悊, 知也". 言伯夷降下禮法以道人, 人習知禮然後用其刑也, 其言亦有理.

사(士)가 백성들을 형벌의 중도에 통제하여 공경하는 덕을 가르쳤다.

2 반고(班固)의 … 했습니다: 《한서(漢書)》 권23 〈형법지(刑法志)〉제3에 나온다.

士制百姓於刑之中, 以教祗德.

채침이 말하였다.

"순 임금이 고요(皐陶)에게 사(士)를 삼아 백성들을 형벽(刑辟)의 중도에 통제하니, 그 마음을 검속하고 덕을 공경함을 가르친 것이다."

蔡沈曰: "舜命皐陶爲士, 制百姓於刑辟之中, 所以檢其心而教以祗德也."

오역(吳棫)이 말하였다.[3]

"고요(皐陶)가 세 후(后)의 반열에 참여되지 아니하여, 마침내 후세에 형관(刑官)을 경시하게 하였다. 후한(後漢)의 양사(楊賜)가 정위(廷尉)에 임명되자, 스스로 가문이 대대로 법가(法家)가 아니라 하여 말하기를 '세 후(后)가 공(功)을 이루어 백성을 성하게 하였는데, 고요가 참여되지 않았으니, 이는 부끄럽게 여긴 것이다.' 하였다.[4] 이 뒤로 세상에는 신하만 형관을 경시했을 뿐만 아니라 군주 또한 경시하였다. 순 임금이 고요를 칭찬한 것을 보면, '형벌은 형벌이 없기를 기약하여 백성이

---

3 오역(吳棫)이 말하였다: 채침의 집전(集傳)에 나온다. 오역은 중국 남송(南宋) 때의 유학자로, 자는 재로(才老), 건안인(建安人)이다. 저서로는 《논어지장(論語指掌)》이 있다.

4 후한(後漢)의 … 하였다: 《후한서(後漢書)》 권84 〈양진열전(楊震列傳)〉에 나온다.

중도에 화합한 것이 그대의 공이다.' 하였고, 또 '내가 하고자 하는 대로 다스려져서 사방이 교화되고 약동하게 된 것이 그대의 아름다움이다.' 하였으니, 이처럼 그 관련이 깊으니 가볍게 여길 수 있겠는가."

吳棫曰: "皋陶不與三后之列, 遂使後世以刑官爲輕. 後漢楊賜拜廷尉, 自以代非法家, 言曰: '三后成功惟殷於民, 皋陶不與, 蓋吝之也.' 是後世非獨人臣以刑官爲輕, 人君亦以爲輕矣. 觀舜之稱皋陶曰'刑期於無刑, 民協於中, 時乃功', 又曰'俾予從欲以治, 四方風動, 惟乃之休', 其所係乃如此, 是可輕哉?"

신은 이렇게 생각합니다. 〈여형(呂刑)〉이 비록 주 목왕(周穆王)이 지은 것이지만, 반드시 전해 들은 것이 있지 빈말은 아니었습니다. 백이는 예관(禮官)이었으니, 내려 준 것이 전례였고 '백성들이 형벌에 빠지는 일을 끊었습니다'. 고요는 형관(刑官)이었으니, 제정한 것이 형이었고 '공경하는 덕을 가르쳤습니다'. 그러므로 순 임금은 다스릴 때 오로지 예교(禮敎)를 위주로 하였고, 형벽(刑辟)은 단지 예교가 미치지 못하는 점을 돕도록 했음을 알 수 있습니다.

예전을 내리고 형벌을 끊은 것은, 간사하고 망령된 생각을 막고 형벽을 미연에 방지한 것입니다. 형벌을 제정하고 덕을 가르친 것은 공경하는 마음을 열어 이미 벌어진 뒤에 형벽을 제어한 것입니다. 예교와 형벽이 서로 이처럼 활용되었으니, 순 임금 시대의 제도는 본말이 아울러 거행되었고, 백성들이 중도에 화합하여 저절로 유사를 범하지 않은 것입니다.

臣按:《呂刑》雖周穆王所作, 然必有所傳授非虛言也. 夫伯夷, 禮官也, 所降者典而折民惟刑; 皐陶, 刑官也, 所制者刑而敎民祗德, 可見有虞爲治專以禮敎爲主, 而刑辟特以輔其所不及焉耳. 禮典之降而折以刑, 所以遏其邪妄之, 念而止刑辟於未然; 刑罰之制而敎以德, 所以啟其祗敬之心, 而制刑辟於已然. 禮敎·刑辟之相爲用如此, 帝世之制所以本末兼擧, 而民協於中自不犯於有司也歟.

군주는 화락하고 공경히 위에 있고 신하는 정밀하고 깨끗이 아래에 있으니, 사방에 빛나 덕을 부지런히 힘쓰지 않음이 없다. 그러므로 마침내 형벌의 중도를 밝혀 백성들을 모두 다스리고 떳떳한 성품을 갖도록 도왔다.

穆穆在上, 明明在下, 灼於四方, 罔不惟德之勤, 故乃明於刑之中, 率乂於民棐彝.

채침이 말하였다.

"목목(穆穆)은 화락하고 공경한 모습이고, 명명(明明)은 정밀하고 깨끗한 모습이다. 사방에 빛났다는 것은 목목하고 명명하여 빛이 발양해서 사방으로 도달한 것이다. 임금과 신하의 덕이 이처럼 밝았으므로 백성들이 모두 보고 감동하고 씻겨 선(善)을 실천하면서 저절로 그치지 않았다. 이와 같은데도 여전히 교화되지 않는 자가 있었으므로 사사(士師)가 형벌의 중도를 밝혀서 과(過)·불급(不及)의 잘못이 없게 함으로써 백성을 모두 다스려서 떳떳한 성품을 도왔으니, 이른바 형벌의 정화(精華)라는 것이다."

蔡沈曰: "穆穆者, 和敬之容也; 明明者, 精白之容也. 灼於四方者, 穆穆明明, 輝光發越, 而四達也. 君臣之德昭明如是, 故民皆觀感動盪, 爲善而不能自已也. 如是而猶有未化者, 故士師明於刑之中, 使無過不及之差, 率乂於民, 輔其常性, 所謂刑罰之精華也."

여조겸(呂祖謙)이 말하였다.[5]

"당시 치우(蚩尤)[6]이 폐단을 숭게하여, 요사한 거짓말과 괴이한 신령함이 인심을 깊이 빠뜨리자, 중려(重黎)가 땅이 하늘과 통함을 끊었으니,[7] 진실로 큰 구분을 짓고자 한 것이다. 그렇지만 오래 고혹되다 보면 쉽게 갑자기 이기기 어려우므로, 백이가 천지인(天地人)에 대한 제사를 다시 내려, 천지의 본성과 귀신의 덕은 삼엄하여 각각 분명한 법

5 여조겸(呂祖謙)이 말하였다: 《서집전찬소(書集傳纂疏)》 권6에 나온다.

6 치우(蚩尤): 황제(黃帝) 때의 제후(諸侯) 이름으로, 《서경》 〈여형(呂刑)〉의 공안국(孔安國)의 전(傳)에는 옛 구려국(九黎國)의 임금이라고 하였는데, 여러 설이 있다. 《사기》 권1 〈오제본기(五帝本紀)〉에 이르기를 "치우가 난을 일으켜 황제(黃帝)의 명을 따르지 않았다. 이에 황제가 제후들에게서 군사를 징발하여 치우와 더불어 탁록(涿鹿)의 들판에서 싸워 드디어 치우를 사로잡아 죽였다." 하였는데, 탁록은 지금의 하북성(河北省)에 있는 옛 지명이다.

7 중려(重黎)가 … 끊었으니: 요순(堯舜) 시대 희씨(羲氏)와 화씨(和氏)의 조상인 중씨(重氏)와 여씨(黎氏)를 합칭한 말인데, 이들은 대대로 천지사시(天地四時)를 맡아 다스리던 관원이었다. 《서경》 〈여형(呂刑)〉에 나온다.

을 알게 하고, 이전의 고혹을 남김없이 소탕하였으니 이른바 백성이 형에 들어가는 것을 끊는 것이다. 근본을 알지 못하는 입장에서 보면, 하천을 안정시켜 곡식을 뿌리는 것은 급한 듯하고 전례를 내려보내는 것은 늦추어도 될 듯할 것이다. 그런데 인심이 바르지 못함을 모르고 서로 금수와 이적이 된다면, 땅이 있은들 어디에서 살 것이며, 곡식이 있은들 어떻게 먹겠는가. 백이가 전례를 내려준 것은 그 근본을 먼저 한 것이다. 백이의 전례부터 고요의 형벌에 이르기까지는, 제도이자 법조문으로 나타난 도구이고, '화락하고 공경히 위에 있고'부터 '백성을 모두 다스리고'까지는, 정신과 심술의 운행이다. 근본이 없다면 앞의 몇 가지는 복축(卜祝)·공역(工役)·농포(農圃)·서리(胥史)의 일일 뿐이다."

呂祖謙曰: "當時承蚩尤之弊, 妖誕怪神深溺人心, 重黎絕地天通, 固區別其大分矣. 然蠱惑之久, 未易遽勝, 伯夷複降天地人之祀典, 使知天地之性·鬼神之德森然各有明法, 向之蠱惑消蕩不留, 所謂折民於刑也. 自不知本者觀之, 平水播穀若所急而降典可緩, 抑不知人心不正, 胥爲禽夷, 雖有土安得而居·有粟安得而食, 伯夷降典, 先其本也. 自伯夷之典迄皋陶之刑, 制度文爲之具也; 自穆穆在上至率乂於民棐彝, 精神心術之運也. 苟無其本, 則前數者不過卜祝·工役·農圃·胥史之事耳."

신은 이렇게 생각합니다. 순 임금의 조정에서 임금과 신하는 그 덕이 안에 보존되어 그 모습이 밖으로 드러났으므로, 천하 사람들이 쳐다보면서 그 명백하고 현저한 것을 알았습니다. 위에 있는 사람은 훤히 밝고, 아래 있는 사람은 분명히 깨달았으니, 비호하면서 엄폐하는 사사로움도, 깊이 감추는 일도 없었습니다. 그러므로 당시 사람들은 귀로 듣고 마음으로 믿었으며, 눈으로 목격하고 뜻이 맞아, 진실로 교화되지 않는 자가 없었고 형벌이 더해지기를 기다릴 필요도 없었습니다. 그렇지만 성인(聖人)의 마음은 스스로 우리 임금과 신하가 진실로 근면하지만 우리 백성의 삶은 무궁한데 어떻게 모두 오늘날처럼 보전될 수 있겠는가, 생각했던 것입니다. 그러므로 사사(士師)에게 명하여 형벌의 중도를 밝히고 일정한 제도를 만들어 천하 사람들에게 환히 알게 하여, 이렇게 하면 너무 지나치고, 이렇게 하면 부족하다고 일렀으니, 반드시 이렇게 한 뒤에야 과불급이 없이 중도에 맞게 되었습니다. 그렇게 된 것은, 백성을 모두 다스리고 떳떳한 본성을 도와서, 항상 법도의 중용을 따르고 규범 밖으로 나오지 않게 하여, 천연의 스스로 가지고 있는 중용과 본연의 바꿀 수 없는 본성이 항상 온전하여 잃지 않았기 때문입니다.

臣按: 虞廷君臣其德存於中, 其容著於外, 天下之人瞻而望之, 見其明白顯著, 在上者灼然而明, 在下者曉然而喻, 無有回護掩蔽之私·幽深隱僻之事. 是以當世之民耳聞而心孚, 目擊而意契, 固無有不化者而無待於刑罰之加. 然聖人之心, 則自以爲吾之君臣固勤矣, 然吾民之生生無窮, 安能皆保如今日乎? 故命士師明於刑之中, 制爲一定之制, 以曉天下之人, 如是則爲太過, 如是則爲不及, 必如是而後爲無過不及而中矣. 所以然者, 率乂於民, 輔其常性, 使其常循乎矩度之中, 而不出乎防範之外, 而天然自有之中·本然不易之性常全, 而不失矣.

하늘이 백성들을 가지런히 하기 위하여 나로 하여금 하루만 형벌을 쓰게 하신 것이니, 종(終)이 아님과 종(終)인 것이 사람에게 달렸다. 너는 부디 천명(天命)을 공경히 맞이해서 나 한 사람을 받들어라. 내가 비록 형벌하라 하더라도 형벌하지 말고, 내가 비록 아름답게 용서하라 하더라도 용서하지 말라. 오형(五刑)을 공경하여 삼덕(三德)을 이루면 나 한 사람이 경사가 있을 것이며, 조민(兆民)들이 힘입어 그 편안함이 영원할 것이다.

天齊於民, 俾我一日, 非終惟終, 在人. 爾尚敬逆天命, 以奉我一人. 雖畏勿畏, 雖休勿休. 惟敬五刑, 以成三德, 一人有慶, 兆民賴之, 其寧惟永.

채침이 말하였다.

"형옥(刑獄)은 그것만 믿고서 다스릴 수 있는 수단이 아니니, 하늘이 이것으로 어지러운 백성들을 정제(整齊)하여 나에게 하루만 활용하게 했을 뿐이다. 비종(非終)은 곧 〈강고(康誥)〉에 '큰 죄라도 종(終)이 아니다'라는 것이니, 과실로 지은 죄이므로 마땅히 용서할 경우를 말한 것이며, 유종(惟終)은 곧 〈강고〉에 '작은 죄라도 종(終)이다'라는 것이니, 고의범으로 마땅히 형벌에 처해야 할 자를 말한 것이다. 비종(非終)과 유종(惟終)이 모두 내가 가볍거나 무겁게 할 수 있는 것이 아니고, 오직 그 사람의 범한 바에 달려 있을 뿐이니, 너는 마땅히 천명을 공경히 맞이해서 나 한 사람을 받들라는 것이다. 외(畏)와 위(威)는 옛날에 통용되었다. 위(威)는 형벌을 주는 것이고, 휴(休)는 용서하는 것이다. 내가 비록 형벌을 주라고 하더라도 너는 형벌하지 말고, 내가 비록 용서하라고 하더라도 너는 용서하지 말고, 오직 오형(五刑)의 씀을 공경하여 강(剛)·유(柔)와 정직(正直)의 덕(德)을 이루면 군주는 위에서 경사가 있고 백성들은 아래에서 이에 힘입어, 안녕의 복이 영구하고 폐해지지 않을 것이다."

蔡沈曰: "刑獄非所恃以爲治也, 天以是整齊亂民, 使我爲一日之用而已. 非終卽《康誥》'大罪非終'之謂, 言過之當宥者; 惟終卽《康誥》'小罪惟終'之謂, 言故之當辟者. 非終惟終, 皆非我得輕重, 惟在夫人所犯耳, 爾當敬逆天命, 以承我一人. 畏·威古通用. 威辟之也, 休宥之也, 我雖以爲辟, 爾惟勿辟, 我雖以爲宥, 爾惟勿宥, 惟敬乎五刑之用, 以成剛柔正直之德, 則君慶於上·民賴於下, 而安寧之福其永久而不替矣."

신은 이렇게 생각합니다. 형(刑)은 하늘의 성토입니다. 형은 이것으로 혼란을 일으키는 백성을 가지런히 하지만 부득이하게 하루만 활용할 뿐이지 항상 활용하여 다스리는 도구로 삼지 않습니다. 군주가 천도(天道)를 받들어 정치를 하니, 정치의 방법은 덕이지 형이 우선은 아니다. 백성들 가운데 가지런하지 않은 자가 있으면 부득이하게 형을 써서 다스리지만, 일단 하루 정도 백성을 가지런히 하는 활용으로 삼았으니, 정치의 방법이 오로지 여기에 있는 것은 아닙니다.

전옥(典獄)을 맡은 관원은 반드시 하늘의 명을 공경히 하여 임금을 받들고, '과실로 지은 죄이므로 마땅히 용서할 자'는 하늘의 명을 이어 용서하고, 용서해서는 안 될 자는 임금이 용서하라고 해도 용서하지 말아야 합니다. '과실로 죄를 지어 형벌을 주어야 할 자'는 하늘의 명을 받들어 형벌을 주되, 형벌을 주지 말아야 할 자는 임금이 형벌을 주려고 해도 형벌을 주어서는 안 됩니다. 그렇게 하는 이유는, 임금의 법을 지키는 것이 임금을 받드는 방도이고, 하늘의 이치를 따르는 것이 하늘을 공경하는 방도이니, 임금의 법을 받들고 임금의 의도를 받들지 않는다면, 이는 천명을 공경히 맞이할 수 있습니다.

그러므로 천명을 공경히 맞이하는 자는 오형을 공경하여 삼덕을 이룰 뿐입니다. 오형을 공경하여 하루의 활용으로 삼고, 삼덕을 이루어 만세의 준칙을 세우니, 형벌을 쓰되 바로 그치고, 덕을 세우되 무궁합니다. 얼마나 나라에 경사가 되겠습니까. 이 때문에 숱한 백성이 길이 신뢰하였고, 이로부터 나라의 운명이 연장되었으니, 삼대(三代)의 도(道)가 오랫동안 지속된 것은 이 도를 활용했기 때문입니다. 진(秦)나라 사람들이 형벌을 믿고 한 시대의 쓰임으로 삼아 마침내 해내에 독소가 흘렀고 2대 만에 망했으니, 어찌 영원한 거울이 아니겠습니까.

臣按: 刑, 天討也, 天以是而齊亂民, 不得已而爲一日之用爾, 非常用以爲治之具也. 人君奉天道以出治, 所以爲治者德也, 刑非所先也, 民有不齊者, 不得已而用刑以治之, 姑以爲一日齊民之用也, 所以爲治者, 不顓顓在是也. 典獄之官必當敬逆天之命以奉承乎君, 過之當宥者, 則承天之命以宥之; 不當宥者, 君雖宥之不宥也. 過之當辟者, 則奉天之命以辟之; 不當辟者, 君雖辟之不辟也. 所以然者, 守君之法所以奉君也, 順天之理所以敬天也, 奉君之法而不奉君之意, 則是能敬迎天命矣. 所以敬迎天命者, 敬五刑以成三德而已矣, 敬五刑以爲一日之用, 成三德以立萬世之則, 刑用而卽已, 德立而無窮. 所以爲國家之慶者, 容有既乎? 兆民以之而永賴, 國祚由是而延長, 三代有道之長用此道也. 秦人恃刑罰以爲一世之用, 卒之流毒海內, 二世卽亡, 豈非永鑒哉?

왕이 말씀하였다. "아! 이리 오라. 나라를 소유하고 토지를 소유한 자들아, 너희에게 상서로운 형벌을 고하노라. 이제 너희가 백성을 편안히 하려 할 때, 무엇을 가려야 하는가. 사람이 아니겠는가. 무엇을 공경해야 하는가. 형벌이 아니겠는가. 무엇을 헤아려야 하는가. 옥사에 미치는 것이 아니겠는가."

王曰: "吁! 來, 有邦有土, 告爾祥刑. 在今爾安百姓, 何擇? 非人; 何敬? 非刑; 何度? 非及."

채침이 말하였다.

"백성과 사직(社稷)을 가진 자는 모두 고하는 말을 들을 위치에 있는 것이다. 형은 흉기(凶器)인데 상서라고 말한 것은, 형은 형이 없기를 기약하여 백성들이 중(中)에 맞으면 이보다 크게 상서로울 수가 없기 때문이다. 급(及)은 미침이다. 한(漢)나라 시대에 황제의 명으로 다스리는 옥사(獄事)가 미치는 바가 수만 명에 이른 경우가 있었는데, 마땅히 미쳐야 할 데를 살펴 헤아린 뒤에 미쳤다고 할 수 있다. '하(何)'라고 말하고 '비(非)'라고 말한 것은, 문답을 통하여 그 뜻을 나타내서 세 가지에 결코 마음을 다하지 않을 수 없음을 밝힌 것이다."

蔡沈曰: "有民社者皆在所告也. 夫刑, 凶器也, 而謂之祥者, 刑期無刑, 民協於中, 其祥莫大焉. 及, 逮也. 漢世詔獄所逮有至數萬人者, 審度其所當逮者而後可逮之也. 曰何·曰非, 問答以發其意, 以明三者之決不可不盡心也."

오징(吳澂)이 말하였다.

"형인데 '상서로운 형'이라고 말하였으니, 이는 자애와 측은함, 상세한 심사와 신중함을 가지고 차마 못하는 마음을 위주로 하고, 부득이하여 시행하니, 그래서 '상서롭다'고 말한 것이다. 오늘날 백성을 편안하게 하려면 무엇을 택해야겠는가? 사람이 아닌가? 무엇을 공경해야겠는가? 형벌이 아닌가? 무엇을 헤아려야겠는가? 미치는 것이 아닌가? '사람'이란 형벌을 적용하는 사람이며, '미친다'는 말은 형벌이 가해지는 대상이니, '벌이 너의 몸에 미친다'고 할 때의 '급(及)'이다."

吳澂曰: "刑而曰祥刑, 蓋慈良惻怛·詳審謹重, 主之以不忍, 行之以不得已, 所以謂之祥也. 在今日欲安百姓, 何者當擇, 非人乎? 何者當敬, 非刑乎? 何者當揆度, 非及乎? 人謂用刑之人, 及謂刑之所加, 猶罰及爾身之及."

신은 이렇게 생각합니다. 신문과 국문을 엇갈려 할 때 천하에서 가

장 수고로운 것은 옥사만한 것이 없고, 자르고 칠 때 천하에서 가장 참혹한 것은 형벌만한 것이 없습니다. 이는 상서롭지 않은 수단이지만 옛사람이 '상서로운 형벌'이라고 불렀으니, 이는 불선(不善)을 제거하여 선(善)을 편안히 하고, 천하의 불선한 자로 하여금 두려워할 바가 있어서 명을 온전히 하고, 천하의 선한 자로 하여금 믿을 바가 있어서 몸을 편안히 하게 한 것입니다. 그 수단은 진실로 상서롭지 않은 듯하지만, 그 뜻은 지극한 선과 큰 상서로움이 있는 존재입니다. 만일 인물 등용에서 가리지 않고, 형의 사용에서 공경하지 않으며, 사람에게 미치는데 망령되이 죄 없는 사람에게 미친다면, 당연히 상서롭지 않은 도구일 것입니다.

소식(蘇軾)이 "죄를 짓지 않았는데 다른 사람에게 연루되는 것을 급(及)이라고 하는데, 진한(秦漢) 시대 사이에는 체(逮)라고 하였다. 옥리(獄吏)가 반당(反黨)을 남기지 않는 것을 충(忠)이라고 하고, 넓은 관계에 많이 미치는 것을 이(利)라고 한다"고 하였는데,[8] 한나라의 큰 옥사에는 만 명에게 미친 경우가 있었는데, 나라의 안위와 운명이 모두 여기에 의지하고 있습니다.

아! 한나라 옥사가 가장 많이 미친 것은 모두 말세(末世) 때 있었으니, 예를 들어 고제(高帝)나 광무제(光武帝), 명제(明帝) 시대에 장석지(張釋之)[9]와 우정국(于定國)[10] 등을 얻어 정위(廷尉)로 삼았을 때는 이런 일이

---

8 소식(蘇軾)이 … 하였는데: 《상서비전(尙書埤傳)》 권15에 나온다.

9 장석지(張釋之): 장석지는 도양(堵陽) 사람으로 한 문제(漢文帝) 때에 법률을 집행하는 정위(廷尉)가 되었다. 한 문제(漢文帝)가 수레를 타고 출행(出行)하였을 때 어떤 사람이 말 앞을 가로질러 가서 말이 놀랐다. 이에 그자를 체포하여 정위(廷尉)에게 처벌하게 하였는데, 정위로 있던 장석지가 벌금형에 해당된다고 아뢰었다. 그러자 문제가 몹시 노하여 "이자는 내가

없었습니다. 목왕(穆王)이 세 번 묻고 세 번 답하게 한 것은 그 요체는 더욱 인물을 선택하는 데 있으니, 마땅한 인물을 얻어야 반드시 형벌을 공경히 할 수 있고 형벌을 공경히 할 수 있으면 망령되게 죄를 연루시키지 않는다.

臣按: 參錯訊鞫, 極天下之至勞者莫若獄; 割斷棰擊, 極天下之至慘者莫若刑. 是乃不祥之器也, 而古人謂之祥刑者, 蓋除去不善以安夫善, 使天下之不善者, 有所畏而全其命, 天下之善者, 有所恃而安其身, 其爲器也固若不祥, 而其意則至善大祥之所在也. 苟用人而不擇, 用刑而不敬, 逮人而妄及非辜, 其爲不祥之器也宜哉. 蘇軾謂"罪非己造爲人所累曰及, 秦漢間謂之逮, 獄吏以不遺反黨爲忠, 以多逮廣繫爲利", 漢大獄有逮萬人者, 國之安危·運祚長短咸寄於此. 噫, 漢獄之逮最多者, 皆在末造之世, 使當高文·光武·明章之世得張釋之·於定國輩爲廷尉, 無此也. 穆王設爲三問而三答之, 其要尤在於擇人, 得其人必能敬刑, 能敬刑則不妄逮矣.

탄 말을 놀라게 하였는데 벌금형만 준단 말인가?"라고 하니, 장석지는 "법이란 것은 천자가 천하와 더불어서 함께하는 것입니다. 법령이 이러한데 중한 벌을 준다면 사람들이 법을 믿지 않습니다. 그 자리에서 죽이도록 명하였으면 그만이겠지만, 이미 정위에게 넘겼으면 법대로 해야 합니다."라고 하였다. 그러자 문제가 한참 있다가 "정위의 말이 옳다."라고 하였다. 《漢書 卷50 張釋之傳》.

10 우정국(于定國): 한 선제(漢宣帝) 때 정위(廷尉)로 발탁되자 옥사(獄事)를 공정하게 처리하여 그의 판결에 대해서는 "사람들이 원망하지 않는다.[民自以不冤]"라는 평을 받았으며, 원제(元帝) 때 관동(關東) 지방에 몇 년 동안 잇따라 재해가 발생하자 상서하여 자신을 탄핵하며 승상(丞相)의 직위를 고사(固辭)하고 집으로 돌아왔다. 《漢書 卷71 于定國傳》.

여러 벌의 경중에는 권도가 있으니, 형과 벌은 세상에 따라 가볍게 하고 무겁게 하여야 하니, 똑같지 않은 형벌을 가지런히 하므로 질서가 있고, 요점이 있어야 한다.

輕重諸罰有權, 刑罰世輕世重, 惟齊非齊, 有倫有要.

채침이 말하였다.

"벌의 경중에도 모두 권도(權道)가 있으니, 권도란 진퇴와 추이에 따라 경중의 마땅함을 구하는 것이다. 형벌을 세상에 따라 가볍게 하고 무겁게 한다는 것은, 《주관(周官)》에 '새로 창건한 나라에서 형을 쓸 때는 가벼운 법을 쓰고, 어지러운 나라에서 형을 쓸 때는 무거운 법을 쓰고, 평범한 나라에서 형을 쓸 때는 중간의 벌을 쓴다.' 하였으니,[11] 어느 세상인가에 따라 가볍고 무거운 것이다.

여러 벌의 가볍게 하고 무겁게 함이 권도(權道)가 있다는 것은 한 사람의 경중(輕重)을 저울질하는 것이고, 형벌을 세상에 따라 가볍게 하고 무겁게 한다는 것은 한 세상의 경중을 저울질한다는 것이다.

가지런하지 않음을 가지런히 한다는 것은 법의 권도이며, 질서가 있고 요점이 있다는 것은 법의 원칙[經]이다. 형과 벌이 비록 권도에 따라 변하여 적절하게 가지런하지 않은 것을 가지런히 하지만, 그 질서와 요점이 있는 곳에서는 엄격하여 문란해서는 안 된다."

---

11 《주관(周官)》에 … 하였으니: 《주관신의(周官新義)》 권14 〈추관(秋官)〉에 나온다.

蔡沈曰: "罰之輕重亦皆有權, 權者進退推移以求其輕重之宜也. 刑罰世輕世重者, 《周官》'刑新國用輕典·刑亂國用重典·刑平國用中典', 隨世而爲輕重者也. 輕重諸罰有權者, 權一人之輕重也; 刑罰世輕世重者, 權一世之輕重也. 惟齊非齊者, 法之權也; 有倫有要者, 法之經也. 言刑罰雖惟權變, 是適而齊之以不齊焉, 至其倫要所在, 蓋有截然而不可紊者矣."

신은 이렇게 생각합니다. 선유(先儒)는 "사정의 경중, 시대의 치란이 같지 않으니 형벌의 적용도 다르고, 하나의 법으로 가지런히 하려고 하면 그 가지런함이 가지런하지 못하고, 가지런하지 않음으로 가지런하게 하면 가지런해진다. '똑같지 않은 형벌을 가지런히 한다'는 말은 가지런하지 않음으로 가지런히 한다는 말이다. 선후의 순서가 있는 것을 질서[倫]라고 하고, 여러 핵심이 모이는 것을 요점[要]이라고 한다." 하였습니다.[12] 이른바 법의 원칙[經]이란, 경이 일정하여 문란하게 할 수 없고, 권은 때에 따라 의당하게 하는 것입니다. 목왕(穆王)이 비록 나이가 들었으나, 형을 가르칠 때는 오히려 문왕과 무왕의 법을 지키고, 부지런히 요순(堯舜)의 유훈을 가지고 있었으니, 이것이 공자께서 사례로 가져온 이유입니다.

---

12 선유(先儒)는 … 하였습니다: 《서전집록찬주(書傳輯錄纂註)》 권6에 나온다. 선유는 왕과(王過)로, 자는 유관(幼觀), 호는 졸재(拙齋), 강서성 덕흥(德興) 사람이다. 동수(董銖)·정공(程珙)과 함께 덕흥학궁삼선생(德興學宮三先生)으로 일컬어졌다. 주자(朱子)의 문인이다.

臣按: 先儒謂"情之輕重·世之治亂不同, 則刑罰之用當異, 而欲爲一法以齊之, 則其齊也不齊, 以不齊齊之, 則齊矣. '惟齊非齊以不齊齊之'之謂也. 先後有序謂之倫, 衆體所會謂之要." 所謂法之經也, 經一定而不可紊, 權則因時而製宜. 穆王年雖耄荒, 而其訓刑也猶守文武之法, 惓惓然猶有唐虞之遺意, 此夫子所以取之也.

왕(王)이 말씀하였다. "아! 사손(嗣孫)【사손은 대를 이은 자손이다.】아. 지금부터 무엇을 보아야【감(監)은 보다[視]이다.】 할 것인가? 백성의 중(中)에 있는 덕이 아니겠는가. 부디 분명히 들을지어다. 철인(哲人)이 형을 적용할 때 무궁한 칭찬이 있나니, 이는 오극(五極)에 속하며, 모두 중도에 맞으니 경사가 있도다. 왕의 아름다운【가(嘉)는 선(善)이다.】 대중【사(師)는 대중[衆]이다.】을 받은 자들은 이 상서로운 형을 거울삼을지어다."

王曰: "嗚呼, 嗣孫【嗣世子孫】, 今往何監【視也】, 非德於民之中? 尙明聽之哉! 哲人惟刑, 無疆之辭, 屬於五極, 咸中有慶. 受王嘉【善也】師【衆也】, 監於茲祥刑."

채침이 말하였다.

"이는 후대에 고한 것이다. 지금부터 무엇을 거울로 삼아 살펴보아야 할 것인가, 형벌을 써서 덕을 이루어 백성들이 받은 바의 중(中)을 온전히 함이 아니겠는가, 라는 말이다. 아래 문장의 철인(哲人)은 곧 마땅히 거울로 삼아야 할 자이다. 오극(五極)은 오형(五刑)이다. 명철한 사람이 형을 적용하면서 무궁한 명예가 있는 것은 오형이 모두 알맞음을 얻어서이니, 이 때문에 경사가 있는 것이다. 제후가 천자의 어진 백성과 선(善)한 무리를 받았으면 마땅히 이 상서로운 형벌에서 거울로 삼아 보아야 할 것이다."

蔡沈曰: "此詔來世也. 言今往何所監視, 非用刑成德而能全民所受之中者乎? 下文哲人卽所當監者. 五極, 五刑也. 明哲之人用刑而有無窮之譽, 蓋由五刑咸得其中, 所以有慶也. 諸侯受天子良民善衆, 當監視於此祥刑."

여조겸(呂祖謙)이 말하였다.

"중(中)은 《서경》〈여형(呂刑)〉의 강령으로, 묘민(苗民)은 이 중에 무지했고, 고요(皐陶)는 이 중에 밝았다. 목왕(穆王)이 사정(司政)과 전옥(典獄)에게 고하여 면려한 것이 이 중이다. 마지막 장의 가르침은 중(中) 외에 다른 말이 없었다. 지금부터 네가 무엇을 보아야 할 것인가, 백성의 중(中)에 있는 덕이 아니겠는가, 라고 하였다. 형을 쓰는 자가 명예를 구하는 데 뜻을 두고, 덕으로 이름을 삼고자 한다면 덕이 되기에는 부족하니, 그러므로 덕이 되는 자는 반드시 백성의 중에 부합한 뒤에야 될 것이다."

呂祖謙曰: "中者《呂刑》之綱領也, 苗民罔是中者也, 皐陶明是中者也. 穆王之告司政典獄勉是中者也, 末章訓迪, 自中之外亦無他說焉. 今爾何所當監, 豈非德於民之中乎? 用刑者有意幹譽, 欲以德名而不足以爲德, 所以爲德者必於民之中而後可也."

하선(夏僎)이 말하였다.[13]

"백성은 천지의 중을 받아서 태어나므로 선하지 않음이 없고, 그들이 죄악에 빠지는 것은 본래 그런 것이 아니기 때문에 '아름다운 대중[嘉師]'이라고 말한다. 형벌이 비록 사람에게 형벌을 주는 것을 주로 삼지만 간궤한 자를 형벌에 처하는 것이 선량함을 부지하는 방도이므로 비록 상서롭지 않지만 상서롭게 되는 수단이므로 형을 '상서로운 형벌[祥刑]'이라고 말한다. 일찍이 그에 대해, 백성들이 형을 범할 때 악하지 않음이 없는데도 '아름다운 대중'이라고 말하고, 형이 본래 상서롭지 않은 도구인데도 '상서로운 형벌'이라고 말했으니, 악이 아름답게 되고 상서롭지 않은 것이 상서롭게 된 뒤에 형벌 적용의 도리를 알게 된다."

夏僎曰: "民受天地之中以生, 未嘗不善, 其陷於罪惡非其本然也, 故民曰嘉師; 刑雖主於刑人, 然刑奸宄所以扶善良, 雖曰不祥, 乃所以爲祥也, 故刑曰祥刑. 嘗爲之說曰, 民之犯刑無非惡也而謂之嘉師, 刑本不祥之器也而謂之祥刑, 能以惡爲嘉·以不祥爲祥而後知用刑之道矣."

---

13 하선(夏僎)이 말하였다: 《하씨상서상해(夏氏尙書詳解)》 권25에 나온다.

신은 이렇게 생각합니다. 제왕의 도는 중보다 중대한 것이 없습니다. 중이 마음에 있으면 한쪽으로 치우치지 않고 사안에 있으면 과불급이 없습니다. 제왕이 심법을 전해 주면서 이것으로 도를 전하는 요점으로 삼고 이것으로 정치를 하는 원칙으로 삼았습니다. 《서경》 〈우서(虞書)〉에서 '진실로 중도를 잡을 수 있다[允執厥中]'고 시작하였으며,[14] 대순(大舜)께서는 이것으로 도를 전했습니다. 《서경》 〈주서(周書)〉에서 '모두 중도에 맞으니 경사가 있도다[咸中有慶]'고 마쳤으며, 목왕(穆王)은 이것으로 형을 가르쳤습니다.

성인(聖人)의 마음이 한쪽으로 치우치지 않고 일에 시행하므로 하는 일에 과불급이 없습니다. 덕이나 예, 음악이나 정치만 그런 것이 아니라 형벌을 시행할 때도 그렇습니다. 대개 백성이 불행하게 유사(有司)을 범할 때 죄를 짓는 이유는 모두 그 스스로 취한 것이고, 내가 진실로 그 사이에 마음을 허용하지 않으니, 내 마음에 치우치지 않고 또 저 사람에게 치우치지 않으며, 오직 한결같이 실정을 생각하여, 실정을 얻은 뒤에는 그 죄의 경중을 헤아려 형벌을 시행하고 그 형이 위아래로 너무 지나침이 없을 뿐 아니라 또한 모자람이 없습니다. 이것을 중이라고 하고 이것을 상서로운 형이라고 말하는 것입니다.

臣按: 帝王之道莫大於中, 中也者在心則不偏不倚, 在事則無過不及, 帝王傳授心法, 以此爲傳道之要, 以此爲出治之則. 《書》始於《虞書》

14 《서경》 … 시작하였으며: 《서경》 〈우서(虞書) 대우모(大禹謨)〉에서 순 임금이 우 임금에게 천하를 양위할 때 "인심은 위태하고 도심은 미묘하니 오직 정밀하고 전일하여야 진실로 그 중을 잡으리라.[人心惟危, 道心惟微, 惟精惟一, 允執厥中.]"라고 하였다.

"允執厥中", 大舜以之而傳道; 《書》終於《周書》"咸中有慶", 穆王以之而訓刑. 聖人之心不偏不倚而施之事, 爲者無過不及, 非獨德禮樂政爲然, 而施於刑者亦然. 蓋民不幸犯於有司, 所以罪之者皆彼所自取也, 吾固無容心於其間, 不偏於此亦不倚於彼, 一惟其情實焉, 旣得其情則權其罪之輕重而施以其刑, 其刑上下不惟無太過且無不及焉, 夫是之謂中, 夫是之謂祥刑.

《주례(周禮)》에서 말하였다.

이에 추관과 사구를 두어 그 소속 관원을 거느리고 나라의 금법을 관장하여 왕을 보좌하여 나라의 형벌을 주관하였다.[15]

《周禮》: 乃立秋官司寇, 使帥其屬而掌邦禁, 以佐王刑邦國.

정현(鄭玄)이 말하였다.

"추관의 사구는 가을을 형상으로 세운 관직이다. 구(寇)는 해침[害]이다. 선왕의 정치는 덕과 예를 앞세우고 형과 정으로 돕기 때문에 사구가 형을 관장하면서 추관에 소속되어 있다.[16] 가을에는 천기(天氣)가

15 《주례(周禮)》에서 … 주관하였다: 《주례주소(周禮注疏)》 권9 〈추관사구(秋官司寇)〉에 나온다. 권2에는 추관(秋官) 대신 형전(刑典)으로 나온다.

16 선왕의 … 있다: 《주례집설(周禮集說)》 권8에 나오는 정현의 말에는 보이지 않는다. 누구의 말인지 미상이다.

쌀쌀해져 만물을 말려 죽이고, 형벌은 의(義)를 위주로 하여 형관(刑官)이 맡은 일이 해침에 이르니 형관의 일은 시행되지 않음이 없는 것이다."[17]

鄭玄曰: "秋官司寇者, 象秋所立之官. 寇, 害也. 先王之治先之以德禮而輔之以刑政, 故司寇掌刑而屬於秋官. 秋者天氣肅殺, 而刑以義爲主也, 刑官而司至於寇, 則刑官之事無不擧矣."

신은 이렇게 생각합니다. 소재(小宰)에 말하기를 "추관에는 소속 관원이 60명인데 나라의 형벌을 관장한다"고 했는데,[18] 여기서 '나라의 금법을 관장한다[掌邦禁]'고 하였습니다. 대개 금한다[禁]는 것은 아직 일어나기 전에 경계하는 것이고, 형벌을 준다[刑]는 것은 이미 일어난 것을 다스리는 것입니다. 선왕의 마음은 오직 백성들이 어리석어 잘못하여 형벌에 걸리게 될 것을 걱정하였기 때문에 미리 금법을 분명히 보여 주어 이러한 죄를 지으면 반드시 이러한 형벌을 빠진다, 이러한 악행이 있으면 반드시 이러한 처벌에 걸린다는 것을 알게 하는 것입니다. 위엄을 밝히고 의리를 세워 미혹되지 않음을 알게 하여 은미한 맹아를 방지하고 그 처음을 거슬러 꺾되, 반드시 부득이한 뒤에 형벌을 주었습니다. 금하는 것은 인을 위한 것이고, 형벌을 주는 것은 의

17 형관(刑官)이 … 것이다: 《주례집설(周禮集說)》 권8에 나오는데, 정현의 말이 아니라, '왕씨(王氏)', 즉 왕안석(王安石)의 말로 나온다.

18 소재(小宰)에 … 했는데: 《주례주소(周禮注疏)》 권3에 나온다.

를 위한 것입니다. 끊임없이 금하는데도 오히려 범하는 자가 있어 이에 의로 인을 끊었으니, 이것이 백성의 기준을 세우는 방법일 것입니다.

臣按: 小宰言秋官其屬六十掌邦刑, 而此言掌邦禁, 蓋禁者戒之於未然, 刑者治之於已然, 先王之心惟恐民愚而誤入於刑罰, 故豫爲明示法禁, 使知有如是之罪必陷如是之刑, 有如是之惡必麗如是之辟, 明威立義, 俾知不迷, 防微遏萌, 逆折其始, 必不得已而後刑之. 禁之所以爲仁, 刑之所以爲義, 禁之不已猶有犯焉, 於是乎以義斷仁焉, 此其所以立民極也歟.

대사구(大司寇)의 관직은 나라의 삼전(三典)을 세워 왕을 보좌하여 나라에 형벌을 주고 사방을 꾸짖는 일을 맡았으니, 첫째, 새로 창건한 나라에서 형을 쓸 때는 가벼운 법을 쓰고, 둘째, 평범한 나라에서 형을 쓸 때는 중간의 벌을 쓰며, 어지러운 나라에서 형을 쓸 때는 무거운 법을 쓴다.

大司寇之職, 掌建邦之三典以佐王刑邦國·詰四方, 一曰刑新國用輕典, 二曰刑平國用中典, 三曰刑亂國用重典.

임지기(林之奇)가 말하였다.[19]

---

19 임지기(林之奇)가 말하였다: 임지기(1112~1176)는 남송의 학자로, 이 말은 《주례집설(周禮集

"사구(司寇)가 새로 창건한 나라에서 형을 쓸 때는 가벼운 법을 쓴다는 것은, 잘못된 옛 습관에 오염되었으므로 갑자기 바로잡을 수 없기 때문에 일단 가르치되 부드러움으로 극복하는 의로 해야 하는 것이다. 평범한 나라에서 형을 쓸 때는 중간의 벌을 쓴다는 것은, 이미 편안하고 다스려지며, 부유하고 사람도 많으며, 도야하여 복종시키며 다스려지지 않는 것이 없으니, 교화가 이미 밝고 습속이 이미 이루어졌으므로 정직한 의로 해야 하는 것이다. 어지러운 나라에서 형을 쓸 때는 무거운 법을 쓴다는 것은 완고하고 패란하여 가르쳐 교화할 수 없으니, 괴수를 섬멸하고 강경한 자를 없애야 하니 강하게 극복하는 의로 해야 하는 것이다. 《서경》〈여형(呂刑)〉에 '오직 다섯 가지 형벌을 삼가서, 세 가지 덕을 이룰지어다[惟敬五刑, 以成三德]' 한 것이, 이를 말하는 것이리라."

林之奇曰: "司寇刑新國用輕典者, 以其舊染汙習不可遽正, 姑以教之宜以柔克之義也. 刑平國用中典者, 以其已安已治, 旣富旣庶, 陶冶被服莫不卞治, 則教化已明·習俗已成, 宜以正直之義也. 刑亂國用重典者, 以其頑昏暴悖不可訓化, 則殲渠魁·滅強梗, 宜以剛克之義也. 《書》曰 '惟敬五刑以成三德', 其此之謂乎."

신은 이렇게 생각합니다. 전(典)은 상(常)이니, 백성이 항상됨을 잃으면 임시적인 제도가 됩니다. 삼덕에 근본을 두고 시의를 따르고 삼전

說)》 권8에 나온다.

을 나누어 다스림을 일으켜 항상됨을 회복하게 합니다. 성인께서 여기에 어찌 다른 마음을 가졌겠습니까. 삼가 생각건대, 그래서 우리 성조(聖祖)께서【원나라 사람들이 윤리를 망가트린 뒤를 이었으니, 이른바 대란(大亂)의 세상인 것입니다.당시에 오랑캐 사람들이 중국의 주인이 되어, 천지(天地)는 이로 인해 자리가 바뀌었고, 화이(華夷)는 이로 인해 뒤섞였으니, 천지가 있은 이래로 없었던 일입니다. 삼강과 오상의 도리, 시서와 예악의 가르침은 모두 땅에 떨어졌습니다. 저들은 같은 부류이니 본디 책할 것도 없지만, 우리 중국 사람은, 혹 제왕의 후손이기도 하고, 혹 성현의 자손이기도 하며, 혹 전대의 신하이기도 한데, 하루아침에 우리의 의관을 버리고 가죽털옷을 입고는, 저들의 문화에 물들고 윤리 없는 풍속에 습관이 되었습니다. 심지어 그들의 복심이나 고굉이 되고, 눈귀나 발톱이 되어 우리 중국의 폐해가 되었습니다. 작록을 받고는 그들의 보좌와 앞잡이가 되어, 따뜻한 은혜가 날로 새로워지고 달로 성대해지는 데 감동하며, 그들의 언어로 말하고 그 무리를 가족으로 삼아, 살갗이 젖고 골수에 사무치니 호인(胡人)이 있는 줄만 알고 우리 중국의 제왕과 정통의 전통이나 강상과 윤리의 아름다움이 있는 줄은 알지 못합니다. 자식이 아버지를, 손자가 할아버지를 답습하면서, 그 연고를 익히 알아 당연하게 여긴 것이 이미 백년이니, 지금은 진실로 이른바 대란의 세상으로, 나라가 새롭기를 기대하기 어렵습니다. 만일 그 근원을 통렬히 끊고 무거운 법령을 더하지 않는다면, 어떻게 그들의 비린내 나는 악취와 먼지를 닦아 내고, 우리 중국의 강상과 윤리를 복원할 수 있겠습니까. 하지만, 혹심한 겨울 뒤에는 반드시 따스한 봄이 있게 마련입니다.】 유훈을 남겨 자손에게 보였는데, "짐이 군사를 일으킨 이래 지금까지 40여 년이다. 그 사이에 인정의 선악과 진위를 모두 겪었고, 완악하고 기만적인 무리들은 특히 법외로 형을 더하여 사람들이 두려워할 바를 알아 함부로 가벼이 법을 범하지 못하게 하였다. 그렇지만 이는 단지 임시 조치이며 간사하고 완악한 자들을 갑자기 꺾는 것은 나라를 지켜 나갈 임금이 상용할 바는 아니다. 이후의 자손이 황제가 되었을 때 율령과 〈대고(大誥)〉[20]만을 준수하고, 경자(黥刺)·회의(劊劓)·엄할(閹割) 같은 형을 허락하지 말며, 감히 이런 형을 쓰자고 청하는 자가 있으면 장차 범인은 능지하고 온 가족을 사형에 처하라." 하셨습니다.

이로써 보면, 성조께서 무거운 형벌로 이전 원(元)나라를 대한 것이 대개 부득이해서였음을 알 수 있으니, 제왕의 자손[21]들은 승평(承平)의 시기를 맞아 조종의 가르침을 지켜, 한결같이 평범한 법을 적용하여 백성을 편안하게 하고 사해에 인자함과 은혜를 펴서 만년토록 나라의 운명이 이어지기를 신은 지극히 소원하옵니다.

臣按: 典者常也, 民失其常則爲權時之制, 本三德以趣時, 分三典以興治, 使之復其常焉. 聖人於此何容心哉? 伏惟我聖祖【承元人斁敗彛倫之後, 所謂大亂之世也. 當是之時, 以夷狄之人, 爲中國之主, 天地於是乎易置, 華夷於是乎混殽, 自有天地以來, 所未有也. 三綱五常之道, 詩書禮樂之敎, 一切墜地. 彼其同類, 固無足責, 而我中國之人, 或帝王之苗裔, 或聖賢之子孫, 或前代之臣子, 一旦舍我衣冠, 服其氈毳, 染其腥羶之化, 習其無倫之俗. 甚至爲之腹心股肱耳目爪牙, 以爲吾中國之害. 受其祿爵, 爲之輔翼嚮導, 感其煦嫗之恩日新月盛, 口其言語, 家其倫類, 淪膚入髓,

20 대고(大誥): 가업(家業)을 계승한다는 말인데, 여기서는 명 태조 자신이 내린 조훈(祖訓)을 지키라는 말이다. 《서경》〈대고(大誥)〉에, "만약 아버지가 집을 지음에 이미 법을 이루었거늘, 그 자식이 기꺼이 당의 터도 만들려고 하지 않는데 더구나 기꺼이 집을 지으려 하겠는가.[若考作室, 旣底法, 厥子乃弗肯堂, 矧肯構?]" 하였던 취지를 말한다.

21 제왕의 자손: 원문의 '문자 문손(文子文孫)'은 《서경》〈입정(立政)〉에서 온 말로, 제왕의 자손을 가리키는 말이다.

知有胡人, 而不知有吾中國帝王正統之傳, 綱常倫理之懿. 子承其父, 孫襲其祖, 習知其故以爲當然, 蓋已百年矣. 是眞所謂大亂之世也, 難以新國待之. 苟不痛絶其根源, 加之以重典, 何以洗滌其腥膻臭穢, 而復還我中國之綱常倫理也哉. 雖然隆冬之後, 必有陽春. 是以】我聖祖作條訓以示子孫, 有曰: "朕自起兵至今四十餘年, 人情善惡眞僞無不歷涉其中, 奸頑刁詐之徒特令法外加刑, 使人知所警懼不敢輕易犯法, 然此特權時處置, 頓挫奸頑, 非守成之君所常用. 以後子孫做皇帝時止守律與《大誥》, 並不許用黥刺·劓劓·閹割之刑, 敢有請用此刑者, 將犯人淩遲, 全家處死."由是觀之, 可見聖祖以重刑待前元, 蓋非得已也, 文子文孫當承平之時, 守祖宗之訓, 一用平典以安兆民, 敷仁恩於四海, 延國祚於萬年, 臣不勝至願.

오형으로 만민을 살피니【규(糾)는 규찰이다.】, 첫째는 들에서 쓰는 형벌로, 농사【공(功)은 농사의 공적이다.】를 힘쓰는 것을 높이고 농사에 힘쓰는지【력(力)은 근면한 노력이다.】 규찰하는 것이다. 둘째는 군대에서 쓰는 형벌로, 명령을 준수하는 것【명(命)은 명을 받드는 것이다.】을 높이고 수비【수(守)는 대오를 잃지 않는 것이다.】를 잘하는지 규찰하는 것이다. 셋째는 향리에서 쓰는 형벌로, 덕【덕(德)은 육덕(六德)이다.】이 있는 자를 높이고 불효【효(孝)는 부모를 잘 섬기는 것이다.】를 규찰하는 것이다. 넷째는 관청에서 쓰는 형벌로, 어진【능(能)은 일을 잘하는 것이다.】 자를 장려하고 직무【직(職)은 그 직무를 처리하는 것이다.】를 규찰하는 것이다. 다섯째는 나라에서 쓰는 형벌로, 근신한【원(願)은 성실하고 신중한 것이다.】 자를 높이고 공손한지 규찰하는 것이다【폭(暴)은 공(恭)으로 써야 하니, 공손치 못한 자는 규찰해야 한다.】.

以五刑糾【察也】萬民, 一曰野刑, 上功【農功也】糾力【勤力也】; 二曰軍刑, 上命【謂將命】糾守【謂不失部伍】"; 三曰鄕刑, 上德【謂六德】糾孝【謂善事父母】; 四曰官刑, 上能【謂能其事】糾職【謂修其職】; 五曰國刑, 上願【慤愼也】糾暴【"暴"當作"恭", 不恭者當糾也】.

유이(劉彝)가 말하였다.[22]

"형(刑)은 부득이해서 쓰는 것이지 어찌 성인께서 즐기는 바이겠는가. 그러므로 농사에 힘쓰지 않으면 재화가 생산되지 않고 들판이 황폐해지며 백성이 흩어지니, 이것이 야형을 그만둘 수 없는 것이다. 혼란을 제거하지 않으면 백성이 불안하여 백성은 흩어지고 나라는 갈라지니, 이것이 군형을 그만둘 수 없는 것이다. 효를 다하지 않으면 충이 순수하지 않아 집안이 깨지고 나라가 약해지니, 이것이 향형을 그만둘 수 없는 것이다. 직무가 거행되지 않으면 정치가 이루어지지 못하여 정치가 쇠퇴하고 풍속이 각박해지니, 이것이 관형을 그만둘 수 없는 것이다. 예가 행해지지 않으면 중도가 세워지지 않아 임금은 약하고 신하가 강해지니, 이것이 국형을 그만둘 수 없는 것이다.

천지(天地)와 사시(四時)는 육관(六官)의 순서이니, 성인께서 그 질서

22 유이(劉彝)가 말하였다: 《주례집설(周禮集說)》 권8에 나온다. 유이(1029~1086)는 북송의 학자로, 자는 집중(執中)이고, 복주(福州) 장락(長樂) 사람으로 흔히 장락 유씨(長樂劉氏)라고 부른다. 호원(胡瑗)의 제자이며, 저서에 《명선집(明善集)》이 있다. 《宋史 卷334 劉彝列傳》.

를 본받아 천하의 도를 교화하여 이룬다. 야형·군형·향형·관형·국형은 오형의 순서인데, 성인께서 부득이하게 그 순서에 입각하여 만민을 중화(中和)의 도에 두는 것이다.”

> 劉彝曰: “刑者不得已而用之, 豈聖人所樂哉? 故力不懋則財不生, 而野荒民散矣, 是野刑不可已也; 亂不除則民不安, 而民散國離矣, 是軍刑不可已也; 孝不盡則忠不純, 而家破國微矣, 是鄉刑不可已也; 職不擧則治不成, 而政衰俗薄矣, 是官刑不可已也; 禮不行則中不建, 而君弱臣強矣, 是國刑不可已也. 天地四時者, 六官之序, 聖人體其序而化成天下之道也. 野·軍·鄉·官·國者五刑之序, 聖人不得已, 而卽其序以措萬民於中和之道也.”

신은 이렇게 생각합니다. 선유가 “오형으로 만민을 살피고, 육전(六典)을 세워 백성의 기준으로 삼는다. 그러므로 육경(六卿)이 각각 관청에서 직무를 맡았고, 세워서 반드시 천하에 시행되게 하고, 행하여 반드시 후세에 모범이 되게 하니, 대사구가 형전(刑典)을 바로잡는다.” 하였습니다.[23] 그러므로 야형이 서지 않으면 농사의 성과가 이루어지지 못하니, 성과가 이루어지게 하는 방법은 백성을 부려 일을 하되 모두 가서 자기 힘을 다하게 하는 것입니다. 야형의 적용은 전적으로 힘을 다하지 않는 사람을 규찰하는 것인데, 모든 나라의 도랑, 제방, 성읍, 식목 등 들판에 개발되지 않음이 없고 성과가 이루어지지 않음

23 선유가 … 하였습니다: 이 역시 《주례집설(周禮集說)》 권8에 나오는 유이의 말이다.

이 없으니, 이는 〈동관(冬官)〉에서 세운 사전(事典)이 형을 기다려 성립한 것입니다.

군형이 서지 않으면 군령이 시행되지 못하니, 군령이 시행되는 방법은 백성을 늘어세워 정치를 확립하되 모두 명령을 따라 사수하게 하는 것입니다. 군형의 적용은 전적으로 사수하지 않는 사람을 규찰하는 것인데, 모든 나라의 군진, 군막, 검열, 정벌 등 군대가 떨치지 않음이 없고 명령이 쓰이지 않음이 없으니, 이는 〈하관(夏官)〉에서 세운 정전(政典)이 형을 기다려 성립한 것입니다.

효성을 다하지 않으면 덕이 순수하지 않으니 향형을 설정하여 불효한 사람을 규찰하면 백성은 모두 덕을 높이고 불효한 자식이 없습니다. 사도(司徒)의 팔형이 규찰하는 것에 효(孝)·우(友)·목(睦)·인(婣)·임(任)·휼(恤)의 실천이 갖추어져 있으니, 이것이 〈교전(敎典)〉이 형에 보좌를 받는 것입니다.

직무가 거행되지 않으면 능력이 나타나지 않으니, 관형을 설정하여 직무에 맞지 않는 사람을 규찰하면 관리는 모두 능력을 높이고 다스려지지 않는 직무가 없을 것입니다. 모든 총재(冢宰)와 백관(百官)이 세운 것에 관원·부사(府史)·서리의 직이 거론되었으니, 이것이 〈치전(治典)〉이 형에 보좌를 받는 것입니다.

〈예전(禮典)〉을 세운 것은 나라를 조화롭게 하기 위해서입니다. 나라에는 반드시 예가 있어야 하니, 예의 실천은 근신을 최상으로 하고, 공손하지 않으면 예가 되기에 부족하므로, 국형을 세워 전적으로 공손하지 않은 사람을 규찰하여 그들로 하여금 근신을 높이게 하였으니, 이것이 〈예전〉이 형에 보좌를 받는 것입니다.

이로써 보면 형이 형이 되는 것은 추관에 속하기는 하지만 오관

(五官)을 얻지 못하면 다스릴 수 없습니다. 다스림[治]·가르침[教]·군정[政]·예[禮]·농사[事]는 성인께서 천하를 다스리는 도구입니다. 그렇지만 그 성과의 수립과 교화의 성공을 이루기 위하여, 형벌을 버려두고 규찰한다면 어떻게 끝까지 태만하지 않고 오래 폐지되지 않기를 보장하겠습니까.

臣按: 先儒謂, 以五刑糾萬民者, 建六典以爲民極也, 是故六卿各職於其官而建之使必行於天下·行之使必範於後世者, 大司寇正其刑典也. 是故野刑不立則事功不成, 功之所以成者, 役民以作事咸赴工以致其力也, 野刑之用專以糾不致力之人, 則凡國家之溝塗·堤防·城邑·樹藝, 野無不辟而功無不成矣, 則是《冬官》所建之事典待刑而立也; 軍刑不立則軍令不行, 令之所以行者, 設民以立政咸用命以死守也, 軍刑之用專以糾不死守之人, 凡國家師旅·茇舍·校閱·征戍, 軍無不振而命無不用矣, 則是《夏官》所建之政典待刑而立也; 孝不盡則德不純, 設爲鄕刑以糾不孝之人, 則民皆上德而無不孝之子, 凡司徒八刑所糾者, 孝友·睦姻·任恤之行備矣, 是教典資於刑也; 職不舉則能不見, 設爲官刑以糾不職之人, 則吏皆上能而無不治之職, 凡塚宰百官所建者官聯·府史胥徒之職舉矣, 是治典有資於刑也; 禮典之建所以和邦國也, 國必有禮, 禮之所行以願慤爲上而不恭則不足以爲禮矣, 設爲國刑專糾夫不恭之人, 使之皆願慤爲上焉, 是禮典有資於刑也. 由是觀之, 則刑之爲刑雖屬於秋官, 而五官不得不治焉. 蓋治也·教也·政也·禮也·事也, 聖人治天下之具也, 然所以致其功之立而化之成, 舍刑以糾之, 安能保其終不怠而久不廢哉?

《대대례(大戴禮)》에서 말하였다.

형벌[24]은 사람을 제어하는 재갈과 굴레이다. 관리는 고삐이고, 형벌은 집게이다. 천자의 수레몰이는 내사(內史)·태사(太史)·좌사(左史)의 손이다. 옛날에 법으로 재갈과 굴레를 삼고, 형으로 집게를 삼으며, 사람으로 손을 삼아 천하를 제어하였다. 공가(公家)는 형을 다루는 사람을 기르지 않고, 대부(大夫)는 사(士)를 기르지 않으니, 길에서 만나도 더불어 말을 나누지 않는다. 사방으로 물리쳐서 그의 죄가 마땅히 가야 할 곳으로 가게 하고 부역을 시키지 않으니, 살리고자 하지 않기 때문이다.[25]

《大戴禮》: 刑罰者御人之銜勒也, 吏者轡也, 刑者筴也, 天子禦者, 內史·太史·左史手也. 古者以法爲銜勒, 以刑爲紂, 以人爲手而禦天下. 公家不畜刑人, 大夫不養士, 遇之途不與之言, 屛諸四方, 唯其所之, 不及以政, 不欲生之故也.

신은 이렇게 생각합니다. 옛날에 형인(刑人)을 대할 때 엄하기가 이와 같았으니, 일부러 끊은 것이 아니라 사람들이 경계할 바를 알아서 함부로 악행을 하지 못하게 하려는 것이다. 이미 저지른 일을 끊어서 아직 저지르지 않는 일을 경계한 것이니, 끊는 대상은 적지만 보전되는 사람은 많으니, 성인의 대공지인(大公至仁)한 마음입니다.

24 형벌: 《공자가어(孔子家語)》 권6에는 '덕법(德法)'으로 되어 있다.

25 공가(公家)는 … 때문이다: 《예기(禮記)》 〈왕제(王制)〉에 나온다.

臣按: 古者待刑人其嚴如此, 非故絕之也, 欲人知所懲而不敢爲惡也, 絕其所已然以懲其所未然, 所絕者少而所全者衆, 聖人之心也.

《예기》〈왕제(王制)〉에서 말하였다.

무릇 오형(五刑)을 제정하는【제(制)는 판단[斷]이다.】 것은 반드시 천륜【천륜은 천리(天理)이다.】에 근거를 두고 하니, 허물하여【우(郵)는 허물[尤]과 같으며, 책임[責]이다.】 벌할 때 사실과 부합하여야 한다.

《禮記》: 凡制【斷也】五刑必卽天倫【天理也】, 郵【與尤同, 責也】罰麗於事.

진호(陳澔)가 말하였다.[26]

"하늘의 이치는 지극히 공정하고 사사로움이 없으니, 옥을 결단하는 사람은 원칙으로 본받아 적용하여야 또한 지공무사하다. 죄에 대한 책임이 있어 벌을 주어야 하는 경우, 반드시 벌과 사안이 서로 부합하게 하면 지공무사하면서 형벌이 죄에 합당할 것이다."

陳澔曰: "天之理至公而無私, 斷獄者體而用之, 亦至公而無私. 凡有罪

---

26 진호(陳澔)가 말하였다: 《예기대전(禮記大全)》 권5 〈왕제(王制)〉에 나온다. 진호(1260~1341)는 중국 도창(都昌) 사람으로, 자는 가대(可大), 호는 운주(雲住), 경귀(經歸) 선생이다. 송나라 말과 원나라 초의 저명한 경학가로, 《예기집설(禮記集說)》을 편찬하였다.

責而當誅罰者, 必使罰與事相附麗, 則至公無私而刑當其罪矣."

오형(五刑)의 송사를 심리할 때는 반드시 부자의 친함을 살피고 군신의 의리를 세워서 저울질한다. 경중(輕重)의 차례를 의논하고 천심(淺深)의 크기를 신중히 재서 구별하며, 총명함을 다하고 충애의 마음을 바쳐 심리를 마친다.

凡聽五刑之訟, 必原父子之親·立君臣之義以權之, 意論輕重之序·愼測淺深之量以別之, 悉其聰明·致其忠愛以盡之.

방각(方慤)이 말하였다.[27]

"부자가 친한 것은 정에 근본을 두고 있기 때문에 '살핀다[原]'고 했고, 군신의 의리는 사안에 놓여 있기 때문에 '세운다[立]'고 하였다. 친함은 사랑을 주로 하니, 한결같이 사랑하면 형을 차마 가할 수 없으며, 의리는 공경을 주로 하니, 한결같이 공경하면 형을 함부로 미칠 수 없으니, 모두 이와 같으면 어떻게 법의 원칙이 될 수 있겠는가. 혹 친한 관계에서 살피는 바가 있고, 의리에서 세우는 바가 있는 것은

27 방각(方慤)이 말하였다: 《예기집설(禮記集說)》 권34에 나온다. 방각의 자는 성부(性夫), 송나라 동려(桐廬) 사람이다. 선화(宣和) 연간에 진사가 되었고, 벼슬은 예부 시랑을 지냈다. 저서에 《예기집해(禮記集解)》가 있다.

단지 법을 따르는 권도(權道)일 뿐이기 때문에 '저울질한다[權之]'고 하였다."

方慤曰: "父子之親本乎情, 故曰原; 君臣之義錯諸事, 故曰立. 親主於愛, 一於愛則刑有所不忍加; 義主於敬, 一於敬則刑有所不敢及, 一皆如是, 豈足以爲法之經哉? 其或於親有所原·於義有所立者, 特從法之權而已, 故曰以權之也."

진호(陳澔)가 말하였다.

"부자와 군신은 중대한 인륜이기 때문에 특별히 거론하였고, 또한 윗 문장의 천륜의 뜻과 이었다. 범한 것이 같아도 경중과 심천의 차이가 있으므로 한데 묶어서 논의할 수 없기 때문에 구별하니, '저울질한다'고 말하였다. 밝게 보고 총명하게 듣고도 말이나 낯빛 사이에서도 살피며, 충애와 측은한 마음을 가지고도 말과 의도의 표현에서 원칙을 유지하면 그 정(情)을 다할 수 있을 것이다."

陳澔曰: "父子·君臣, 人倫之重者, 故特擧以言之, 亦承上文天倫之意. 所犯雖同而有輕重淺深之殊者, 不可概議也, 故別之所謂權也. 明視聰聽而察之於詞色之間, 忠愛惻怛而體之於言意之表, 庶可以盡得其情也."

진력(陳櫟)이 말하였다.

"후세 백성들이 형을 범하는 일이 많은 것은 군주가 그 도를 잃은 소치이니, 반드시 모두 그 백성들의 죄는 아니다. 형옥은 본디 실정을 얻는 데 달렸지만, 실정을 얻는 것을 기뻐해서는 안 되며, 그 실정을 얻고자 하면 진실로 총명을 다하는 데 달려 있고, 애긍심을 갖고 기뻐하지 않는 것은 충애를 다하는 데 달려 있을 것이다."

陳櫟曰: "後世之民犯刑多上失其道之所致, 未必皆其民之罪, 刑獄固在得其情而不可喜得其情, 欲得其情固在於悉其聰明, 哀矜勿喜尤在於致其忠愛歟."

신은 이렇게 생각합니다. 형법을 만든 것은 교화를 돕기 위해서이고, 교화의 근본은 천륜에 근본을 두고 있는데, 천륜 가운데 무거운 것이 부자와 군신입니다. 부자는 인(仁)을 주로 하고 군신은 의(義)를 주로 하며, 일체 무겁고 가벼운 죄와 깊고 얕은 실정은 모두 부자의 인과 군신의 의를 주로 합니다. 반드시 본연의 마음을 살피고 반드시 당연한 의를 세워, 생각하여 논하고 신중하게 헤아려, 선후를 순서 지어 반드시 차례를 따르게 하고, 대소의 양을 정하여 기준을 넘지 않게 하니, 나누고 구별하는 이유는 그렇게 하여 기준을 재는 것에 부합하기 위한 것입니다. 구별한 뒤 또 마음을 다하고, 마음을 다하면 이치가 버려짐이 없으며, 마음을 다할 뿐 아니라 또 이루니, 이르면 옥사가 갖추어집니다. 군자가 형에 이처럼 마음을 다하니, 천하에 어찌 억울한 백성이 있겠으며, 윤리는 또 어찌 무너지겠습니까.

臣按: 刑法之制所以弼教, 而教之本在乎天倫, 而天倫之重者父子·君臣也. 父子主仁, 君臣主義, 一切輕重之罪·淺深之情, 皆主於父子之仁·君臣之義. 必原其本然之心, 必立其當然之義, 意而論之, 愼以測之, 序有先後而必循其次, 量有大小而不過其劑, 所以分而別之者, 用以合其權度也. 旣別之而又盡之, 盡之則理無遺矣, 不徒盡之而又成之, 成之則獄斯備矣. 君子之盡心於刑如此, 天下豈有冤民哉, 彝倫又豈有或斁哉?

무릇 형벌을 제정할 때 가볍더라도 용서가 없다. 형은 형(侀)이니, 형이란 이룸이다. 한번 이루어지면 변할 수 없기 때문에 군자가 마음을 다한다.

凡作刑罰, 輕無赦. 刑者侀也, 侀者成也, 一成而不可變, 故君子盡心焉.

정현(鄭玄)이 말하였다.
"형(侀)은 형(刑)의 본체이다."

鄭玄曰: "侀是刑體."

마희맹(馬晞孟)이 말하였다.[28]

“이것은 법을 세우고 형을 제정한 뜻을 말한 것이다. 비록 가벼워도 용서하지 않는 것은 사람으로 하여금 범하기 어렵게 하기 위해서이다. 오직 형에 해당하면 반드시 형을 주며, 가벼워도 용서하지 않는데 하물며 무거운 경우이겠는가. 그러므로 군자는 마음을 다하지 않을 수 없다.

형이 형벌답게 되는 이유는 사람에게 모양이 있는 것과 같다. 하나의 조문이라도 갖추지 못하면 형벌이 되기에는 부족하고, 하나의 신체라도 갖추지 못하면 사람이 되기에는 부족하다. 조문이 만들어지면 형벌이 가해지는 곳이 있고 변할 수 없기 때문에 군자는 마음을 다하는 것이다. 군자가 마음을 다하지 않는 데가 없지만 형을 적용할 때는 더욱 신중한 것이다.”

馬晞孟曰: “此言立法制刑之意. 雖輕無赦, 所以使人難犯也. 惟其當刑必刑, 輕且不赦, 而況於重者乎? 故君子不容不盡心焉. 蓋刑之所以爲刑者, 猶人之有侀也, 一辭不具不足以爲刑, 一體不備不足以爲成人, 辭之所成, 則刑有所加而不可變, 故君子盡心焉. 君子無所不盡其心, 至於用刑則尤愼焉者也.”

신은 이렇게 생각합니다. 선유(先儒)가 “용서가 없으니 백성이 범죄에 이르지 않았고, 마음을 다하니 관리들이 남형에 이르지 않았다.”라고 했습니다. 용서하지 않는 법으로 미연에 금하고, 마음을 다하는 관리

28 마희맹(馬晞孟)이 말하였다: 《예기대전(禮記大全)》 권5 〈왕제(王制)〉에 나온다.

로 사건이 발생한 뒤에 대응하니, 이것이 백성들이 법을 두려워하고 윗사람을 친하게 여기는 이유입니다.

臣按: 先儒謂無赦則民不至於犯罪, 盡心則吏不至於濫刑, 有無赦之法以禁於未然之前, 有盡心之吏以應於已然之後, 此民所以畏法而親上也.

공자가 말하였다.[29]
"오형의 종류가 삼천 가지이지만 죄는 불효보다 큰 것이 없다. 임금에게 강요하는 것은 윗사람을 무시하는 것이요, 성인을 비방하는 것은 법도를 무시하는 것이요, 효행을 비난하는 것은 어버이를 무시하는 것이니, 이는 큰 환란을 초래하는 길이다."

子曰: "五刑之屬三千而罪莫大於不孝. 要君者無上, 非聖人者無法, 非孝者無親, 此大亂之道也."

신은 이렇게 생각합니다. 형으로 교화를 돕고 교화의 중대한 것은 윤리입니다. 군주는 백성을 살리는 주인이고, 성인은 도덕의 주인이며, 부모는 몸을 낳는 주인입니다. 어버이는 한 집안의 주인이고, 어버이에게 효도하면 인도가 섭니다. 군주는 일세의 주인이고, 임금에

29 공자가 말하였다: 《효경(孝經)》 제11장 오형(五刑)에 나온다.

게 충성하면 치도가 이루어집니다. 성인은 만세의 주인이고, 성인을 존중하면 세상 교화가 밝아집니다.

선왕은 형법을 제정하여 세상 교화를 도왔는데, 세상 교화 가운데 중대한 것은 이 세 가지에 있는데, 사람마다 자기 어버이에게 효도하고, 임금에게 충성하고, 성인을 존중하면 천하가 크게 다스려질 것이고, 그렇지 않으면 그게 어지러워지는 길입니다. 그런데 이 세 가지의 근본은 한 집안에서 일어나, 집안이 쌓이면 나라가 되고, 나라가 쌓이면 세상이 되기 때문에, 불효의 죄를 더욱 엄격하게 하였으니, 천하의 일은 모두 가까운 데서 일어나 먼 데 비치고, 은미한 데서 시작하여 드러나기에 이르기 때문입니다.

그러므로 법률조문은 불효의 죄를 드러내면서 '임금을 강요하고' '성인을 비방하는' 일은 생략하였는데, 생략한 것이 아니라 말하지 못한 것입니다. 말할 수 있는 것을 드러내어 은미한 뜻을 보이고, 만일 이러한 옥사가 있으면 이에 준거하여 저울질하는 것입니다.

臣按: 刑以弼教, 教之大者倫理也, 人君者生民之主, 聖人者道德之主, 父母者生身之主. 親爲一家之主, 孝其親則人道以立; 君爲一世之主, 忠其君則治道以成; 聖人爲萬世之主, 尊聖人則世教以明. 先王製爲刑法以弼世教, 世教之大在此三者, 人人孝其親·忠其君·尊大聖人, 則天下大治矣, 否則大亂之道焉. 然是三者其根本起於一家, 家積而國, 國積而世, 故尤嚴於不孝之罪, 以爲天下事無有不起於近而後及於遠, 始於微而後至於著也. 故律文著不孝之罪, 而所謂要君非聖人者則略焉, 非略之也, 不可言也, 著其可言者以示微意, 萬一有是獄焉, 準此以權度之也.

공자가 말하였다.[30]

"예와 악이 흥성하지 않으면 형과 벌이 중도를 얻지 못하고, 형과 벌이 중도를 얻지 못하면 백성들은 손발을 둘 곳이 없다."

子曰: "禮樂不興則刑罰不中, 刑罰不中則民無所措手足."

범조우(范祖禹)가 말하였다.[31]

일이 차례를 얻는 것을 예(禮)라고 하고, 사물이 조화를 얻는 것을 악(樂)이라고 한다. 일이 이루어지지 않으면 차례가 없고 조화롭지 못하므로 예악이 흥기하지 못하고, 예약이 흥기하지 못하면 정사(政事)에 시행할 때 모두 그 도리를 잃기 때문에 형벌이 중도에 맞지 않는다.

范祖禹曰: "事得其序之謂禮, 物得其和之謂樂. 事不成則, 無序而不和, 故禮樂不興; 禮樂不興, 則施之政事皆失其道, 故刑罰不中."

김이상(金履祥)이 말하였다.[32]

"일에 조리가 있으면 예와 악이 있는데, 일이 차례를 얻으면 예가

---

30 공자가 말하였다: 《논어》 〈자로(子路)〉에 나온다.

31 범조우(范祖禹)가 말하였다: 《사서찬소(四書纂疏)》 권7에 나온다.

32 김이상(金履祥)이 말하였다: 《논맹집주고증(論孟集註考證)》 권7에 나온다.

되고 일이 조화를 얻으면 악이 되니, 일이 이루어지지 않으면 어떻게 예악이 있을 수 있겠는가. 예가 없으면 차례가 없고 시행할 때 괴리가 생기고, 악이 없으면 조화가 없고 시행할 때 분란이 생기니, 괴리와 분란이 생기면 형벌이 어떻게 이치에 맞을 수 있겠으며, 형벌이 이치에 맞지 않으면 백성들이 피해서 나가기 어렵다."

金履祥曰: "事有條理, 則有禮樂, 事得其序則爲禮, 事得其和則爲樂, 事旣不成則, 何以能有禮樂? 無禮則無序而施之也乖繆, 無樂則無和而行之也忿戾, 乖繆忿戾, 則刑罰安能中理, 刑罰不中理, 則民難於避就."

신은 이렇게 생각합니다. 예악과 형정은 그 목적이 하나이니, 반드시 예악이 있어 형정의 근본으로 삼으면 정사의 실행과 형벌의 시행이 모두 자연의 이치에 근본을 두고, 그에 따라 세워 당연의 이치로 삼아 백성들로 하여금 피할 바를 알고 감히 어기지 못하게 합니다. 그러므로 민생의 일용 사이에 심지에 주관이 있고 이목에 더해지는 바가 있어, 거둥과 운위가 절제가 있게 되므로 유사를 범하지 않습니다.

범한 자가 있은 뒤에 형벌을 시행하니, 만일 그렇지 않으면 어리석은 백성들의 일거수일투족이 모두 법망 중에 걸려 살 수 있는 방도를 알지 못할 것입니다. 백성이 살 수 있는 방도를 알지 못하면 살 수 있는 길을 찾을 것이고, 찾다가 얻지 못하면 목숨을 바쳐 구하게 되어, 화란의 발생이 왕왕 이 때문에 생기니, 진(秦)나라와 수(隋)나라가 망한 것이 분명한 증거입니다.

臣按: 禮樂·刑政其致一也, 必有禮樂以爲刑政之本, 則政事之行·刑罰之施皆本乎自然之理, 以立爲當然之制, 使民知所避而不敢違, 是以民生日用之間, 心誌有所主·耳目有所加·擧動雲爲有所制, 是以不犯於有司. 有犯焉者然後施之以刑罰, 苟爲不然, 蚩蚩蠢蠢之民, 一擧手一動足, 皆罹於憲網之中, 而不知所以爲生者矣. 民不知所以爲生, 則求所以爲生之路, 求之不得, 則舍死以求, 禍亂之作往往以此, 秦·隋之亡其明驗也.

맹자(孟子)가 말하였다.

"살게 해 주는 도리에 입각해서 백성을 죽이면 비록 죽더라도 백성이 죽이는 자를 원망하지 않는다."[33]

孟子曰: "以生道殺民, 雖死不怨殺者."

정이(程頤)가 말하였다.

"살게 해 주는 도리에 입각해서 백성을 죽인다는 말은 본래 살리고자 한다는 말이니, 폐해와 악을 제거하는 유(類)가 이것이다. 이는 부

33 맹자(孟子)가 … 않는다: 《맹자》〈진심 상(盡心上)〉에, "편하게 해 주는 도리에 입각해서 백성을 부리면 아무리 수고롭더라도 백성이 원망하지 않고, 살게 해 주는 도리에 입각해서 백성을 죽이면 비록 죽더라도 백성이 죽이는 자를 원망하지 않는 법이다.[以佚道使民, 雖勞不怨; 以生道殺民, 雖死不怨殺者.]" 하였다.

득이하여 해야 할 바를 하는 것이니, 비록 백성들의 욕구를 어기지만 백성들은 원망하지 않으니, 그렇지 못한 경우는 상반된 결과를 낳는다."

程頤曰: "以生道殺民謂本欲生之也, 除害去惡之類是也. 蓋不得已而爲其所當爲, 則雖咈民之欲而民不怨, 其不然者反是."

주희(朱熹)가 말하였다.[34]

"그에게 악죄(惡罪)가 있어 죽음에 해당하는 경우, 내가 살려 주는 방도를 찾다가 얻지 못한 뒤에 죽여서 대중을 안심시키고 그 나머지를 경계한다. 이것이 살게 해 주는 도리에 입각하여 죽이는 것이니 또한 무슨 원망이 있겠는가."

朱熹曰: "彼有惡罪當死, 吾求所以生之者而不得, 然後殺之以安其衆而厲其餘, 此以生道殺之也, 亦何怨之有?"

장식(張栻)이 말하였다.[35]

"살게 해 주는 도리에 입각하여 죽이는 것이니, 죽더라도 죽이는

---

34 주희(朱熹)가 말하였다: 《맹자집주대전(孟子集註大全)》 권13에 나온다.

35 장식(張栻)이 말하였다: 《맹자설(孟子說)》 권6에 나온다. 장식(1133~1180)은 북송 때 사람으로, 자는 경부(敬夫)이며 호오봉의 문인이다. 동래(東萊) 여조겸(呂祖謙)과 주희(朱熹), 장식 이 세 사람을 일컬어 동남삼현(東南三賢)이라 부른다.

것을 원망하지 않는다고 했으니, 선왕은 형법을 분명히 하여 백성에게 보이는 것은 본래 따를 것과 피할 것을 알게 하고자 한 것이니 이것이 살리는 도리이다. 그런데 백성이 불행하여 법에 빠지게 되면 부득이 죄를 가하여, 진실로 장차 그 흐름을 그치게 하는 것 또한 살리는 도리일 뿐이다. 더구나 애긍과 충후한 마음이 따뜻하게 그 사이에 있으니, 살리려는 뜻이 끊어진 적이 없다. 만일 후세에 형법을 엄중히 한 것은 말할 것도 없고, 실정을 얻고 기뻐 터럭만큼이라도 미워하는 마음에 싹이 튼다면 또한 이른바 '살게 해 주는 도리'를 잃은 것이다."

張栻曰: "以生道殺民, 雖死不怨殺者. 先王明刑法以示民, 本欲使之知所趨避, 是乃生之之道也, 而民有不幸而陷於法, 則不得已而加辟焉, 固將以遏止其流也, 是亦生道而已, 又況哀矜忠厚之意薰然存乎其間, 其爲生意未嘗有間斷也. 若後世嚴刑重法固不足道, 而其得情而喜與夫有果於疾惡之意一毫之萌, 亦爲失所謂生道者矣."

신은 이렇게 생각합니다. 땅의 큰 덕을 생(生)이라고 하는데, 사람이 천지의 덕을 얻어 태어나니 생을 좋아하지 않음이 없습니다. 성인이 천지의 덕을 본받아 살아 있는 사람의 주인이 되기 때문에 그 덕 또한 오직 살리기를 좋아하는 데 있습니다. 오직 사람의 삶을 좋아하기 때문에 마음가짐과 정치는 사람을 살리는 것을 근본으로 삼습니다. 사람들은 덕교(德敎)의 시행과 은택의 유포를 보고 사람을 살린다고 생각하면서도 형벌을 더하고 무력을 거행하는 것 또한 사람을 살리는 방도라는 것을 알지 못할 뿐입니다. 대체로 죽음이 살리는 이유가 되는 것은, 진실로 그 사람이 산 사람에게 해를 끼치는 경우가 아니라면 결코 차마 죽음에 이르게 할 수 없는 것이고, 한 사람을 죽이는 것이 천만인을 살리는 방법이기 때문입니다. 그러므로 사람을 살리는 데 무익하면 반드시 가벼이 사람을 죽음에 이르게 해서는 안 됩니다.

臣按: 天地之大德曰生, 人得天地之德以爲生, 莫不好生, 聖人體天地之德以爲生人之主, 故其德亦惟在於好生也. 惟其好人之生, 故其存心治政莫不以生人爲本, 人見其德敎之施·恩澤之布以爲生人也, 而不知其刑罰之加·兵戈之擧亦皆所以爲生人焉耳. 蓋死之所以生之也, 苟非其人實有害於生人, 決不忍致之於死地, 死一人所以生千萬人也. 是故無益於生人, 必不輕致人於死.

순자(荀子)가 말하였다.[36]

세속에서 말하기를 "잘 다스렸던 고대에는 육형(肉刑: 신체형)이 없고 상형(象刑)[37]이 있었는데, 묵경(墨黥)[38]에 속하는 것은 짚신[菲屨]과 자의(赭衣: 죄수복)인데 단을 두르지 않았다."라고 하는데【비(菲)는 짚신이다. 순(純)은 단[緣]이다. 옷에 단을 덧대지 않아 부끄럽게 한 것이다.】, 이는 그렇지 않다. 고대의 정치에는 사람들이 죄를 짓지 않았다는 말인가. 어찌 유독 육형이 없겠으

36 순자(荀子)가 말하였다: 《전한서(前漢書)》 권23 〈형법지(刑法志)〉에 나온다.

37 상형(象刑): 고대 형법의 일종으로 복색(服色)을 다르게 하여 치욕을 보이는 것이다.

38 묵경(墨黥): 살을 따고 홈을 내어 먹물로 죄명을 찍어 넣는 형벌이다.

며 또한 상형을 필요로 하지 않았겠는가. 사람이 혹 죄에 저촉되었는데 단지 형을 가볍게 준다면 이는 살인한 자가 죽지 않고 상해를 입힌 자가 형을 받지 않는 것이다. 죄가 지극히 무거운데 형은 지극히 가볍게 되면 백성들이 두려워할 바가 없게 되어 더 큰 혼란이 없다.

형벌 제정의 근본은 장차 포악함을 금하고 악을 미워함으로써 그 끝을 징계하는 것이니, 사람을 죽인 자에게 미치지 못하고 상해를 입힌 자에게 형벌을 주지 않으면 이는 포악함에 혜택을 주고 악에 관대한 것이다. 그러므로 상형(象刑)은 고대 정치에서 생긴 것이 아니고, 혼란스러운 요즘에도 아울러 생겼다. 포악함과 패륜을 주벌하는 것이 정치의 위엄이고, 살인자를 죽이고 상해를 입힌 자에게 형벌을 주는 것은 모든 왕이 같지만, 그 유래를 아는 사람이 없다. 그러므로 치세에는 형이 무겁고 난세에는 형이 가벼우며, 치세를 범한 죄는 무겁고 난세를 범한 죄는 가볍다. 《서경》〈여형(呂刑)〉에 "형벌은 시대에 따라 무겁다."[39]라고 한 것이 이를 말한다.

《荀子》曰: 世俗之爲說以爲治古者無肉刑有象刑, 墨黥之屬菲屨·赭衣而不純【菲, 草屨也. 純, 緣也. 衣不加緣以恥之也】, 是不然矣. 以爲治古則人莫觸罪耶? 豈獨無肉刑哉, 亦不待象刑矣. 爲人或觸罪戾而直輕其刑, 是殺人者不死而傷人者不刑也. 罪至重而刑至輕, 民無所畏, 亂莫大焉. 凡制刑之本, 將以禁暴惡惡且懲其末也, 殺人者不及·傷人者不刑, 是惠暴而寬惡也. 故象刑

---

39 형벌은 … 무겁다: 《서경》〈여형(呂刑)〉에는 "가볍고 무거운 여러 형벌은 저울질을 해야 하니, 형벌은 시대에 따라 가볍기도 하고 무겁기도 한 것이나, 바르지 못한 자를 바르게 하는 것이니, 질서가 있고 핵심이 있어야 한다.[輕重諸罰有權, 刑罰世輕世重, 惟齊非齊, 有倫有要.]" 하였다.

非生於治古, 並起於亂今也. 夫征暴誅悖, 治之威也, 殺人者死·傷人者刑, 百王之所同也, 未有知其所由來者也. 故治其刑重, 亂則刑輕, 犯治之罪固重, 犯亂之罪固輕也,《書》曰: "刑罰世重," 此之謂也.

홍매(洪邁)가 말하였다.[40]

"〈우서(虞書) 익직(益稷)〉에 '상형은 밝게 했다[象刑惟明]'고 하였는데, 상(象)은 법(法)이다. 한 문제(漢文帝)의 조칙에서 처음 말하기를 '의관에 그림을 그리고 복장을 다르게 하여 형벌로 삼으니 백성들이 범하지 못하였다'고 했고, 무제(武帝)의 조칙에서 말하기를 '당우(唐虞)가 상을 그리자 백성이 범하지 못하였다'고 했으며,《백호통(白虎通)》에서 말하기를 '상을 그리는 것은 의복에 오형을 형상화한 것으로, 묵형을 범하는 자는 수건을 씌우고, 의형을 범하는 자는 옷을 붉게 물들이며, 빈형(髕刑: 발꿈치를 베는 형)을 범하는 자는 정강이를 검게 물들이고, 궁형을 범하는 자는 비(屝)를 신기니, 비는 짚신이다. 대벽(大辟)을 범한 자는 옷깃 없는 포의를 입힌다.' 하였다."

洪邁曰: "《虞書》'象刑惟明', 象者, 法也. 漢文帝詔始云'虞之時, 畫衣冠異章服以爲戮而民弗犯', 武帝詔云'唐虞畫象而民不犯',《白虎通》云: '畫象者其衣服象五刑也, 犯墨者蒙巾, 犯劓者赭其衣, 犯髕者以墨其臏, 犯宮者屝, 屝, 草屨也, 大辟者布衣無領.'"

40 홍매(洪邁)가 말하였다:《문헌통고(文獻通考)》 권163에 나온다.

신은 이렇게 생각합니다. 〈우서(虞書) 순전(舜典)〉에 "형벌은 일정한 법도에 맞게 정하여 보여 주었다[象以典刑]"라고 하고 바로 이어 "다섯 가지 형벌에 해당하는 죄인을 너그러이 용서하여 유배 보내는 형벌로 감해 주며[流宥五刑]" 및 "채찍은 관부의 형벌로 정하고 회초리는 학교에서 교화시키는 형벌로 정하며[鞭作官刑, 撲作敎刑]"라고 했습니다. 의관에 그림을 그린다는 설명이 "형벌은 일정한 법도에 맞게 정하여 보여 주었다"에서 따서 상(象)이라고 한 것이 설사 맞다고 해도, 유배, 채찍, 회초리 같은 것은 어째서 만들었겠습니까. 생각하기에, 당시 범법 당사자가 더 의논할 만하고 긍휼히 여길 만한 죄에 해당하는 경우 우연히 이런 제도가 있었을 뿐이고, 그렇지 않다면 고대에는 이런 제도가 없었는데 호사가들이 후세의 형벌이 참혹한 것을 보고 그 잘못을 바로잡기 위해 이런 말을 지어낸 것으로 보입니다.

> 臣按: 《虞書》云"象以典刑"卽繼以"流宥五刑"及"鞭作官刑, 撲作敎刑", 若如畫衣冠之說象以典刑爲之象設可也, 若夫流與鞭撲若何而爲之製耶? 意者當時有犯者其人在可議可矜之辟, 偶爲此制耳, 不然, 古無此制而好事者見後世之刑慘刻, 矯其枉而爲此言歟.

한(漢)나라 〈형법지(刑法志)〉에서 말하였다.[41]

한나라의 도(道)가 지극히 성대하여 2백여 년을 거쳤는데, 소제(昭帝)부터 선제(宣帝)·원제(元帝)·성제(成帝)·애제(哀帝)·평제(平帝)까지 6세 동안 옥

---

41 한(漢)나라 〈형법지(刑法志)〉에서 말하였다: 《전한서(前漢書)》 권23 〈형법지(刑法志)〉에 나온다.

사 판결로 죽음을 선고한 것이 한 해 천여 명에 한 사람이었다. 옛사람이 말하기를 "집 가득 사람이 모여 술을 마시다가, 한 사람이 귀퉁이를 보고 슬피 울면 온 집이 모두 이 때문에 즐겁지 않다."라고 했다. 왕자(王者)가 천하를 다스리는 것은, 비유하자면 한 집안과 같으므로, 한 사람이 공평함을 얻지 못하면 그 때문에 마음에 처량해진다. 지금 군국(郡國)에서 형을 받아 죽는 자가 해마다 만 명이 넘고, 천하에 옥이 2천여 곳이며, 원통하게 죽는 경우가 상당히 잘못되어, 옥은 한 사람도 줄이지 못하였으니, 이것이 조화로운 기운이 미흡한 이유이다.

옥형(獄刑)이 이렇듯 늘어나는 이유를 살펴보면, 예교(禮敎)가 수립되지 못하고 형법(刑法)이 밝지 못하며, 백성들이 대부분 빈궁하고 호걸들이 사익만 힘쓰며, 간사한 자를 쉽게 잡지 못하고 감옥이 공평하지 않은 소치이다. 《서경》〈여형(呂刑)〉에서 말하기를 "백이는 법을 펴서 백성을 형벌로부터 막았다.[伯夷降典, 折民惟刑]"라고 하였는데, 예를 제정하여 형을 그치게 한다는 말이니, 제방이 홍수를 방지하는 것과 같다. 지금 제방이 무너져 예제가 수립되지 못하고, 사형이 규정에 지나치고 생형(生刑: 산 채 주는 형벌)은 쉽게 범하며, 기근과 추위가 함께 이르러 곤궁이 넘쳐 나고 있다. 호걸이 사리사욕을 마음대로 하여 돈주머니를 차고, 간사한 자들이 숨기는 것이 있으면 좋아서 불리니, 이것이 형벌이 늘어나는 이유이다.

공자(孔子)가 말하기를 "예전에 법을 아는 자는 형벌을 줄이는 것이 근본인데, 지금 법을 아는 자는 죄 지은 자를 놓치지 않으니, 이는 말단이다."라고 하였고, 또 말하기를 "지금 옥사를 판단하는 자는 죽일 방법을 찾고, 옛날 옥사를 판단하는 자는 살릴 방법을 찾았다. 무고한 자를 죽이기보다 차라리 죄지은 자를 놓치겠다."라고 했다. 지금의 옥리(獄吏)는 위아래가 서로 다투어 가며 각박한 것을 밝다고 하여, 심한 자는 공정하다는 이름을 얻고 공평한 자는 해를 근심하는 경우가 많다. 속담에 "관을 파는 자는 해마다 전염병이 돌기를 바라니, 사람을 싫어하여 죽이고자 하는 것이 아니라, 사람이 죽어야 이익을 얻기 때문이다."라고 했는데, 지금 옥리들이 사람을 죄에 빠트리려고 하니 또한 이와 마찬가지이다.

漢〈刑法誌〉曰: 漢道至盛, 歷世二百餘載, 考自昭·宣·元·成·哀·平六世之間, 斷獄殊死, 率歲千餘口而一人, 古人有言曰: "滿堂而飮酒, 有一人向隅而悲泣則一堂皆爲之不樂." 王者之於天下, 譬猶一堂之上也, 故一人不得其平爲之淒愴於心. 今郡國被刑而死者歲以萬數, 天下獄二千餘所, 其寃死者多少相覆, 獄不減一人, 此和氣所以未洽者也. 原獄刑所以蕃若此者, 禮教不立, 刑法不明, 民多貧窮, 豪桀務私, 奸不輒得, 獄犴不平之所致也. 《書》曰"伯夷降典, 悊民惟刑", 言制禮以止刑, 猶堤之防溢水也. 今堤防陵遲, 禮制未立, 死刑過製, 生刑易犯, 饑寒並至, 窮斯濫溢, 豪桀擅私爲之囊橐, 奸有所隱則狃而寖浸廣, 此刑之所以蕃也. 孔子曰: "古之知法者能省刑本也, 今之知法者不失有罪, 末矣." 又曰: "今之聽獄者求所以殺之, 古之聽獄者求所以生之. 與其殺不辜, 寧失有罪." 今之獄吏上下相驅, 以刻爲明, 深者獲公名, 平者多患害, 諺曰: "鬻棺者欲歲之疫, 非憎人欲殺之, 利在於人死也." 今治獄吏欲陷害人, 亦猶此矣.

신은 이렇게 생각합니다. 반고(班固)의 이 말은 비단 한나라 시대 옥사 처리의 잘못이 아니라, 후세의 옥사도 이런 경우가 많았습니다. 이른바 "'백이는 법을 펴서 백성을 형벌로부터 막았다'라는 것은, 예를 제정하여 형을 그치게 한다는 말이니, 제방이 홍수를 방지하는 것과 같다."라는 말은 제왕이 예와 형을 다스리는 선후의 차례를 깊이 이해한 것입니다. 그 사이에 '귀퉁이를 보고 슬피 운다', '관을 파는 자는 사람이 죽어야 이익이다'라는 비유는 모두 인정에 매우 절실하고 사리에 적중했습니다. 군주가 만기(萬幾)를 처리하는 여가에, 이 말과 앞의 책에 실려 있는 노온서(路溫舒)[42]의 상소를 아울러 보면, 어찌 마음에 두렵지 않을 수 있겠습니까.

이른바 "지금 옥사를 판단하는 자는 죽일 방법을 찾고, 옛날 옥사를 판단하는 자는 살릴 방법을 찾았다"는 말은, 합하여 말하자면, 옥사를 판단하는 자는 죽임 가운데서 삶을 찾고, 삶을 찾다가 부득이한 뒤에 죽이는 것입니다. 살릴 수 있는 길이 있으면 경중을 따지고, 죄가 의심스러우면 가벼운 쪽을 따르는 것이 옳으며 의심이 없어야 죽이니, 이러면 옥사에 얻지 못하는 실정이 없고 세상에 억울하게 죽은 귀신이 없을 것입니다.

臣按: 班固此言非獨漢世治獄之失, 後世之獄類此亦多矣. 所謂"'伯夷降典, 悊民惟刑', 言制禮以止刑, 猶堤之防溢水", 深得帝王爲治禮刑先後之序, 其間向隅悲泣之喩·鬻棺利死之譬, 皆痛切人情, 深中事理. 人主萬幾之暇, 以其言與前書所載路溫舒之疏並觀, 寧能不惕然於心乎? 其所謂今之聽獄者求所以殺之, 古之聽獄者求所以生之, 請合而言之,

42 노온서(路溫舒): 한나라 때 관리로, 자는 장군(長君)이다. 어릴 때 양치기 생활을 하면서 늪에 자라는 부들의 잎을 엮어서 글씨 연습을 하고 틈틈이 율령(律令)을 공부하여 옥리(獄吏)가 되었다. 그 후 효렴(孝廉)으로 천거를 받아 산읍 승(山邑丞)이 되었다. 선제(宣帝)가 즉위하자 덕을 숭상하고 형벌을 완화하자는 상소를 올려 선제로부터 칭찬을 받았다. 《漢書 卷51 路溫舒傳》.

曰聽獄者當於殺之中而求其生，求其生而不可得，然後殺之，有可生之路則請以讞焉，罪疑從輕可也，不疑然後殺之，如是則獄無不得之情，世無冤死之鬼矣.

광무제(光武帝) 건무(建武) 14년(38), 신하들이 상언하기를[43] "옛날에 육형(肉刑)이 엄중하면 사람들이 법령을 두려워하였는데, 지금은 헌률(憲律)이 경박하기 때문에 간궤한 자들을 이기지 못하니, 의당 금령 조목을 늘여 근원을 막아야 합니다."라고 하니, 공경(公卿)들에게 논의하라고 명을 내렸다.

두림(杜林)이 상주하기를, "옛날 명석한 왕은 식견이 깊고 사려가 멀리 내다볼 수 있었으며, 거동이 후덕하여 형벌을 많이 제정하기를 힘쓰지 않아서, 주(周)나라의 오형(五刑)은 3천 조항을 넘지 않았습니다. 대한(大漢)이 처음 홍성하여 득실을 상세히 살펴 모서리를 깎아 둥글게 만들고 조밀한 규정을 잘라 내 통나무를 만들었으며, 가혹한 형정을 줄여 다시 성근 법망을 세웠으니, 천하가 기뻐하고 사람들이 관대한 덕에 감사했습니다. 급기야 그 뒤 차츰 조문이 늘어나 죄를 샅샅이 찾아내어 비방과 거짓이 한도 없어져, 과일이나 채소와 같이 사소한 선물도 모아서 뇌물죄를 만드는 등, 의리에 무방한 작은 일로도 큰 벌을 삼았기 때문에 나라에 청렴한 사람이 없고 집안에 온전한 행실이 없어져, 법으로도 금하지 못하고 명령으로도 그치지 못하게 되었습니다. 위아래가 모두 회피하여 피폐

43 광무제(光武帝) … 상언하기를: 《후한서(後漢書)》 권57 〈두림전(杜林傳)〉에 나온다.

함이 더욱 심해지고 있으니, 신은 이전 제도대로 해야 한다고 생각합니다."라고 하니, 황제가 따랐다.

光武建武十四年, 群臣上言: "古者肉刑嚴重則人畏法令, 今憲律輕薄, 故姧軌不勝, 宜增科禁以防其源." 詔下公卿, 杜林奏曰: "古之明王深識遠慮, 動居其厚, 不務多辟, 周之五刑不過三千. 大漢初興, 詳覽失得, 破矩爲圜, 斫雕爲樸, 蠲除苛政, 更立疏網, 海內歡欣, 人懷寬德. 及至其後漸以滋章, 吹毛索疵, 詆欺無限, 果桃菜茹之饋集以成贓, 小事無妨於義以爲大戮, 故國無廉士·家無全行, 至於法不能禁·令不能止, 上下相遁, 爲敝彌深, 臣愚以爲宜如舊制." 帝從之.

신은 이렇게 생각합니다. 탁무(卓茂)가 "율은 대강의 법을 두어야 하고, 예는 인정에 순조로워야 한다.[律設大法, 禮順人情]"라고 한 적이 있습니다.[44] 대개 사람이 금수와 다른 이유는 은혜와 정의 관계, 예속(禮俗)의 교유에 있는데, 만일 일체 법으로 묶는다면 모든 연말연시의 교유와 대접이 모두 뇌물이 될 것이니, 평상시의 거동이 모두 죄에 걸릴 것입니다. 금수와 같이 무리를 지어 살 수 없지만, 사람이 사람과 더불어 어떻게 모여 살고, 예의는 어디서 흥기하겠습니까.

---

44 탁무(卓茂)가 … 있습니다: 《후한서(後漢書)》 권55 〈탁무전(卓茂傳)〉에 나온다. 후한의 탁무(?~28)는, 자가 자강(子康)이며 남양(南陽) 완(宛) 사람이다. 박사(博士) 강옹(江翁)에게서 시례(詩禮)와 역산(歷算)을 정밀히 배워, 전한 원제(元帝) 때에 통유(通儒)로 불려 시랑(侍郞)에 천거되기도 하였고, 외직으로 밀현령(密縣令)이 되어 선정을 베풀어 명성이 높았다. 광무제가 즉위한 즉시 탁무를 찾아 들여서 태부(太傅)로 삼고 포덕후(褒德侯)에 봉해 주었다.

두림의 논의에 "모아서 뇌물죄를 만들다", "의리에 무방한 작은 일로도 큰 벌을 삼았다"는 말은 한나라 시대만이 아니라 후세에도 이런 폐단이 있습니다. 부디 밝은 제도를 정하여 전송을 위한 음식 접대를 뇌물죄로 모아서 계산하지 못하게 하고, 의리에 무방한 작은 일은, 비록 법에 응당하지 않아도 대의에 해가 없는 경우에는 또한 죄로 삼지 마십시오. 이렇게 하면 형벌이 많지 않아 행동이 넉넉해질 것입니다.

臣按: 卓茂有云"律設大法, 禮順人情", 蓋人之所以異於禽獸者, 以其有恩情之契·禮俗之交也. 若一切繩之以法, 凡歲時交饋皆以爲贓, 尋常舉動皆坐以罪, 鳥獸不可與同群, 而人之與人曷以相聚處, 而禮義何自而興哉? 杜林之議所謂"集以爲贓"及"小事無妨於義以爲大戮", 非惟漢世, 後世亦有此弊. 乞定爲明制, 饋送之贓不許集計, 其小事無妨於義者, 雖若於法不應, 然於大義無害者亦不以爲罪, 如此, 則刑辟不多而動居於厚矣.

이상은 '형벌 제정의 의의를 총론함(하)'이다.

以上總論制刑之義(下)

대학연의보

(大學衍義補)

—

권102

치국평천하의 요체[治國平天下之要]

형법을 신중히 함[愼刑憲]

율령 제도를 정함(상)[定律令之制(上)]

《서경》〈우서(虞書) 순전(舜典)〉에서 말하였다.

형벌은 일정한 법도에 맞게 정하여 보여 주었다.

《舜典》曰: 象以典刑.

공영달(孔穎達)이 말하였다.[1]

"《주역》에서 '상야(象也)란 이것을 형상한다는 말이다.'라고 하였고, 또 '하늘이 상을 내리니 성인이 본받는다.'라고 했다. 이는 상이 본받는 법이 되기 때문에 법도[法]가 되는 것이다. 법도에 따라 일정한 형

1 공영달(孔穎達)이 말하였다: 《상서주소(尙書注疏)》 권2, 공영달 소(疏)에 나온다.

벌을 쓰고, 적용할 때 법도를 넘지 않게 하는 것이다."

孔穎達曰: "《易》云'象也者, 像此者也', 又曰'天垂象, 聖人則之', 是象爲仿法, 故爲法也. 依法用其常刑, 用之使不越法."

주희(朱熹)가 말하였다.[2]

"상을 그려서 백성들에게 묵형[墨]·의형[劓]·비형[剕]·궁형[宮]·사형[大辟]의 다섯 등급을 보였으니, 육형의 일정한 법도이다." 누군가 '상이전형'에서 무슨 이유로 '상'이라고 했는지 묻기에, "이는 바로 법도를 말한 것으로, 상이란 '상위에 달았다[懸象魏]'[3]고 할 때의 상이다." 하였다.

朱熹曰: "畫象而示民以墨·劓·剕·宮·大辟五等, 肉刑之常法也." 或問 "象以典刑"如何爲象? 曰: "此正言法, 象如懸象魏之象."

신은 이렇게 생각합니다. 《서경》 〈주서(周書) 여형(呂刑)〉에 "치우가 처음 난을 일으키자 평민에게까지 미쳐서 도적떼가 되지 않은 자가 없었고, 이래서 다섯 가지 잔학한 형벌이 생겨났다."라고 하였으니, 육형(肉刑: 신체형)은 치우의 시대에 이미 있었고 순 임금 시대부터 생

2 주희(朱熹)가 말하였다: 《주자어류(朱子語類)》 권78에 나온다.

3 상위에 달았다[懸象魏]: 상위(象魏)는 도성의 성문(城門)을 뜻한다. 상(象)은 법상(法象), 즉 법도라는 의미이고, 위(魏)는 높다는 뜻이다. 법률을 성문에 높게 달았던 데에서 나온 말이다.

긴 것이 아닙니다.

臣按: 《呂刑》曰: “蚩尤惟始作亂, 延及於平民, 罔不寇賊, 惟作五虐之刑.” 則肉刑在蚩尤之世已有之, 非起自虞世也.

하(夏)나라가 우(禹)의 형벌을 만들었다.[4]

夏作禹刑.

탕(湯)이 관형(官刑)을 제정하고, 관직에 있는 사람에게 경고하였다.

湯制官刑, 儆於有位.

채침이 말하였다.

“관형은 관청에 적용하는 형벌이다.”

---

4 하(夏)나라가 … 만들었다: 정(鄭)나라가 철판을 주조하여 형법의 조문을 새겨 넣으려고 하자, 진(晉)나라의 숙향(叔向)이 자산(子產)에게 서신을 보내 충고한 글에 “하나라의 정치가 어지러워지자 우의 형법이 제정되었고, 상나라의 정치가 어지러워지자 탕의 형법이 제정되었으며, 주나라의 정치가 어지러워지자 구형이 제정되었다. 이들 세 나라의 형법이 제정된 것은 모두 도의가 무너진 때의 일이었다.[夏有亂政, 而作禹刑; 商有亂政, 而作湯刑; 周有亂政, 而作九刑. 三辟之興, 皆叔世也.]”라는 말이 나온다. 《춘추좌씨전(春秋左氏傳)》 소공(昭公) 6년.

蔡沈曰: "官刑, 官府之刑也."

《주례(周禮)》에서 말하였다.[5]

정월의 길일에 비로소 따스해짐에 따라 나라의 도읍지와 시골에 형벌을 반포했으니, 형상(刑象)의 법을 대궐문에 걸어 만백성으로 하여금 형상을 보게 하였고, 열흘이 되어 거두어들였다.

《周禮》: 正月之吉, 始和布刑於邦國都鄙, 乃縣刑象之法於象魏, 使萬民觀刑象, 挾日【凡十日】而斂之.

정현(鄭玄)이 말하였다.

"상위(象魏)는 대궐이다. 노(魯)나라에 화재가 났는데, 계환자(季桓子)가 대궐 밖에서 애공(哀公)을 수레에 모시고 서서 대궐을 간수하라고 명하며, '유서 깊은 문서를 잃지 않도록 하라.'라고 하였다."[6]

鄭玄曰: "象魏, 闕也. 魯災, 季桓子禦公立於象魏之外, 命藏象魏, 曰'舊章不可忘'."

---

5 《주례(周禮)》에서 말하였다: 《주례주소(周禮注疏)》 권34 〈추관사구(秋官司寇)〉에 나온다.

6 노(魯)나라에 … 하였다: 《춘추좌씨전》 애공 3년에 나온다. 5월 신묘일에 사택궁(司鐸宮)에서 불이 났다. 불은 애공이 거처하는 궁을 넘어서 환공(桓公)과 희공(僖公)의 사당을 불태웠다.

왕소우(王昭禹)가 말하였다.[7]

"형벌은 비록 선왕이 실정을 따져 죄를 정하고 사실에 따라 형을 정했더라도, 또한 마땅히 시대에 따라 변통하고 시대를 헤아려 경중이 있다. 정월의 길일에 나라의 도읍지와 시골에 형벌을 반포한 것은 이 때문이다. 대개 선왕의 법은 강하(江河)와 같아서, 피하기는 쉽지만 범하기는 어려운 것을 귀하게 여겼으니, 만약 만든 법을 감추어서 어리석게 알지 못하여 그들이 죄에 빠지고 또 이어서 형벌을 준다면, 백성을 그물질하는 데 가깝지 않겠는가. 백성으로 하여금 법을 보게 한 것 또한 피할 바를 알게 한 것이다."

王昭禹曰: "刑雖先王原情以定罪, 因事以制刑, 亦當因時而爲之變通, 量時而有輕重. 正月之吉, 布刑於邦國都鄙, 爲是故也. 蓋先王之法若江河, 貴乎易避而難犯, 若匿爲物而愚不識, 其陷於罪又從而刑之, 不幾於罔民乎? 其使民觀象者, 亦使知所避而已."

신은 이렇게 생각합니다. 성주(成周: 주나라)의 형전(刑典) 설치는 이미 나라의 도읍지와 시골에 반포하고 또 상위(象魏)에 걸었으니, 오직 백성들이 알지 못하고 잘못하여 범법할까 걱정한 것입니다. 법령을 설치하여 천하를 대한 것은 진실로 장차 백성으로 하여금 쉽게 피하고 범하기 어렵게 한 것이었는데, 도리어 이관(理官)과 법가(法家)에게 깊

7 왕소우(王昭禹)가 말하였다: 《주례집설(周禮集說)》 권8 〈추관사구(秋官司寇)〉에 나온다. 왕소우는 《주례상해(周禮詳解)》 40권을 편찬하였다. 《송사(宋史)》 권202 〈예문지(藝文志)〉에 나온다.

이 간수하라고 하였습니다.

전정(典正)으로 관직을 맡은 관원의 입장에서도 오히려 그 내용을 두루 알지 못하고 말하는 바를 훤히 이해하지 못하는데 하물며 어리석은 백성들이겠습니까. 여염에 사는 백성이 조정의 금법을 바라보는 것은 마치 구지(九地)[8]가 구천(九天)을 보는 것과 같아서, 그 의향의 소재를 헤아리기 어려우니, 죄에 빠진 뒤에 이어 형벌을 주는 것은 백성들을 그물질하는 것이니, 어찌 성왕(聖王)이 백성과 함께 정치를 하는 뜻이겠습니까.

그러므로 《주례》의 6관은 모두 정월의 길일에 각각 상위에서 법전을 반포하여 만백성에게 보였으니, 보이는 것은 선한 것도 있고 악한 것도 있어서 호오를 알게 하였는데, 오직 형전의 경우는 금하는 바를 보여 범하지 못하게 하였습니다.

臣按: 成周刑典之設, 旣布於邦國·都鄙, 又懸之象魏, 惟恐民之不知而誤犯也. 夫設法令以待天下, 固將使民易避而難犯, 顧乃深藏於理官·法家, 自典正職掌之官猶不能遍知其所有·洞曉其所謂, 況愚夫細民哉? 閭閻之下望朝廷之禁憲, 如九地之於九天, 莫測其意向之所在, 及陷乎罪, 從而刑之, 是罔民也, 豈聖王同民出治之意乎? 是以《周禮》六官俱於正月之吉各布其典於象魏, 以示萬民, 其所示者有善有惡, 使之知所好惡, 惟刑典則示之以所禁, 使不犯焉.

8 구지(九地): 먼 변경 지방까지 포함하는 전체의 땅을 말한다.

사사(士師)의 관직은 나라의 다섯 가지 법을 관장하여 형벌을 돕는다【좌우(左右)는 돕다[助]이다.】. 하나는 궁금(宮禁)【궁(宮)은 왕궁이다.】이고, 둘째는 관금(官禁)【관(官)은 관청이다.】이고, 셋째는 국금(國禁)【국(國)은 도성이다.】이고, 넷째는 야금(野禁)【야(野)는 교외이다.】이고, 다섯째는 군금(軍禁)【군(軍)은 군대이다.】이니, 모두 목탁으로 조정에 돌리고, 글로 써서 성문【여(閭)는 동네 문이다.】에 걸었다.

士師之職, 掌國之五禁之法以左右【助也】刑罰, 一曰宮【王宮】禁・二曰官【官府】禁・三曰國【城中】禁・四曰野【郊野】禁・五曰軍【軍旅】禁, 皆以木鐸徇之於朝, 書而縣於門閭【巷門曰閭】.

정현(鄭玄)이 말하였다.

"옛날의 금하는 글이 사라졌고, 지금 궁문에는 부적(符籍)이 있고 관청에는 연고 없이 마음대로 성문에 들어가는 경우가 있다. 교외에는 전율(田律)이 있지만, 군대에는 소란이나 야행에 대한 경우가 있다."

鄭玄曰: "古之禁書亡矣, 今宮門有符籍, 官府有無故擅入城門, 野有田律, 軍有囂讙夜行之制."

가공언(賈公彦)이 말하였다.[9]

9 가공언(賈公彦)이 말하였다: 《주례집설(周禮集說)》 권8 〈추관사구(秋官司寇)〉에 나온다.

“오형을 설치한 것은, 형벌은 형벌이 없기를 기약하고, 형벌 외에 미리 금령을 두어 백성에게 금지하여 형벌에 해당하는 죄를 범하지 못하게 하는 것이니, 이는 좌우로 형벌을 도와 죄가 백성들에게 걸리지 못하게 한 것이다.”

賈公彦曰: “凡設五刑者, 刑期於無刑, 於刑外豫設禁, 禁民使其不犯於刑, 是左右助刑罰, 無使罪麗於民也.”

신은 이렇게 생각합니다. 삼대(三代)에는 율(律)이라는 명칭이 없었지만, 이른바 금(禁)이란 바로 미리 금법을 만들어 미연에 제어하는 것이었으므로 비록 율이라는 명칭은 없었지만 율의 뜻이 이미 여기에 갖추어져 있었습니다. 금한 것을 어기면 형벌에 들어가고, 형벌에 들어가면 법을 범하며, 법을 범하면 벌이 가해진다.

그렇지만 목탁으로 돌리고 성문에 써 놓지 않으면 어리석은 백성들이 어떻게 그것이 금하는 일이라는 것을 알고 범하지 않을 수 있겠습니까. 그러므로 목탁으로 조정에 돌려 안에서 들을 수 있게 하고 써서 성문에 걸어 놓아 밖에서 들을 수 있게 하였으니, 이목 사이에서 듣고 마음속에서 경계하여 금기할 바를 알고 형법을 범하지 않게 한 것이니, 이른바 다섯 가지 법이 형벌을 돕는다는 말이 어찌 그렇지 않겠습니까.

臣按: 三代未有律之名, 而所謂禁者卽是豫爲法禁以制之於未然, 雖無律之名而律之意已具於此矣. 違乎禁則入於刑, 入於刑則犯於法, 犯於法則加以罰焉. 然非徇之以木鐸·書之於門閭, 則蚩蚩蠢蠢之民何以知其爲禁而不犯哉? 故以木鐸徇之於朝, 使之內有所聞, 以書而懸於門閭, 使之外有所見聞, 見於耳目之間, 警省於心思之內, 知所禁忌而不犯刑法, 所謂五禁之法左右乎刑罰, 豈不然哉?

다섯 가지 경계로 형벌을 도와서 정하여 죄가 백성들에게 걸리지 않게 하였으니, 첫째가 맹세[誓]로 군대에서 적용하고, 둘째가 고(誥)로 회동에서 적용하며, 셋째가 금지[禁]로 제반 교외 사역[田役]에서 적용하며, 넷째는 규찰[糾]로 나라에 적용하며, 다섯째가 감찰[憲]로 도성과 교외에서 적용한다.

以五戒先後刑罰, 毋使罪麗於民, 一曰誓, 用之於軍旅; 二曰誥, 用之於會同; 三曰禁, 用諸田役; 四曰糾, 用諸國中; 五曰憲, 用諸都鄙.

오징(吳澂)이 말하였다.[10]

"선후는 좌우와 같다. 말로 자르는 것을 맹세라고 하는데, 《서경》의 〈탕서(湯誓)〉 같은 유이다. 말로 이르는 것을 고라고 하는데, 《서경》의 〈강고(康誥)〉 같은 유이다. 그치고 못하게 하는 것을 금지라고 하고, 범하는 것이 있는지 살피는 것을 규찰이라고 하며, 드러내어 거

10 오징(吳澂)이 말하였다: 미상이다.

는 것을 감찰이라고 한다. 다섯 가지 경계로 형벌을 도우니 법을 범하는 백성이 없었다."

吳澂曰: "先後猶左右也. 以言折之曰誓, 若《湯誓》之類. 以言告之曰誥, 若《康誥》之類. 止使勿爲曰禁, 察其有犯曰糾, 表而懸之曰憲. 以五戒左右其刑罰, 則無犯法之民矣."

신은 이렇게 생각합니다. 다섯 가지 경계로 형벌을 돕는 것은 바로 당송(唐宋)의 율인데, 명례(名例)·직제(職制)·칙령(敕令)·격식(格式)의 의미입니다. 대개 금지하여 하지 못하게 하여 미연에 시행하고, 태만하고 소홀함을 계칙하여 일을 할 때 시행하니, 앞서서 인도하여 진행되어 벌에 걸림이 없게 하고, 나중에는 멈추게 하여 물러나 형에 걸림이 없게 합니다. 성인의 마음은 '말게 한다[毋]'는 한마디에서 드러나니, 그 자애로움은 부모보다 더하고, 덮고 싣기는 천지와 같습니다.

臣按: 以五戒先後刑罰, 卽唐宋之律而有名例·職制·敕令·格式之意也. 蓋禁止使勿爲, 施於未然之前, 戒敕其怠忽, 施於事爲之際, 先之則引而導之, 使無進, 而麗於罰, 後之則柅而止之, 使無退而麗於刑. 聖人之心見於毋之一言, 其慈愛過於父母, 其覆載同於天地.

사(士)의 팔성(八成)을 관장하는데, ① 방작(邦汋), ② 방적(邦賊), ③ 방첩(邦諜), ④ 방령(邦令)을 범함, ⑤ 방령(邦令) 속임, ⑥ 방도(邦盜), ⑦ 방붕(邦朋),

⑧ 방무(邦誣)이다.

掌士之八成, 一日邦汋·二日邦賊·三日邦諜·四日犯邦令·五日撟邦令·六日爲邦盜·七日爲邦朋·八日爲邦誣.

정중(鄭衆)이 말하였다.[11]

"팔성이란 사안 실행에 8편(篇)이 있는데, 오늘날 사안 판결에 결사비(決事比)[12]와 같다."

鄭衆曰: "八成者, 行事有八篇, 若今時決事比."

오징이 말하였다.

"작(汋)은 짐작(斟酌)의 '작'으로 읽는다. 나라의 기밀을 탐지하여 밖으로 누설하는 것이다. 적(賊)은 몰래 모의하여 은밀히 결탁하여 역란을 일으키는 것이다. 첩(諜)은 적국이 간첩질을 하여 허실을 엿보는 것이다. 영(令)은 오만하고 사나움을 믿고 호령을 간섭하는 것을 말한다. 교(撟)는 교사(矯詐)의 '교'로 읽는데, 허위로 부절이나 옥새를 만

11 정중(鄭衆)이 말하였다: 《주례주소(周禮注疏)》 권34 〈추관사구(秋官司寇)〉에 나온다. 정중의 자는 계산(季産)이고 후한 때의 환관이다. 사람이 영민하고 심지가 있었다고 한다. 《후한서(後漢書)》 권108 〈정중전(鄭衆傳)〉.

12 결사비(決事比): 사법관이 죄수를 심리할 때 전례(前例)에 의하여 형을 확정하는데, 전례가 없으면 비슷한 부류의 사안에 따라 결정하는 것을 말한다.

들어 호령을 하는 자를 말한다. 도(盜)는 나라의 보물을 절취하는 것이다. 붕(朋)은 사당이 서로 아부하며 정치를 어지럽히는 것이다. 무(誣)는 없는 사실을 거짓말하여 요설을 지어내 대중을 미혹시키는 것이다."

吳澂曰: "汋讀如斟酌之酌, 謂刺探邦之機密而泄於外者. 賊謂潛謀陰結, 將爲逆亂者. 諜謂敵國行間, 覘伺虛實者. 令謂故恃傲狠以幹號令者. 撟讀如矯詐之矯, 謂詐爲符璽以行號令者. 盜謂竊取國之寶藏者. 朋謂私黨相阿使亂政者. 誣謂誣罔造妖以惑衆者."

신은 이렇게 생각합니다. 선유(先儒)는 "관청의 팔성은 치세를 지날 때 만들어진 법이고, 사사(士師)의 팔성은 난세를 바로잡을 때 만들어진 법이다."라고 하였습니다.[13] 선왕 때 팔정(八政)을 가지런히 하여 과도함을 막고, 도덕을 하나로 하여 풍속을 같이하였으니, 간인들이 나라에 화란을 일으키는 것을 근심한 것입니다.

또 팔성의 법은 사사(士師)에게 관장하게 하고, 이를 범한 자는 반드시 형벌에 처하고 용서하지 않음을 알게 하여, 혼란이 일어나기 전에 다스리고 위험이 발생하기 전에 나라를 보전하였으니, 어찌 싹을 미리 막지 않을 수 있겠습니까.

---

13 선유(先儒)는 … 하였습니다: 선유는 왕소우(王昭禹)로, 《주례집설(周禮集說)》 권8 〈추관사구(秋官司寇)〉에 나온다.

臣按: 先儒謂“官府之八成則其經治之成法也, 士師之八成則其正亂之成法也”. 先王之時, 齊八政以防淫, 一道德以同俗, 患夫奸人之爲禍於邦家也. 且八成之法使士師掌之, 使其知有犯於此者必刑之而無赦, 制治於未亂, 保邦於未危, 所以防其芽蘖者, 豈不豫哉?

사형(司刑)이 오형의 법을 관장하여【려(麗)는 붙인다[附]이다.】 만백성의 죄에 벌을 가한다. 묵형죄【묵(墨)은 먹으로 이마에 새겨 물들이는 것이다.】가 5백 가지, 의형죄【의(劓)는 코를 베는 것이다.】가 5백 가지, 궁형죄【궁(宮)은 남자는 거세를 하고 여자는 막는다.】가 5백 가지, 월형죄【월(刖)은 발을 자르는 것이다.】가 5백 가지, 사형죄【살(殺)은 죽음이다.】가 5백 가지이다. 사구(司寇)가 옥사와 소송을 판단할 경우, 오형의 법으로 형벌을 돕고 죄의 경중을 판별한다.

司刑掌五刑之法以麗【附也】萬民之罪, 墨【墨刻顙而涅之】罪五百, 劓【割其鼻】罪五百, 宮【丈夫割勢, 女子幽閉】罪五百, 刖【截其足】罪五百, 殺【死也】罪五百. 若司寇斷獄弊訟, 則以五刑之法詔刑罰而以辨罪之輕重.

신은 이렇게 생각합니다. 오형이라는 명칭은 《서경》〈우서(虞書)〉에서 처음 나오지만 조목은 아직 없었고, 조목은 여기에서 처음 나타납니다. 사형이 관장하는 것은 오형의 법으로 만백성의 죄에 벌을 가하는 것이고, 사구가 옥사와 소송을 판단할 때 돕고, 해당하는 벌에 대하여 가볍기도 무겁기도 한데 모두 적용할 바를 듣습니다.

臣按: 五刑之名始見於《虞書》, 然未有其目也, 著其目始於此. 司刑所掌者以五刑之法麗民之罪, 司寇斷獄弊訟則詔之, 處其所應否, 或輕或重, 咸聽其所附麗焉.

사약(司約)이 나라와 만백성의 약제(約劑)를 관장하고, 신을 다스리는 약속이 위이고, 백성을 다스리는 약속이 다음이며, 땅을 다스리는 약속이 다음이고, 공적을 다스리는 약속이 다음이며, 그릇을 다스리는 약속이 다음이고, 폐백을 다스리는 약속이 다음이다.

司約掌邦國及萬民之約劑, 治神之約爲上, 治民之約次之, 治地之約次之, 治功之約次之, 治器之約次之, 治摯之約次之.

정현(鄭玄)이 말하였다.[14]

"이 여섯 약속은 제후 이하 백성에 이르기까지 모두 있다. 제는 증서를 말한다."[15]

---

14 정현(鄭玄)이 말하였다: 《주례집설(周禮集說)》 권8 〈추관사구(秋官司寇)〉에 나온다.

15 제는 … 말한다: 약제의 뜻을 묻는 질문에 대해, 송시열(宋時烈)은 《주례(周禮)》를 인용하여, "'물품 매매에 관한 송사는 질제(質劑)로써 청리한다.' 하였고 '큰 거래는 질로써 하고 작은 거래는 제로써 한다.' 하였으며 '사시(司市)는 질제로 신용을 맺는다.' 하였습니다. 정현(鄭玄)의 주에는 '한 개의 얇은 나무쪽에다 중앙에 글자를 써서 두 쪽으로 쪼갠 것인데, 긴 것을 질이라 하고 짧은 것을 제라 한다.' 하였고, 소(疏)에는 '지금의 지문을 찍은 문권인 화지권(畫指券)이다.' 하였으니, 대체로 이는 신용을 약속하는 문권(文券)입니다."라고 설명하

鄭玄曰: "此六約者, 諸侯以下至於民皆有焉. 劑謂券書也."

오징(吳澂)이 말하였다.[16]

"약(約)은 언어의 약속이다. 치(治)는 상하가 어긋나는 차이를 다스리는 것이다. 신약은 천자의 명사(命祀)·교사(郊社), 제후의 군망(群望)과 조종(祖宗)이다. 민약은 세금, 이사 및 원수와 화해하는 것 등이다. 공약은 왕공(王功)·국공(國功) 등속으로 작상이 미치는 것이다. 기약은 예악(禮樂)·길흉(吉凶)·거복(車服)을 쓰는 것이다. 지약은 옥백(玉帛)·금조(禽鳥)를 서로 주고받는 것이다."

吳澂曰: "約, 言語之約束也. 治者, 理其相抵冒上下之差也. 神約謂命祀郊社·群望及祖宗也, 民約謂征稅遷移及仇讎既和之類也, 功約謂王功·國功之屬爵賞所及也, 器約謂禮樂·吉凶·車服所得用也, 摯約謂玉帛·禽鳥相與往來也."

신은 이렇게 생각합니다. 약속이 있어서 신뢰를 다질 수 있고, 증서가 있어야 약속을 굳게 하니, '약제'라고 말했으니 약속하여 증서가

였다. 《국역 송자대전》 제121 〈혹인(或人)에게 답함(두번 째 편지)〉. 송시열이 말하는 내용은 《주례주소(周禮注疏)》 권14 정현의 주와 가공언의 소이다.

16 오징(吳澂)이 말하였다: 《주례집설(周禮集說)》 권8 〈추관사구(秋官司寇)〉, 《예기주소(禮記註疏)》 권5에는 정현의 말로 나온다.

있는 것입니다. 사약이 나라와 만백성의 약제를 관장하는데, 모두 여섯 가지이다. 이 여섯 가지는 조정에서는 모두 그에 대한 약제를 만들어 사약에게 주어 관장하게 하고 추관에 속합니다. 먼저 약제를 만들어 사람들이 준수할 바를 알게 하고, 약속대로 하지 않는 경우에는 증서를 살펴 다스리니 또한 후세의 격식과 같습니다.

臣按: 有約以結其信, 有劑以固其約, 謂之約劑則約而有其劑也. 司約掌邦國及萬民之約劑, 凡有六焉, 是六者朝廷皆爲之約劑, 付司約掌之而屬於秋官焉. 先爲之約劑, 使人知所守, 而有不如其約者, 則考其劵書以治之, 亦猶後世之格式也.

금살육은 참살육을 담당하는 관원으로, 사람을 상하게 하여 피를 보고도 고하지 않거나, 옥을 어지럽히는 자, 송사를 막는 자를 고발하여 벌한다.

禁殺戮【官名】, 掌司斬殺戮者·凡傷人見血而不以告者·攘獄者·遏訟者, 以告而誅之.

정현이 말하였다.

“장살육은 백성들이 서로 살육하지 못하게 금하고, 사(司)는 살피다[察]이다. 이 네 가지를 살펴 사구에게 고하여 죄를 준다. 참살육이란 관리와 백성이 서로 죽이고 벌주는 것이다. ‘상하게 하여 피를 본다’

고 하였는데, '피를 본다'는 것은 바로 사람을 상하게 한 것이다."

鄭玄曰: "掌殺戮者, 禁民不得相殺戮. 司猶察也. 察此四者,[17] 告於司寇罪之也. 斬殺戮, 謂吏民相斬相殺相戮者. 傷人見血, 見血乃爲傷人耳."

오징이 말하였다.

"양옥(攘獄)은 죄인이 옥을 겁박하는 것이다. 알송(遏訟)은 백성들의 송사를 막는 것이다."

吳澂曰: "攘獄, 謂罪人之劫獄者. 遏訟, 止遏民訟也."

신은 이렇게 생각합니다. 군주가 백성의 주인이 되어 반드시 서로 편안히 부양하면서 생을 온전하게 해야 합니다. 그들이 서로 죽이고 베고 주륙하며, 사람을 상하여 피를 보면서도 고하지 않는다면, 분명 사람을 죽이고 다치게 한 자가 강하고 다수가 되고, 죽임을 당하고 다친 사람이 적고 약하게 됩니다. 옥이 이미 갖추어졌는데 어지럽히거나, 송사가 장차 벌어지려는데 막게 되면 백성의 심정이 장차 막혀 펴지 못하게 되어, 아래에서 악이 장차 성장하여 더욱 치성해지고 나라

17 司猶察也察此四者: 저본에 '司猶察此四者'로 되어 있으나, 사고전서본 《주례집설(周禮集說)》 권9 상에 의해 수정하였다.

의 법을 장차 중지되어 시행되지 않을 것입니다.

만일 관원을 두어 관장하게 하고 이런 일이 있을 때 장관에게 고하게 하지 않으면, 적고 약한 백성은 원한을 품고도 호소할 수 없고, 강하고 많은 자는 악행을 저지르고도 뉘우치지 않을 것입니다. 기운이 오래 막히면 희망이 없어지고, 힘으로 대적할 수 없으면 죽음을 무릅쓰게 되니, 혼란이 여기서 생겨납니다.

臣按: 人君爲生民之主, 必使之相安養以全其生, 彼其相斬·相殺·相戮及傷人見血而不以告, 則必殺傷人者之強衆, 而被殺傷者之寡弱也, 與夫獄已具而攘奪之, 訟將興而遏止之, 則民之情將鬱而不伸, 下之惡將長而益熾, 國之法將格而不行. 苟不設官以掌之, 使有如是者則以告之於其長, 則民寡弱者含冤而莫訴, 強衆者稔惡而不悛, 氣久鬱則無聊, 力不敵則舍死, 而亂由是生矣.

금포씨(禁暴氏)는 서민 가운데 난폭하여 힘을 믿고 억지를 쓰는 자와, 거짓을 꾸며서 금령을 범한 자, 말을 만들어 미덥지 못한 짓을 하는 자를 고발해 죄를 준다.

禁暴氏, 掌禁庶民之亂暴力正者·矯誣犯禁者·作言語而不信者, 以告而誅之.

정현이 말하였다.

"백성들 가운데 좋아서 남을 침해하거나 능멸하고, 사기를 치며, 거짓말을 하는 이 세 가지 경우 또한 형벌로 금한 바이다. 역정(力正)이란 강한 힘으로 옳음을 얻는 것이다."

鄭玄曰: "民之好爲侵陵·稱詐·謾誕, 此三者亦刑所禁也. 力正者, 以力強得正也."

오징이 말하였다.

"금은 그침[止]이다. 난(亂)이란 인륜에 어긋나는 것을 말한다. 포(暴)란 함부로 위세와 분노를 터트리는 것이다. 역정(力正)이란 대중을 위협하여 자기를 따르게 하고 삿된 것을 바르다고 하는 것이다. 교무(矯誣)란 굽을 것을 곧다고 뒤틀고 선한 것을 악하다고 거짓말을 하여 금법을 범하는 것이다."

吳澂曰: "禁, 止也. 亂謂悖於人倫, 暴謂敢作威怒, 力正謂脅衆從己·以邪爲正也, 矯誣謂矯曲爲直·誣善爲惡以冒犯禁也."

신은 이렇게 생각합니다. 성주(成周) 시대에는 율령이라는 문서가 없었고, 추관 사구의 설치된 소속 관직, 관장하는 금지 형벌 및 해당 금지 약속의 시행은 곧 후세 법률의 조건입니다. 설명하는 자는, 추관의 '금살육'부터 '수려씨(修閭氏)'까지 팔관은 모두 도적과 간궤한 자를 막는 것으로, 오늘날의 율과 비교할 때, 참살육은 곧 오늘날 인명률(人

命律)이고 양옥은 곧 오늘날의 겁수율(劫囚律)이며, 알송(遏訟)은 곧 오늘날 고장불수율(告狀不受律)이니, 일단 한두 가지 사례만 들면 나머지는 유추할 수 있기에 여기에 다 기록하지 않습니다.

臣按: 成周之世未有律令之書, 凡秋官司寇所設之官屬·所掌之刑禁, 凡所當禁約施行者, 卽後世法律之條件也. 說者謂秋官自禁殺戮至修閭氏八官皆幾防盜賊奸軌者, 較之今律, 斬殺戮卽今之人命律, 攘獄卽今之劫囚律, 遏訟卽今之告狀不受律, 姑擧一二, 餘可以類推矣, 茲不備載云.

《서경》〈여형(呂刑)〉에서 말하였다.

묵형에 속하는 벌이 천 가지이고, 의형에 속하는 벌이 천 가지이며, 비형【비(剕)는 발을 베는 것이다.】에 속하는 벌이 5백 가지이고, 궁형에 속하는 벌이 3백 가지이며, 대벽【대벽은 사형이다.】에 속하는 벌이 2백 가지로, 오형에 속하는 벌이 3천 가지이다. 위아래로 죄를 견주고 어지러운 말로 그르치지 말며, 시행하지 못할 것을 쓰지 말고 오직 법을 살펴서 심사를 잘하여야 한다.

《呂刑》曰: 墨罰之屬千, 劓罰之屬千, 剕【刖足也】罰之屬五百, 宮罰之屬三百, 大辟【死刑】之罰其屬二百, 五刑之屬三千. 上下比罪, 無僭亂辭, 勿用不行, 惟察惟法, 其審克之."

채침(蔡沈)이 말하였다.

"3천은 총계이다. 《주례(周禮)》에 사형(司刑)이 관장하는 오형(五刑)의 종류가 2천 5백 가지이니, 형벌은 비록 옛날보다 증가하였으나 가벼운 죄는 옛날에 비하여 많고, 무거운 죄는 옛날에 비하여 줄어들었다. 비(比)는 붙임[附]이다. 죄에 딱 맞는 율(律)이 없으면 형(刑)을 올리고 내려서 그 죄를 적용하는 것이다. 난사(亂辭)는 말 중에 들을 수 없는 것이다. 불행(不行)은 옛날에는 이런 법이 있었으나 지금은 시행하지 않는 것이다. 참란한 말 때문에 착오가 없어야 하고, 지금 시행하지 않는 법을 적용하지 말며, 오직 법의 뜻을 상세히 밝혀서 심사를 잘 하여야 한다고 경계하였다."

蔡沈曰: "三千, 總計之也. 《周禮》司刑所掌五刑之屬二千五百, 刑雖增舊, 然輕罪比舊爲多而重罪比舊爲減也. 比, 附也. 罪無正律, 則以上下刑而比附其罪也. 亂辭, 辭之不可聽者. 不行, 舊有是法而今不行者. 戒其無差誤於僭亂之辭, 弗用今所不行之法, 惟詳明法意而審克之也."

여조겸(呂祖謙)이 말하였다.[18]

"묵형과 의형에서 늘어날 것이 모두 가벼운 형이고, 궁형에서 줄어든 것이 2백 가지, 대벽에서 줄어든 것이 3백인데, 모두 무거운 형이다. 비형은 증감이 없고 경중 사이에 있다. 죄를 가볍게 하면 전보다 많아지고, 죄를 무겁게 하면 예전보다 줄어드는데, 조목을 보면 애긍

18 여조겸(呂祖謙)이 말하였다: 《서전집록찬주(書傳輯錄纂註)》 권6에 나온다.

의 의도를 진실로 알 수 있고, 전체를 보면 문채가 우세한 세속의 폐단을 짐작할 수 있다."

呂祖謙曰: "墨劓所增皆輕刑, 宮所損二百·大辟所損三百皆重刑也, 剕無增損, 居輕重之間者也. 輕罪則多於前, 重罪則損於舊, 觀其目則哀矜之意固可見, 觀其凡則文勝俗弊亦可推矣."

진대유(陳大猷)가 말하였다.[19]

"3천이란 법의 정식 조목으로 형벌 문서에 실린 것이다. 형은 율과 같고, 비는 예(例)와 같다. 법은 한도가 있고 인정은 무궁하여, 3천의 종류가 많지만 오히려 천하의 시정과 죄상을 다 포함할 수는 없다. 여기서 인정이 무궁하고 법이 홀로 맡을 수 없음을 알 수 있다. 정식 형률이 없으면 다시 어지러워져 일정한 표현이 없으니, 장차 어디에 의거하겠는가.

더욱이 이런 예가 예전에 있었더라도 지금은 행할 수 없으니, 필시 조문을 참란하게 하여 함부로 적용함이 없어야 하고, 지금 시행할 수 없는 법을 억지로 적용하지 말아야 한다. 이를테면, 한(漢)나라 장안(長安)의 상인이 혼야왕(渾邪王)과 거래를 한 자로 죄가 사형에 해당하는 자가 5백여 명이었는데, 급암(汲黯)이 말하기를 '어리석은 백성은 어떻게 장안에서 장사하는데 관리[文吏]가 변경처럼 재물을 마음대로 내가는 것이라고 생각하리라 알 수 있겠는가.' 하였는데,[20] 이런 부류가 바

19 진대유(陳大猷)가 말하였다: 《서전집록찬주(書傳輯錄纂註)》 권6에 나온다.

로 시행할 수 없는 것을 억지로 끌어와 적용하는 것이다."

陳大猷曰: "三千者, 法之正條載之刑書者也. 刑如律·比如例. 法有限, 情無窮, 三千之屬衆矣, 猶不能盡天下之情罪, 以此知人情無窮而法不可獨任也. 既無正律, 復僭亂而無定辭, 將安所據依乎? 且又有此例昔嘗有之, 而今不可行者矣, 必無差亂其辭而妄比附, 勿用今不可行之法而強比附, 如漢長安賈人與渾邪王市者罪當死凡五百餘人, 汲黯曰: '愚民安所知市賈長安中, 而文吏以爲闌出財物如邊關乎?' 此類乃以不可行者比附也."

신은 이렇게 생각합니다. 선유가 말하기를, 3천의 이미 정해진 법은 형벌 문서에 실려 있다. 천하의 인정은 무궁한데, 형벌 문서에 실린 것은 한이 있으니, 법은 한도가 있고 인정은 무궁하여, 유한한 법으로 무궁한 인정을 다할 수 없다고 했고, 또 법을 적용할 때는 참작하여 증감해야 한다고 했습니다.

옛날에는 사람에게 맡겼지 법에 맡기지 않았으므로, 법에 실린 것은 법에 맡겼지만, 법에 실리지 않는 것은 참고하여 사람이 위아래로 죄에 적용하는 것이 이것이다. 그 죄를 가지고 위의 형벌에 적용하면 무거운 형이라는 것을 알 수 있고, 그 죄를 가지고 아래 형벌에 적용

20 한(漢)나라 … 하였는데: 난출은 정부가 정한 규정을 무시하고 불법적으로 나라 밖으로 내가는 행위이다. 혼야왕은 오랑캐 종족의 추장이다. 혼야왕이 종족을 이끌고 항복해 오니, 한나라에서 이들을 우대하였다. 이 일은 《한서(漢書)》 권50 〈급암전(汲黯傳)〉에 나온다.

하면 가벼운 형이라는 것을 알 수 있다. 그러므로 경중 사이에서 재량하여 참작하지만 반드시 진술을 주로 하고 진술이 참난하여 사정과 죄가 부합하지 않으면 이는 시행해서는 안 되는 것입니다. 당연히 그 시행해서는 안 될 법을 적용해서는 안 되며, 오직 정상참작하는 법을 살펴서, 두 가지가 부합한 뒤에 인정과 법의 취지에 윤당하다면 이것이 시행할 수 있는 것이니, 심사하여 잘 하여야 하는 것입니다. 이 설은 비록 경서(經書)를 해설한 것이지만, 앞으로도 영원히 법률 조문에 상세하게 기재되지 않은 경우, 확대하여 억지로 적용하는 법은 이보다 절실한 것이 없습니다. 이른바 '사정을 살피고 법에서 찾는다'는 것이니, 무거운 형벌[上刑]에 비해서는 무겁지 않고, 가벼운 형벌[下刑]에 비해서는 가볍지 않아야 합니다. 경중을 참작하여 반드시 인정과 법률 취지에 윤당하여야 심사를 잘했다고 할 것입니다.

臣按: 先儒謂三千已定之法載之刑書者也, 天下之情無窮, 刑書所載有限, 不可以有限之法而盡無窮之情, 又在用法者斟酌損益之. 古者任人不任法, 法所載者任法, 法不載者參以人上下比罪是也. 以其罪而比附之上刑則見其重, 以其罪而比附之下刑則見其輕, 故於輕重之間裁酌之, 然必以辭爲主, 辭若僭亂, 情與罪不相合, 是不可行者也, 當勿用其不可行之法, 惟當察其情求之法, 二者合而後允當乎人情法意, 是乃可行者也, 在審克之而已. 是說雖以解經, 然而萬世之下律文所不該載者, 比附之法莫切於此, 所謂察之情求之法, 比之上刑不重, 比之下刑不輕, 而參酌於輕重之間, 必允當乎人情法意, 可謂得審克之意矣.

《춘추좌씨전(春秋左氏傳)》에 말하였다.

소공(昭公) 6년, 정(鄭)나라 사람이 형법 문서를 솥에 새겼다【주(鑄)는 형법 문서를 솥에 새겨서 나라의 일정한 법으로 삼는 것이다.】. 숙향(叔向)이 사람을 시켜【이(詒)는 보내다[遺]이다.】 정나라 자산(子產)에게 편지를 전했는데, "예전에 선왕이 사건을 의논하여 제어하였고 형벽(刑辟)을 적용하지 않은 것은 백성들이 다투는 마음을 일으킬까 걱정해서였다. 백성이 형벽이 있는 것을 알면 윗사람을 꺼리지 않고 모두들 다투는 마음이 있어 문서에서 구하지 않고 요행히 이루었으니 다스릴 수 없게 된다. 하(夏)나라에 혼란한 정치가 있자 우(禹) 임금의 형벌이 생겼고, 상(商)나라에 혼란한 정치가 있자 탕(湯) 임금의 형벌이 생겼으며, 주(周)나라에 혼란한 정치가 있자 구형(九刑)과 삼벽(三辟)이 생겼으니 모두 말세의 일이다. 지금 그대가 정나라 재상이 되어 삼대를 참고하여 형법을 제정하였고 형벌 문서를 새겨 백성을 안정하게 하려고 하지만 또한 어렵지 않겠는가. 백성들이 다툴 꼬투리를 알아 장차 예를 버리고 형벌 문서에서 증거를 찾아, 송곳이나 칼 끝 같은 작은 일에도 모두 다툴 것이니, 어지러운 옥사가 많아지고 뇌물이 아울러 횡행하여 그대의 세대가 끝나면 정나라는 아마 망할 것이다. 듣건대 나라가 장차 망할 때는 반드시 법이 많이 만들어진다는데, 아마 이를 두고 하는 말인가."라고 하였다.

《春秋左氏傳》: 昭公六年, 鄭人鑄刑書【鑄刑書於鼎以爲國之常法】, 叔向使詒【遺也】子產書曰: "昔先王議事以制, 不爲刑辟, 懼民之有爭心也. 民知有辟則不忌於上, 並有爭心以徵於書, 而僥幸以成之, 弗可爲矣. 夏有亂政而作禹刑, 商有亂政而作湯刑, 周有亂政而作九刑, 三辟之興皆叔世也. 今吾子相鄭國, 制參辟, 鑄刑書, 將以靖民, 不亦難乎? 民知爭端矣將棄禮而征於書,錐刀之末將盡爭之, 亂獄滋豊, 賄賂並行, 終子之世, 鄭其敗乎? 聞之, 國將亡必多制, 其此之謂乎?"

두예(杜預)가 말하였다.[21]

"권력이 법으로 이동하였기 때문에 백성들이 윗사람을 두려워하지 않았고, 의심스러운 문장 때문에 다툼이 생겼으며, 요행을 통하여 교묘한 거짓을 성공시켰다."

杜預曰: "權移於法, 故民不畏上, 因危文以生爭, 緣僥幸以成其巧僞."

공영달(孔穎達)이 말하였다.[22]

"형벌을 알 수 없고 위엄을 헤아릴 수 없으면 백성이 위를 두려워한다. 지금 법을 제정하여 안정시키고 솥에 새겨서 보임으로써 백성이 위에 있는 사람이 감히 법을 넘어 자기를 죄줄 수 없고 법을 굽혀 은혜를 베풀 수 없다는 것을 알면 권력이 법으로 옮겨간다. 또한 법에 정한 조문은 한도가 있는데 백성들의 범죄는 무궁하니, 자연 의심스러운 처리가 있게 될 것이고 윗사람과 죄를 다투는 마음이 생기고

21 두예(杜預)가 말하였다: 《춘추좌전주소(春秋左傳注疏)》 권43에 나온다.

22 공영달(孔穎達)이 말하였다: 《춘추좌전주소(春秋左傳注疏)》 권43에 나오는 공영달의 정의(正義)에 나온다.

요행을 통하여 교묘한 거짓을 성공시킴으로써 장차 실제 죄를 지었으면서도 모면하는 자가 있을 것이다.

하나라, 은나라 말에 사사로움으로 공공을 어지럽히고 재물로 법을 왜곡하기까지 했는데 그 일을 다시 다스릴 수가 없어서, 멀리 창업하던 성왕(聖王) 당시에 결단했던 옥사를 가져와 그 고사에 따라서 법을 제정하였는데도, 주나라가 쇠퇴하기에 이르러 또한 형벌 문서를 만들어 구형(九刑)이라고 하였다.

삼벽(三辟)은 우 임금 형벌, 탕 임금 형벌, 구형이다. 벽(辟)은 죄이다. 세 가지는 모두 말세에 한 일이고, 초기나 성대한 시대에는 발생하지 않았다. 그 조문이 제정되자 삼벽을 솥에 새겼으니, 이것이 형벌 문서를 새겼다는 말이다.

자산(子產)도 윗 시대의 법을 가져와 옥사 판결에서 잘한 것을 법으로 제정하였다. 지금 솥에 새겨 백성들에게 보여 줌으로써, 백성들이 죄를 다투는 근본이 형벌 문서에 있고, 장차 예를 버리고 문서에서 증거를 찾을 것이니, 칼이나 송곳 같은 미세한 사안 또한 장차 모두 쟁변하면서 요행을 구할 것이다. 이렇게 되면 분란이 되는 옥사와 소송이 갈수록 더욱 많아지고, 혹 뇌물로 남의 죄를 꾸며 내거나 혹 뇌물로 요행히 형벌을 벗어날 것이니, 정나라가 반드시 화란에 빠져 패망할 것이다."

孔穎達曰: "刑不可知, 威不可測, 則民畏上也. 今制法以定之, 勒鼎以示之, 民知在上者不敢越法以罪己, 又不能曲法以施恩, 則權柄移於法矣. 且法之設文有限, 民之犯罪無窮, 自然有危疑之理以生其與上爭罪之心, 緣僥幸以成其巧僞, 將有實罪而獲免者也. 夏商之末至有以私亂公·以貨枉法, 其事不可複治, 乃遠取創業聖王當時所斷之獄, 因其故事制爲定法, 至周之衰亦爲刑書, 謂之九刑. 三辟謂禹刑·湯刑·九刑也. 辟, 罪也. 三者皆叔世所爲, 不起於始盛之世, 爲其文是制, 參辟勒於鼎, 是鑄刑書也. 子產亦采取上世之法, 斷獄善者制爲法也, 今鑄鼎示民, 民知爭罪之本在於刑書, 將棄禮而取征驗於書, 則雖刀錐微細之事亦將盡爭辨以求僥幸, 如此, 則紛亂之獄訟愈益豊盛, 或以賄賂文致人罪, 或以賄賂幸脫刑辟, 鄭國必有禍敗也."

소공(昭公) 29년, 진(晉)나라가 형벌 솥을 주조하여, 범선자(范宣子)가 만든 형벌 문서를 적었다. 중니(仲尼)가 말하기를 "진나라가 망하겠구나. 법도를 잃었도다. 진나라가 장차 당숙(唐叔)[23]이 받은 법도로 그 백성의 삶을 안정시켰고, 경대부(卿大夫)가 차례로 지켰으며 백성들은 이리하여 귀한 것을 귀하게 여기는 것을 존중할 줄 알았으므로 그 생업을 지킬 수 있었고 귀천이 다 허물이 없었으니, 이른바 법도이다. 지금 이 법도를 버리고 형벌 솥을 만들었으니, 백성이 솥에 달렸도다."

昭公二十九年, 晉鑄刑鼎, 著范宣子所爲刑書焉. 仲尼曰: "晉其亡乎? 失其度矣. 夫晉國將守唐叔之所受法度以經緯其民, 卿大夫以序守之, 民是以能尊其貴貴, 是以能守其業, 貴賤不愆, 所謂度也. 今棄是度也而爲刑鼎, 民在鼎矣."

23 당숙(唐叔): 진(晉)나라 개국 시조 당숙우(唐叔虞)이다. 무왕(武王)의 아들이다.

공영달이 말하였다.

“범선자는 형벌 문서를 만들어 진나라에 시행하였으나 조정에서 받들어 적용하도록 하였지 하민들에게 선포하여 보인 적이 없었다. 지금 순인(荀寅)[24]이 범선자의 문서가 국법이 될 만하다고 생각하였기 때문에 솥을 주조하여 문서를 새겨 백성들에게 보였으니, 정나라가 형벌 솥을 주조한 것과 같다. 중니가 비판하였으니, 그 뜻이 숙향이 자산을 비판한 것과 같다.”

孔穎達曰: “范宣子制作刑書施於晉國, 自使朝廷承用, 未嘗宣示下民, 今荀寅謂宣子之書可爲國法, 故鑄鼎而銘之以示百姓, 猶如鄭鑄刑鼎. 仲尼譏之, 其意與叔向譏子產同.”

또 말하였다.

“자산이 형벌 문서를 새기자 숙향이 책망했고, 조앙(趙鞅)이 형벌 솥을 주조하자[25] 중니가 비판했으니, 형벌의 경중은 백성들이 알게 해서는 안 된다. 그런데 이회(李悝)가 법을 만들고[26] 소하(蕭何)가 율을 만

---

24 순인(荀寅): 진(晉)나라 사람이다. 춘추 시대 노(魯)나라 정공(定公) 13년에, 진나라에서 순인과 사길역(士吉射)이 반란을 일으키자 조앙(趙鞅)이 진양(晉陽)의 군대를 취하여, 군주 측근의 악인(惡人)을 축출한다는 명분을 내세우며 그들을 축출한 적이 있다.

25 조앙(趙鞅)이 … 주조하자: 조앙(?~기원전 475)의 성은 영(嬴), 씨는 조(趙)이며, 간(簡)은 시호이다. 조앙이 진나라에서 480근의 쇠를 세금으로 거두어 형법을 새겨 넣은 솥을 만들었다. 춘추 시대 진(晉)나라 정경(正卿) 조돈(趙盾) 이후로 그 자손인 조무(趙武), 조앙(趙鞅), 조무휼(趙無恤) 등이 대대로 진나라 조정의 권력을 장악하였다. 《사기(史記)》 권43 〈조세가(趙世家)〉에 나온다.

들어 천하에 반포하고 만백성에게 게시하는[27] 등 진한(秦漢) 시대 이래 개혁하지 못하였고 하루라도 없어서는 안 되었다. 대개 고대에는 땅을 나누어 봉국을 세웠고 고을을 만들어 가문에 다스리도록 명하였으니, 제후는 대대로 이어갔고 대부도 자손이 끊어지지 않았으니, 모두 나라가 나의 땅이고 대중도 실로 나의 백성이라는 것을 알아 저절로 아끼는 마음이 생기지 잔인하게 해치려는 의도가 생기지 않기 때문에 법을 만들어 형에 대비하고 사안에 임하여 죄를 논의하며 미리 백성에게 알리지 않기 때문에, 중니와 숙향이 형벌 문서를 새긴 것을 비판했던 것입니다.

진한 이래 천하가 통일되고 장리(長吏: 지방관 격인 관원)가 때가 되면 교체되어 전근을 갔고, 그 백성들이 다시 자기 백성이 아니었는데, 백성에게 유약하면 고과(考課)가 꼴찌가 되고 사나우면 관직에 어울린다고 한다. 또 강역이 넓고 호구가 증가하여, 큰 군(郡)은 경계가 천 리이고, 상급 현(縣)의 숫자가 만 단위로 헤아린다. 호강한 자들이 나라와 고을을 능멸하고 강건한 자들이 동네에 활개를 치며, 혹리(酷吏)들이 형벌을 전담하여 더러 내키는 대로 죽이기를 좋아하고 대중을 거스

26 이회(李悝)가 … 만들고: 이회는 전국 시대 위(魏)나라 사람으로, 문후(文侯)를 섬겨 토지의 생산력을 다하는 방법을 세우고, 또 미곡값을 조절하는 평조법(平糶法)을 창안하여 나라를 부강하게 하였다. 형명학(形名學)의 비조(鼻祖)로 중국 형법의 모체가 된 《법경(法經)》 6편을 편찬하였다. 《한서(漢書)》 권24상 〈식화지 상(食貨志上)〉에 나온다.

27 소하(蕭何)가 … 게시하는: 한나라 초기에 유방(劉邦)이 관중에 들어가서 진나라의 가혹한 법을 모조리 없애고 삼장의 법만을 약속하였다. 뒤에 법망이 느슨한 데다 전란이 아직 종식되지 않아 삼장의 법만으로는 범법자를 처벌하기에 부족하였으므로, 마침내 상국(相國) 소하로 하여금 진나라의 법 중에서 당시에 적절한 것들을 뽑아 구장률을 만들게 하였다는 기록이 《한서(漢書)》 권23 형법지(刑法志)에 나온다.

르고 자기 멋대로 하여, 시체가 구덩이에 가득 쌓이고 유혈이 들판을 붉게 적시기까지 하였다.

만일 다시 그 살벌함을 놔두고 멋대로 하게 맡긴다면, 필시 희로(喜怒)가 항상 변하고 애증(愛憎)이 도를 넘을 것이니, 부득불 법을 만들어 질서를 유지한다. 그러기 위해 대중에게 범법에 대한 정령을 선포하여, 조목에 해당하면 율로 단죄하고, 의심이 나서 결정할 수 없으면 상부에 의논하였기 때문에 만백성을 얻고 천하를 살펴 다스릴 수 있었다. 성인(聖人)이 법을 제정한 것이 선하지 않은 것은 아니지만 옛 것을 오늘날 시행할 수 없고, 오늘날 사람들이 만든 것은 성인의 것일 수 없지만 용의주도하여 백성들을 보고 교화시키고 시의에 맞게 한다는 것은 이런 방도를 말하는 것이다."

又曰: "子產鑄刑書, 而叔向責之; 趙鞅鑄刑鼎, 而仲尼譏之. 如此, 則刑之輕重不可使民知也, 而李悝作法·蕭何造律, 頒於天下, 懸示兆民, 秦漢以來莫之能革, 不可一日無也. 蓋古者分地建國, 作邑命家, 諸侯則奕世相承, 大夫亦子孫不絕, 皆知國爲吾土, 衆實我民, 自有愛吝之心, 不生殘賊之意, 故得設法以待刑, 臨事而議罪, 不須預以告民, 故仲尼·叔向所以譏其鑄刑書也. 秦漢以來天下爲一, 長吏以時遷代, 其民非複已有, 懦弱則爲殿負, 強猛則爲稱職, 且疆域闊遠·戶口滋多, 大郡境餘千里, 上縣數以萬計, 豪橫者陵蹈邦邑, 桀健者雄張閭裏, 酷吏專任刑誅, 或乃肆情好殺·違衆用己, 至有積骸滿阱·流血丹野, 若復信其殺伐·任其縱舍, 必將喜怒變常·愛憎改度, 不得不作法以齊之, 宣衆以令之所犯, 當條則斷之以律, 疑不能決則讞之上府, 故得萬民以察天下以治. 聖人制法非不善也, 古不可施於今, 今人所作非能聖也, 足以周於用, 所謂觀民設教·遭時制宜, 謂此道也."

신은 이렇게 생각합니다. 정나라와 진나라가 형벌 문서를 새긴 것은, 대개 이전 시대에 쓰던 것으로 옥사를 판단하는 법을 정리하여 그릇에 새겨 백성들에게 오래도록 보여 주려는 것입니다. 《주관(周官)》 사구(司寇)에서 삼전(三典)을 세워, 정월의 길일에 상위(象魏: 궁궐 성문)에 걸어 만백성이 볼 수 있게 하고 열흘이 지나서 거두었습니다.

무릇 나라에 일정한 형벌이 있고 또 해마다 나라와 도성 및 시골에 반포하는 것은 왜이겠습니까. 형벌은 비롯 일정하지만 또한 마땅히 시대를 헤아려 경중을 두어야 하는데, 백성들이 그렇게 되는 이유를 알지 못할까 우려했기 때문에 제도를 선포한 뒤 또 그 법을 걸었습니다. 천하 사람들에게 깨닫게 하여 조정이 실정을 살펴 죄를 정하고 사안에 따라 형을 제정했다는 것을 알게 하였으니, 일부러 이렇게 하자 모두 두렵고 피할 바를 알아 감히 범하지 않았던 것이지, 형벌의 경중을 사람들에게 알게 해서는 안 된다는 말이 아니었습니다.

선유(先儒)가 《춘추좌씨전》에 실린 공자의 말을 상세히 말한 것은, 다만 진(晉)나라 구법을 지키게 하고 범선자의 행위가 선하지 않다는 것이지, 성왕(聖王)이 법을 제정하고 사람들이 알지 못하게 한 것을 말한 것이 아닙니다. 혹자는 "정나라, 진나라의 형벌 문서라는 것은 선대에 임시로 처치하던 것으로 본디 나라 문서에 실려 있던 것인데, 자산(子產)과 범선자, 조앙이 처음 그릇에 새겼으니, 한 번 정해진 제도가 된 이상 다시 옛사람들이 참작하여 헤아리던 제도를 복귀하지 못하였으므로 중니와 숙향이 비판한 것이다. 형벌 문서를 가지지 말아야 한다는 말이 아니라, 단지 새기지 말아야 한다는 말일 뿐이다."라고 합니다. 후세에 율령을 나무에 새겨서 천하에 반포, 시행하였으니 그 또한 주조했던 의미일 것입니다. 다만 그때는 율이라는 명칭이 없었으므로 서(書)라고 했을 뿐입니다.

臣按: 鄭·晉鑄刑書, 蓋以其前世所用以斷獄者之法, 比而鑄於器以示民於久遠也. 考《周官》司寇建三典, 正月之吉縣於象魏, 使萬民觀之, 浹旬而斂. 夫國之常刑而又歲歲布之於邦國·都鄙, 何哉? 刑雖有常, 亦當量時而爲之輕重, 然恐民之不知其所以然也, 故旣布其制, 又懸其象, 所以曉天下之人, 使其知朝廷原情以定罪·因事以制刑, 其故如是也, 皆知所畏避而不敢犯焉, 非謂刑之輕重不可使人知也. 先儒謂詳《左氏》所載夫子之說, 第令守晉國舊法, 以爲范宣子所爲非善耳, 非謂聖王制法不可使人知也. 或曰"鄭·晉二國所謂刑書皆先世所有臨時處置者, 固已載於方策, 至是子產·範鞅始鑄於器, 則爲一定之制, 無復古人酌量之制, 故仲尼·叔向譏之, 非謂刑書不可有, 特謂不可鑄耳". 後世以律令鋟於木以頒行天下, 其亦鑄之之意歟? 但是時未有律之名而謂之書耳.

위 문후(魏文侯) 때, 이회가 《법경(法經)》 6편을 지었는데, 1편은 〈도법(盜法)〉, 2편은 〈적법(賊法)〉, 3편은 〈수법(囚法)〉, 4편은 〈포법(捕法)〉, 5편은 〈잡법(雜法)〉, 6편은 〈구법(具法)〉이다.

魏文侯時, 李悝著《法經》六篇, 一《盜法》·二《賊法》·三《囚法》·四《捕法》·五《雜法》·六《具法》.

신은 이렇게 생각합니다. 형법을 적어 문서로 만드는 것이 여기서 시작되었습니다. 성주(成周) 시대에 비록 금법이 있어 《주관(周官)》에 적혀 있지만, 모두 관청의 일이 그 해당 관직의 업무에 관계된 것이지, 독립 문서는 없었습니다. 하지만 오형의 조목은 소속이 각각 다소가 있고, 다섯 등급의 형은 각각 범주가 있어 그에 따라 분류하고 편장을 적고 사안의 종류를 나누어 차례로 삼은 것은 여기서 시작되었습니다.

臣按: 刑法之著爲書始於此. 成周之時雖有禁法著於《周官》, 然皆官守之事分係於其所職掌, 未有成書也. 然五刑之目, 其屬各有多少, 五等之刑各以類而相從焉, 著之篇章, 分其事類, 以爲詮次則於此乎始焉.

한 고조(漢高祖)가 처음 함양(咸陽)에 들어갔을 때, 백성들과 삼장의 법을 약속하였다. 사람을 죽인 자는 죽이고, 사람을 다치게 하거나 도둑질한 자는 죄를 주고, 나머지 진나라의 가혹한 법은 없앴다.[28] 후에 삼장의 법으로는 범법을 막을 수 없어서 마침내 소하(蕭何)에게 명하여 진나라 법을

---

28 한 고조(漢高祖)가 … 없앴다: 《사기(史記)》 권8 〈고조본기(高祖本紀)〉에 나온다.

수습하여 율령을 정하였는데, 삼족(三族)을 연좌하는 법을 없애고, 부주(部主)와 견지(見知)의 조목[29]을 늘렸는데, 이회가 만든 6편에 〈사율(事律)〉·〈천흥(擅興)〉·〈구고(廐庫)〉의 세 편을 더하여 9편이 되었다.[30] 숙손통(叔孫通)이 율에서 언급하지 않은 《방장(傍章)》 18편을 더하였다.[31]

漢高祖初入咸陽, 與民約法三章, 殺人者死·傷人及盜抵罪, 餘悉除去秦苛法. 後以三章之法不足以禦奸, 遂令蕭何捃摭秦法定律令, 除參夷連坐之法, 增部主見知之條, 於李悝所造六篇益《事律》《擅興》《廐庫》三篇, 合爲九篇. 叔孫通益律所不及傍章十八篇.

신은 이렇게 생각합니다. 율이라는 명칭은 여기서 처음 보입니다. 춘추 시대 자산이 주조했던 것은 형벌 문서[刑書]라고 불렸고, 전국 시대 이회가 저술한 것은 법경(法經)이라고 불렀으며 아직 율이라는 명칭은 없었습니다. 《예기(禮記)》에 '영지를 더 주고 율을 올려 준다[加地進律]'는 문장이 있고, '말을 뒤집고 율을 깬다[析言破律]'는 데 대한 벌이

29 부주(部主)와 견지(見知)의 조목: 견지는, 견지고종(見知故縱)의 줄임말로, 타인이 죄를 범한 것을 알면서도 고의로 묵인하는 것을 말한다. 부주는 감임부주(監臨部主)의 줄임말로, 부하가 죄를 범했을 경우 그 감독을 맡고 있는 자나 책임자를 연좌시키는 것이다.

30 소하(蕭何)에게 … 되었다: 이 부분은 《진서(晉書)》 권30 〈형법(刑法)〉에 나온다.

31 숙손통(叔孫通)이 … 더하였다: 숙손통은 설(薛) 땅 출신으로 진(秦)나라 이세(二世) 때 박사(博士)를 지냈다. 이후 천하가 혼란스러워지자 먼저 항량(項梁)을 따랐고, 이어 초 회왕(楚懷王), 항우(項羽)를 차례로 섬기다가 한 고조(漢高祖) 휘하에 소속되었다. 유방이 천하를 통일한 뒤 숙손통에게 예의를 제정하도록 하자, 숙손통은 고례(古禮)를 가려 뽑고 진나라의 제도와 결합시켜서 한 왕조의 조제(朝制)와 전례(典禮)의 기틀을 마련하였다. 《사기(史記)》 권99 〈숙손통열전(叔孫通列傳)〉에 나온다.

있지만,[32] 풀이하는 자는 '율을 올려 준다'는 작위를 명하는 것 등이고, '율을 깬다'는 비록 법률을 말했지만 〈왕제〉는 한 문제(漢文帝) 때 박사(博士) 자경(刺經)이 지은 것으로 본디 소하 이후에 나온 것입니다.

율이라는 말은 《서경》 〈우서(虞書) 순전(舜典)〉에 처음 나오는데, 대개 도(度)·양(量)·형(衡)은 율(律)에서 법을 받아 기장을 쌓아 채우고, 무게를 재는 치(錙)·수(銖)·상(爽)이 없어서 도의 장단, 형의 경중, 양의 다과는 모두 여기서 기준을 취하지 않음이 없었습니다. 율로 법을 드러내어 사람들의 사정을 제어하고 죄를 단정하는 것도 육률(六律)이 도량형을 바루는 것과 같기 때문에 형을 제정한 문서를 율이라고 불렀습니다.

臣按: 律之名始見於此. 春秋之時子產所鑄者謂之刑書, 戰國之世李悝所著者謂之法經, 未以律爲名也. 《禮記》雖有加地進律之文·析言破律之誅, 解者謂進律爲爵命之等, 破律雖以法律言, 然《王制》漢文帝時博士刺經所作, 固已出蕭何之後也. 律之言昉於《虞書》, 蓋度量衡受法於律, 積黍以盈, 無錙銖爽, 凡度之長短·衡之輕重·量之多寡莫不於此取正. 律以著法, 所以裁制群情, 斷定諸罪, 亦猶六律正度量衡也, 故制刑之書以律名焉.

한 문제(漢文帝) 원년, 조칙을 내려 "법은 다스림의 기준이니, 포악함을 금하고 선한 사람을 보위하는 방법이다. 지금 범법 사실을 이미 논했는

32 《예기(禮記)》에 … 있지만: 《예기》 〈왕제(王制)〉에 나온다.

데도 죄가 없는 부모, 처자, 형제에게 연좌하고, 급기야 수노[33]가 되니, 짐이 결코 인정할 수 없다. 노비로 삼는 여러 연좌 율령을 없애도록 의논하여라."라고 하였다.

文帝元年, 詔曰: "法者治之正, 所以禁暴而衛善人也. 今犯法者已論而使無罪之父母妻子同產坐之, 及爲收孥【子也】, 朕甚弗取, 其議除收帑諸相坐律令."

신은 이렇게 생각합니다. 순 임금의 조정에서는 벌이 자식에게 미치지 않았고, 주나라에서는 죄인의 자식까지 벌주지 않았습니다. 진나라 법에는 한 사람이 죄가 있으면 가족에게 미쳤으니, 어질고 포악한 마음의 차이가 났고, 나라의 운명이 길고 짧은 차이가 있는 이유입니다. 문제 즉위 초에 바로 진나라 사람들의 가혹한 형벌을 제거하였으니, 한나라 국운이 3대를 이어지면서 필시 여기서 터를 잡지 않음이 없습니다.

臣按: 虞廷罰不及嗣, 周室罪人不孥, 秦法一人有罪並坐其室家, 仁暴之心旣殊, 國祚所以有長短之異也. 文帝卽位之初卽除去秦人之苛刑, 漢祚之延幾於三代, 未必不基於斯.

---

33 수노: 고대 진나라의 연좌법(連坐法)으로 집안의 가장이 죄를 짓게 되면 그 처와 자녀는 모두 관가의 노비가 되는 형벌이다.

13년, 명을 내리기를, "대개 듣건대 순 임금 시대에 의관에 그림을 그리고 복장을 달리해서 벌을 주니 백성들이 범법하지 않았다고 하니, 얼마나 지극한 정치인가? 지금 육형(肉刑)이 셋인데 간인(奸人)이 그치지 않으니 그 책임이 어디에 있는가. 짐의 박덕하고 교화가 밝지 않아서가 아니겠는가. 내가 스스로 매우 부끄럽도다. 그러므로 가르치는 방도가 순수하지 못하여 어리석은 백성이 함정에 빠졌으니, 《시경》〈한록(旱麓)〉에 "화락한 군자여, 백성의 부모로다.[愷悌君子, 民之父母.]"라고 하였는데, 지금 사람이 잘못이 있으면 교화를 펴지 못하고 형벌을 가하였도다. 혹 행실을 고쳐 선하게 되려고 해도 길이 없어【망(亡)은 없다[無]이다.】 근심이 지극하여, 짐이 매우 가련하다. 형벌이 사지를 자르고, 살갗을 깎기에 이르러, 종신토록 살 수가 없다【식(息)은 삶[生]이다.】. 얼마나 그 형벌이 고통스럽고 덕이 없는데 어찌 백성의 부모가 된 뜻이겠는가. 육형을 제거하고 바꾸도록 하고, 사람을 죄줄 때는 각각 경중에 따르고, 도망치지 않는 자는 해가 지나면 면제하라【도망치지 않은 자는 그 햇수를 채우면 면제하여 서인으로 삼는다는 말이다.】. 모두 황제의 명으로 삼으라."라고 하였다.

十三年, 下令曰: "蓋聞有虞氏之時畫衣冠·異章服以爲戮而民弗犯, 何治之至也? 今法有肉刑三而奸不止, 其咎安在? 非乃朕德薄而敎不明歟? 吾甚自愧. 故夫訓道不純而愚民陷焉, 《詩》曰'愷悌君子, 民之父母', 今人有過, 敎未施而刑已加焉, 或欲改行爲善而道亡【無因】繇至, 朕甚憐之. 夫刑至斷支體·刻肌膚, 終身不息【生也】, 何其刑之痛而不德也, 豈爲民父母之意? 其除肉刑, 有以易之, 及令罪人各以輕重, 不亡逃有年而免【其不亡逃者, 滿其年數, 免爲庶人】. 具爲令."

마단림(馬端臨)이 말하였다.[34]

"옛날 오형은 모두 육형(肉刑)이었다. 한나라 효 문제(孝文帝)는 조칙을 내려, '지금 육형이 셋인데 간인(奸人)이 그치지 않는다'고 했고, 주에 경(黥: 묵형)·의형(劓刑)·참지(斬趾: 발을 벰) 세 가지라고 하였는데, 마침내 곤겸(髡鉗: 머리를 깎음)으로 묵형을 대신했고, 태(笞) 3백 대로 의형을 대신했으며, 태 5백 대로 참지를 대신했고, 오직 궁형에만 논의가 미치지 않았다.

경제(景帝) 원년(기원전 156)에 이르러, 조칙을 내려 "효문황제께서 궁형을 제외하고 미인을 내보낸 것은 사람의 세대를 끊는 것을 중시한 것이다."라고 하였으니, 문제가 궁형을 아울러 없앤 것을 알 수 있다. 경제 중원(中元) 연간에, 도형(徒刑)을 용서하여 양릉(陽陵)을 짓고자 하는 자나, 사죄를 지었는데 궁형을 받고자 하는 자는 허락하였다. 무제(武帝) 때 이연년(李延年)·사마천(司馬遷)·장안세(張安世)·황가(況賀)가 모두 궁형에 걸렸으니, 이는 경제 중원 연간 이후에 궁형을 다시 적용하고 사죄 중에서 사정이 가벼운 자들에게 시행했던 것이며, 항상 적용한 것은 아니었다."

馬端臨曰: "古者五刑皆肉刑也, 孝文詔謂今有肉刑三而奸不止, 注謂黥·劓·斬趾三者, 遂以髡鉗代黥·笞三百代劓·笞五百代斬趾, 獨不及宮刑. 至景帝元年詔言'孝文皇帝除宮刑·出美人, 重絶人之世也', 則知文帝並宮刑除之. 至景帝中元年, 赦徒作陽陵者, 死罪欲腐者許之, 而武帝時李延年·司馬遷·張安世·況賀皆坐腐刑, 則是因景帝中元年之

34 마단림(馬端臨)이 말하였다: 《문헌통고(文獻通考)》 권163에 나온다.

後宮刑復用而以施之死罪之情輕者, 不常用也."

신은 이렇게 생각합니다. 후세에 태추(笞棰)가 형벌이 된 것은 여기서 시작되었습니다. 삼대(三代) 이전에 이른바 육형이란 묵형·의형·비형·궁형·대벽이었습니다. 한나라 초기에 이르러 겨우 세 가지였는데, 묵형·의경·참지였을 뿐입니다. 문제가 순우공(淳于公)의 막내딸 제영(緹縈)의 말에 감동을 받아[35] 비로소 조칙을 내려 없앴고, 마침내 곤겸으로 묵형을 대신했고, 태(笞) 3백 대로 의형을 대신했으며, 태 5백 대로 참지를 대신했습니다. 그 이후로 천하의 범법자는 처음으로 사지를 자르고 살갗을 깎는 벌을 면하였고, 백세토록 사람들이 몸을 보전하고 종족을 끊이지 않을 수 있었던 것은 문제의 덕이 컸기 때문입니다.

臣按: 後世以笞棰爲刑始此. 夫三代以前所謂肉刑者, 墨·劓·剕·宮·

35 문제가 … 받아: 육형(肉刑)은 육체에 가하는 형벌로, 묵형(墨刑)·의형(劓刑)·월형(刖刑)·궁형(宮刑)·대벽(大辟) 등 오형이 모두 여기에 해당한다. 한 문제 13년(기원전 167) 5월, 제나라 태창령(太倉令)인 순우의(淳于意)가 죄를 지어 형을 당할 처지에 놓였다. 그의 막내딸인 효녀 제영(緹縈)이 상서하여 관비가 되겠다고 자청하면서 부친의 육형을 용서해 달라고 간청하자, 문제가 감동한 나머지 경형(黥刑)에 해당하는 자는 곤겸(髡鉗)하여 성단용(城旦舂)에 처하였다. 성단은, 낮에는 국경을 지키게 하고 밤에는 장성(長城)을 쌓게 하는 형벌이고, 용은 죄를 지은 부인들에게 군역을 지우는 대신 방아를 찧어 무리를 먹이게 하는 형벌이다. 또 의형에 해당하는 자는 태삼백(笞三百)에 처하고, 왼쪽 발목을 자르는 형벌에 해당하는 자는 태오백(笞五百)에 처하는 것으로 감형하여 3개의 육형을 없앴다. 《사기(史記)》 권10 〈효문본기(孝文本紀)〉.

大辟也, 至漢初僅有三焉, 黥·劓·斬趾而已. 文帝感淳于公少女緹縈之言, 始下詔除之, 遂以髡鉗代黥·笞三百代劓·笞五百代斬趾, 自是以來, 天下之人犯法者始免斷支體·刻肌膚, 百世之下人得以全其身·不絕其類者, 文帝之德大矣.

이상은 '율령 제도를 정함(상)'이다

以上論定律令之制(上)

대학연의보

(大學衍義補)

—

권103

치국평천하의 요체[治國平天下之要]

형법을 신중히 함[愼刑憲]

율령 제도를 정함(하) [定律令之制(下)]

한 경제(漢景帝) 중원(中元) 6년, 조칙을 내려 "태형을 치는 경우 혹 죽음에 이르렀는데도 태가 끝나지 않기도 하여, 짐이 매우 가련하다. 태형 3백을 줄여서 2백으로, 2백을 1백 대로 줄이라. 또 태란 교화하기 위한 것이니, 그 추령(箠令)[1]을 정하라."라고 하였다.

景帝中六年, 詔曰: "加笞者或至死而笞未畢, 朕甚憐之, 其減笞三百曰二百·笞二百曰一百, 又笞者所以教之也, 其定箠令."

효무제(孝武帝)가 즉위하자, 정벌이 자주 있었고 백성들이 가난해져, 궁

1 추령(箠令): 채찍[策]으로 때리는 법령이다.

핍한 백성들이 법을 범하고 혹리(酷吏)들이 이들을 처단해도 간궤함을 이기지 못하였다. 이에 장탕(張湯)[2]·조우(趙禹)[3]의 무리들은 법령을 조목별로 정하고 견지고종(見知故縱),[4] 감림부주(監臨部主)[5]의 법【누가 법을 범한 것을 알고도 거론하지 않고 일부러 놓아주고, 감독하며 담당하는 데 죄가 있으면 아울러 연좌한다.】을 만들었고, 심고(深故)[6]의 죄는 완화하고, 종출(縱出)[7]의 주륙은 엄하게 하였다. 그 뒤 간활한 자들이 법을 교묘하게 운영하여 돌아가며 서로 상황을 가늠하니 금하는 법망이 더욱 조밀해졌다. 율령은 모두 359장이었고, 대벽이 409개 조항에 1,882개의 사례, 결사비[8]【비(比)는 사례대로 늘어놓는 것이다.】는 13,472건이나 되었다.

孝武卽位, 征發頻數, 百姓貧耗, 窮民犯法, 酷吏擊斷, 奸軌不勝, 於是進張湯·趙禹之屬條定法令, 作見知故縱·監臨部主之法【見知人犯法不擧爲故縱而所監臨部主有罪並連坐】, 緩深故之罪, 急縱出之誅. 其後奸猾巧法, 轉相比況, 禁罔浸密, 律令凡三百五十九章, 大辟四百九條·千八百八十二事, 決事比【比,

2 장탕(張湯): 한나라 무제(武帝) 때의 옥관(獄官)이다. 정위(廷尉)가 되어 처음에는 공평하게 잘 다스린다는 명성을 얻었으나, 후에는 교묘하게 옥을 다스리고 대신을 배척하고 스스로 공을 차지하여 어사대부가 되었는데 공경으로부터 서인에 이르기까지 손가락질을 당하다가 결국은 삼장사(三長史)의 모함을 받고 자살하였다. 《사기(史記)》 권122 〈혹리열전(酷吏列傳)〉에 나온다.

3 조우(趙禹): 조우도 한나라 사람으로, 무제 때 도필리(刀筆吏)에서 어사대부가 되어 장탕과 함께 율령을 논정하였다.

4 견지고종(見知故縱): 알고도 일부러 놓아주는 것이다.

5 감림부주(監臨部主): 감독하며 담당하는 데 죄가 있으면 아울러 연좌시키는 것을 말한다.

6 심고(深故): 관리들이 해를 깊이 끼치거나 고의로 죄에 빠트리는 것이다.

7 종출(縱出): 관리들이 죄인을 석방함에 의심이 있는데 석방하는 것을 말한다.

8 결사비: 판결례를 말한다. 비(比)는 판례를 보아 서로 상황을 가늠하는 것이다.

以例相比況也】萬三千四百七十二事.

신은 이렇게 생각합니다. 한 고조가 함곡관에 들어가 법을 간략히 3장(章)으로 하였고, 뒤에 소하(蕭何)가 넓혀서 9편(九篇)으로 만들었으며, 숙손통(叔孫通)이 또 18편으로 늘렸습니다. 고제(高帝) 시대부터 무제(武帝) 때까지 겨우 5, 6십년간일 뿐인데, 359장까지 늘어났고, 대벽이 409개 조항에 1,882개의 사례였고, 결사비는 무려 13,472건이나 되었으니, 어떻게 법망의 조밀하기가 하나같이 여기에 이르렀겠습니까.

여보서(呂步舒)가 회남(淮南) 한 군데의 옥을 다스렸을 때를 보면, 죽은 사람이 수만 명이었으니, 이를 통해 추론하면 당시 죽은 사람이 몇 천, 몇백 명인지조차 모릅니다. 생각건대, 당시 백성들은 수족을 움직이기만 하면 바로 형벌에 빠져, 큰 죄는 주륙하고 작은 죄는 논했으니, 몹시 살 희망이 없어졌으니 나라가 망하지 않은 것 또한 다행이었습니다.

우리나라는 성조(聖祖)께서 율을 정한 뒤 백여 년 동안, 조율(條律) 가운데 남아 있지만 쓰이지 않는 것도 있고 일찍이 감히 한 조목도 마음대로 늘이지 않았으니, 《시경》〈대아(大雅) 가락(假樂)〉에 "잘못을 저지르지 않고 잊지 않는 것은 다 옛 법을 따르기 때문이다.[不愆不忘, 率由舊章]"라고 한 것이 우리 열성조 시대에 있었습니다.

臣按: 漢祖入關約法三章, 後蕭何廣爲九篇, 叔孫通又增爲十八篇. 自高帝世至武帝時僅五六十年間爾, 乃增至三百五十九章, 其大辟乃有四百九條·千八百八十二事, 其決事比乃至萬三千四百七十二事, 何禁網之密一至此哉? 觀呂步舒治一淮南獄, 死者數萬人, 由是推之, 則當時死者不知凡幾千百萬也. 意其當世之民擧手動足卽陷刑辟, 大者可誅, 小者可論, 其不聊生也甚矣, 國之不亡蓋亦幸爾. 我朝自聖祖定律之後百有餘年, 條律之中存而不用者亦或有之, 未嘗敢有擅增一條者, 《詩》云"不愆不忘, 率由舊章", 我列聖有焉.

선제(宣帝) 때, 탁군 태수(涿郡太守) 정창(鄭昌)이 상소하여 말하기를, "성왕(聖王)이 법을 세우고 형벌을 밝힌 것은, 그것으로 다스리려는 것이 아니라 쇠란한 상황이 흥기하는 것을 구제하기 위한 것입니다. 지금 밝은 군주가 몸소 밝게 들으시어, 정평(廷平)을 두지 않았어도 옥사가 장차 절로 바르게 되었으니, 만일 후사를 연다면 율령을 산정(刪定)하는 것만한 방도가 없습니다. 율령이 한번 정해지면 어리석은 백성들이 피할 일을 알게 되고, 간사한 관리들이 농단할 일이 없을 것입니다. 지금 그 근본을 바로 잡지 않고 정평을 두어 말단을 다스리니, 정치가 쇠퇴하고 듣기를 태만하면, 정평이 장차 권력을 갖게 되어 난세의 머리가 될 것입니다."라고 하였다.

宣帝時, 涿郡太守鄭昌上疏言: "聖王立法明刑者, 非以爲治, 救衰亂之起也. 今明王躬垂明聽, 雖不置廷平, 獄將自正, 若開後嗣, 不若刪定律令. 律令一定, 愚民知所避, 奸吏無所弄矣. 今不正其本而置廷平以理其末也, 政衰聽怠, 則廷平將召權而爲亂首矣."

신은 이렇게 생각합니다. 성인께서 형벌을 만들어 교화와 정치를 보필하여 쇠란에 이르지 않게 하셨습니다. 예를 들면, 순 임금은 형벌은 반드시 고요(皐陶)를 얻어 사(士)로 삼았고, 주나라 형벌은 반드시 소공(蘇公)을 얻어 옥사를 공경히 하였으니,[9] 대개 정치는 인재에 달렸고, 인재는 반드시 법과 함께 겸용하는 것입니다. 정창은 "형법은, 그것으로 다스리려던 것이 아니라 쇠란한 상황이 흥기하는 것을 구제하기 위한 것입니다. 밝은 군주가 밝게 들으시어 굳이 정평(廷平)을 두지 않았는데, 율령이 없이 정평이 있으니 정치가 쇠퇴하고 듣기를 태만하면 정평이 장차 권력을 갖게 되어 난세의 머리가 될 것입니다." 라고 하였으니, 이것은 한쪽으로 치우친 견해입니다.

나라를 다스리는 데 율령이 없으면 본디 불가하지만, 율령이 있는데 그것을 관장할 사람이 없는 것도 불가합니다. 군주가 아무리 총명한 자질이 있어도 인재와 법을 쓰지 않고 저절로 밝게 듣는 경우는 없습니다.

臣按: 聖人制刑以弼教輔治, 而使之不至於衰亂. 有虞之刑必得皐陶以

9 주나라 … 하였으니: 《서경》〈입정(立政)〉에 주공(周公)이 말하기를, "태사(太史)야! 사구(司寇)인 소공(蘇公)이 그 행할 옥사(獄事)를 공경하여 우리 왕국(王國)을 장구히 하였으니, 이에 법받아 삼감을 두면 조열(條列)로써 알맞은 형벌을 쓸 것이다." 하였다.

爲士, 有周之刑必得蘇公以敬獄, 蓋爲政在人, 人必與法而兼用也. 鄭昌乃謂刑法非以爲治, 救衰亂之起; 明王垂聽, 不必置廷平; 無律令而有廷平, 政衰聽怠, 廷平將召權而爲亂首. 是乃一偏之見也. 夫治國而無律令固不可, 有律令而無掌用之人亦不可, 人君雖有聰明之資, 亦無不用人用法而自垂聽之理.

원제(元帝) 초에 조칙을 내려, "율령이란, 포악함을 억제하고 약한 자를 부지하는 방도로, 범법을 어렵게 하고 죄를 쉽게 피하려는 것이다. 지금 율이 번다하고 간략하지 않아서, 법문을 담당하는 자도 분명하지 못하고 백성이 이해하지 못하는 것까지 죄로 망라하고자 하니, 이 어찌 형벌이 중도를 가져야 한다는 뜻이겠는가. 율령 가운데 줄이거나 가볍게 할 수 있는 것을 의논하여 조목별로 상주해야 할 것이니, 이는 백성들을 편안하게 하려는 것일 뿐이다."라고 하였다.

元帝初, 下詔曰: "夫律令者, 所以抑暴扶弱, 欲其難犯而易避也. 今律煩多而不約, 自典文者不能分明, 而欲羅元元之不逮, 斯豈刑中之意哉? 其議律令可蠲除輕減者條奏, 惟是使安百姓而已."

신은 이렇게 생각합니다. 율령을 제정하는 것은 법을 공포해서 사람들에게 보여서, 사람들이 피할 바를 알고 범하지 않게 한 것이지, 마치 사람들이 그물을 설치하여 짐승을 대하듯이, 일부러 이것으로 천하의 죄인을 대하는 것이 아니었습니다. 후세의 율령은 왕왕 조문이 치밀하지만 뜻이 흐릿하여, 비의(比擬)할 때 피차 같이 적용할 수 있어서, 아랫사람들이 지킬 바를 알지 못하고, 법 지식을 농단하는 관리들이 그 죄를 임의로 정하고 있으니, 진실로 이 조칙에서 말하는 "지금 율이 번다하고 간략하지 않아서, 법문을 담당하는 자도 분명하지 못하고 백성이 이해하지 못하는 것까지 죄로 망라하고자 한다"는 것입니다.

'미치지 못한다[不逮]'는 말은, 풀이하는 사람이 "불체란 생각이나 지식이 미치지 못한다는 말이라고 하였습니다. 아! 무지한 백성들이 모두 율령을 읽을 수 없다가, 읽게 되어서는 또한 이해하지 못하는 것이 없게 되면, 불행하게도 죄에 빠지는 경우가 있을 것이니 어찌 위에 있는 사람의 잘못이 아니겠습니까. 그러면 후세에 율령을 제정하는 자는 어떠해야겠습니까. 그 언어는 쉽게 하고 그 뜻을 밝게 하여, 사람들이 쉽게 이해하고 피할 바를 알아 범법하지 않게 해야 할 것입니다.

지금의 율문은 당(唐)나라의 구문으로 되어 있어 시대가 다르기 때문에, 읽는 사람이 이해하지 못하는 경우도 있습니다. 삼가 바라건대, 성명(聖明)께서 유신(儒臣) 가운데 법의 의미에 통달한 사람들에게 간단히 명하시어 해석하게 함으로써 사람들마다 쉽게 이해하게 하여, 사색과 연구를 기다리지 않고도 절로 표현된 말뜻을 알 수 있게 하면 어리석은 백성들은 지킬 바를 알게 되고 법리들은 사정을 봐주거나 법을 팔지 않을 수 있을 것이니, 이 시대, 이 백성들에게 더할 나위 없는 다행이 될 것입니다.

臣按: 律令之設蓋懸法以示人, 使人知所避而不犯, 非故欲爲是以待天下之罪人, 如人設網羅以待禽獸也. 後世之律往往文深而義晦, 比擬之際彼此可以旁通, 下人不知所守而舞智之吏得以輕重其罪, 誠有如此詔所謂"今律煩多而不約, 自典文者不能分明, 而欲羅元元之不逮"者. 所謂不逮者, 解者謂不逮言意識所不及也. 噫, 蚩蚩之民不能皆讀律令, 及其讀之又有所不逮者, 則其不幸而陷於罪者, 豈非上之人之過哉? 然則後世有製律者當何如? 亦曰淺易其語, 顯明其義, 使人易曉, 知所避而不犯可也. 今之律文蒙唐之舊文, 以時異, 讀者容或有所不逮者, 伏乞聖明簡命儒臣之通法意者爲之解釋, 必使人人易曉, 不待思索考究而自有以得於言意之表, 則愚民知所守而法吏不得以容情賣法矣, 斯世斯民不勝大幸.

성제(成帝) 하평(河平) 연간[10]에 조칙을 내려, "〈보형(甫刑)〉에 '오형(五刑)에 속하는 것이 3천 가지이고, 대벽의 벌에 속하는 것은 2백 가지이다.'라고 하였다.[11] 지금 대벽의 형벌이 천여 조항이고, 율령이 번다하여 백만여 언이며, 기청(奇請)과 타비(它非)가 날마다 더욱 늘어나고 있다. 중이천석, 이천석, 박사 및 율령에 밝고 익숙한 자들에게 명하여 사형을 감하거나, 덜어서 없애고 줄일 만한 것을 의논하여 줄이고, 비교하여 쉽게 알 수 있

---

10 하평(河平) 연간: 한나라 성제의 연호로, 기원전 28~기원전 25이다.

11 〈보형(甫刑)〉에 … 하였다: '보형'은 《서경》 〈여형(呂刑)〉을 말한다. 여후(呂侯)가 천자의 사구(司寇)로서 목왕(穆王)의 명을 받아 형벌을 가르쳐 사방을 다스렸으므로 〈여형〉이라고 하는데, 후에 여후의 후손이 보후(甫侯)에 봉해졌기 때문에 여형을 〈보형〉이라고도 칭한다.

도록 조목별로 상주하라. 《서경》에 말하지 않았던가, '형벌을 신중히 하노라' 라고. 깊이 심의해야 할 것이니, 힘써 옛 법을 준수하여라. 짐이 마음을 다하여 열람할 것이다."라고 하였다.

成帝河平中, 詔曰: "《甫刑》云'五刑之屬三千, 大辟之罰其屬二百', 今大辟之刑千有餘條, 律令煩多, 百餘萬言, 奇請它比, 日以益滋. 其令中二千石·二千石·博士及明習律令者議減死刑及可蠲除約省者, 令較然易知條奏. 《書》不云乎, '惟刑之恤哉', 其審核之, 務準古法, 朕將盡心覽焉."

신은 이렇게 생각합니다. 한나라의 율문은 백만여 언(言)이었으니 번다하다고 할 만하고, 대벽의 형벌이 천여 조항에 이르러 성주(成周) 시대에 비하여 몇 배였습니다. 원제와 성제 시대에는 기청(奇請)이나 타비(它比)[12]가 또한 날마다 더욱 불어나, 성제가 조칙을 내려, 중이천석(中二千石), 이천석(二千石), 박사(博士) 및 율령에 밝은 자에게 명하여, 사형을 감하거나 덜어서 없애고 줄일 만한 조문에 대해 의논하라고 했으니, 급선무를 알았다고 할 만합니다.

이른바 기청이니, 타비니 하는 것은, 기청은 정해진 조문 외에 따로 말한 바가 있어 죄를 정하는 것이고, 타비는 다른 류의 조문을 가져와서 적용하는 것이니, 바른 율령을 주로 하지 않습니다. 율령 조문을 나누어 깨트리고, 단서를 함부로 만들며, 조문의 법리를 농단하고, 조

12 기청(奇請)이나 타비(它比): 기청은 법률의 일정한 조문 대신에 다른 근거를 가져와 판결하는 것이고, 타비는 법률에 정해진 조문 외에 별도의 조문을 인용하여 판결하는 것이다.

문의 취지를 교묘하게 비난하는 것이니, 살리기를 원하는 경우는 가벼운 사례를 원용하고 죽이기를 원하는 경우는 무거운 사례를 인용하는데, 위에서는 그 간사함을 알지 못하고 아래에서는 그 이유에 밝지 못합니다. 이것이 백성들이 수족을 둘 데가 없고, 법망은 조밀한데 간사함을 막지 못하고 형법은 번다한데 범죄는 점점 많아지는 이유입니다.

우리나라의 율문은 이전 시대에 비하여 간략하여, 조문은 460조에 그치고, 사죄(死罪)는 220조에 그치는데, 지금까지 백여 년 적용해 왔는데 그 가운데는 본디 적용하지 않는 것도 있고 더 늘었다는 말은 듣지 못했습니다. 단지 이른바 사례라는 것은 일시의 건의에서 나와 시폐를 구하는 임시조치였는데, 세월이 이미 오래되고 누적된 것이 날로 많아졌으나, 조정에서 공적으로 절충한 적이 있다는 말을 듣지 못했고, 이래서 형관(刑官)이 임의로 버리고 취하고 있습니다.

삼가 바라건대, 한나라 사람이 말한 것처럼 특별히 분명한 조칙을 내려, 조정에 있는 대신 및 한림(翰林)의 유신이 삼법사관(三法司官)을 모이게 하십시오. 그리하여 홍무(洪武) 원년(1368)부터 성화(成化) 정미년(1487) 이전의 사례를 두루 살펴보고 관청에 모여 의견을 모아, 만세토록 통행할 만한 것을 선택하고 번거로운 조문을 줄이고 핵심어를 수록하고 조례를 분류하여 한 책으로 만들어 중외에 반포하여 《대명률(大明律)》과 아울러 시행하십시오. 성화 정미년 이후에 건의한 것 가운데 시폐를 구제하거나 민정을 진달한 것은 따로 한 책을 만들어 훗날의 선택, 판단을 기다리십시오. 이렇게 하면 백성들은 준수할 바를 알게 되고 관리들은 간사한 짓을 할 수 없을 것입니다.

臣按: 漢之律百有餘萬言, 可謂煩多矣, 而大辟之刑至千有餘條, 視成周時蓋數倍焉, 元·成之世奇請它比又日益滋多, 成帝下詔, 令中二千石·二千石·博士及明習律令者, 議減死刑及可蠲除省約者, 可謂知所先務矣. 所謂奇請它比者, 奇請謂常文之外別有所謂以定罪也, 它比謂引它類以比附之, 不主正律也. 分破律條, 妄生端緒, 舞弄文法, 巧詆文致, 意所欲生卽援輕比, 意欲其死卽引重例, 上不知其奸, 下莫明其故, 此民所以無所措手足, 網密而奸不塞, 刑繁而犯愈多也. 我朝律文比前代爲省約, 其條止四百六十, 其死罪止二百二十, 用之餘百年於茲, 其中固有不用者矣, 未聞有所加增也. 特所謂例者出於一時之建請·權宜以救時弊者也, 歲月旣久, 積累日多, 朝廷未聞公有折衷, 是以刑官猶得以意爲去取, 伏乞特下明詔如漢人所云者, 命在廷大臣及翰林儒臣會三法司官, 將洪武元年以來至於成化丁未以前事例通行稽考, 會官集議, 取其可爲萬世通行者, 節其繁文, 載其要語, 分類條列, 以爲一書頒布中外, 與《大明律》並行. 其成化丁未以後有建請者, 或救時弊或達民情, 則別爲一書, 以俟他日之裁擇. 如此, 則民知所遵守·吏不能爲奸矣.

광무제 때, 환담(桓譚)[13]이 상소하였다. "지금 법령과 판결의 경중이 고

13 환담(桓譚): 후한(後漢) 사람으로, 자는 군산(君山)이다. 오경(五經)을 두루 익혔고 문장에 능하였다. 광무제(光武帝)가 도참설(圖讖說)에 의거하여 의심된 일을 결정하려 하자, 환담은 "저는 참서를 읽지 않았습니다."라고 답하였다. 광무제가 그 까닭을 묻자, 환담은 "참서는 경이 아닙니다."라고 대답하였는데, 광무제가 노하여 육안군 승(六安郡承)으로 내보냈다. 환

르지 않아, 혹 같은 사안인데 법이 다르고 죄가 같은데도 논의가 달라, 간사한 관리들이 인연에 따라 홍정을 합니다. 살리고 싶으면 살리는 논의를 꺼내고, 죄에 빠트리고 싶으면 죽이는 판례를 부여하니, 이것은 형벌에 두 개의 문을 열어 놓은 것입니다. 지금 의리에 능통하고 법률에 밝은 자가 과목과 사례를 검토하고 그 법도를 통일하여 군국(郡國)에 나누어 주고 예전 조목을 줄이고 없애십시오. 이렇게 하면 천하가 방도를 알고 옥사에 원망과 남용이 없을 것입니다."

光武時, 桓譚上疏曰: "今法令·決事輕重不齊, 或一事殊法同罪異論, 奸吏得因緣爲市, 所欲活則出生議, 所欲陷則予死比, 是爲刑開二門也. 今可令通義理·明習法律者校定科比, 一其法度, 班下郡國, 蠲除故條, 如此, 天下知方而獄無冤濫矣."

신은 이렇게 생각합니다. 성제의 조령에 박사 및 율령에 밝은 자들이 의논하게 했고, 환담의 청에도 의리에 능통하고 법률에 밝은자가 검토하게 했으니, 대개 박사는 경(經)에 밝은 자이고, 경이란 예의(禮義)가 나오는 곳입니다. 사람은 반드시 예의를 어긴 연후에 형법에 들어갑니다. 율령은 형법이 있는 곳이니, 의논하여 검토할 때 반드시 예의와 법률 양쪽에 부족함이 없어야 합니다. 이것에 근본하여 천하의 법을 세우고, 백성들의 사정을 참작하면 틀림없을 것입니다.

담은 육안으로 가는 도중에 병들어 죽었다. 저서로 《신론(新論)》이 있다. 《후한서(後漢書)》 권58 〈환담열전(桓譚列傳)〉.

후세에 유생은 우활하여 경술에 능통한 데 그치고 법의 의미를 알지 못하니 형옥 사안이 있으면 오직 주후혜문관(柱後惠文冠)[14]에게 맡겨야 한다고 생각하고, 장보관을 쓰고 봉액을 입은 사람[15]은 참여하지 못했습니다. 이 사람들은 경서의 의미를 알지 못할 뿐 아니라, 그들이 말하는 법의 의미는 대개 선왕(先王)께서 말한 바가 아닙니다. 한나라 시대는 옛날부터 멀지 않았기 때문에 고인들의 뜻이 아직 남아 있었으니, 이것이 후세에 마땅히 본보기로 삼아야 할 것입니다.

臣按: 成帝之詔令博士及明律令者議, 桓譚之請亦欲令通義理·明法律者校定, 蓋博士, 明經者也, 經者禮義之所自出, 人必違於禮義然後入於刑法, 律令者刑法之所在也, 議而校定, 必禮義·法律兩無歉焉, 本是以立天下之法, 用是以酌生民之情, 無間然矣. 後世乃謂儒生迂拘, 止通經術而不知法意, 應有刑獄之事止任柱後惠文冠, 而冠章甫·衣縫掖者無與焉. 斯人也非獨不知經意, 而其所謂律意者蓋有非先王之所謂者矣. 漢世去古未遠, 猶有古意, 此後世所當取法者也.

화제(和帝) 때, 정위(廷尉) 진총(陳寵)[16]이 율령의 조법을 검토하여 〈보형

14 주후혜문관(柱後惠文冠): 법관(法官)과 무관(武官)이 쓰는 모자인데, 형벌을 위주로 하여 엄하게 정사를 펴는 것을 의미한다.

15 장보관을 … 사람: '장보'는 유학자가 쓰는 관이다. '봉액'은 소매 밑에서부터 봉합한 옷으로, 선비가 입는 도포의 별칭이다. 공자가 봉액한 옷을 입은 데서 유래하였다.

16 진총(陳寵): 자는 소공(昭公)으로 패국(沛國) 교(洨) 사람이다. 법률과 경서에 밝아 젊어서부터 옥송(獄訟)을 담당하였는데, 장제(章帝) 초에 상서(尙書)가 되어 앞 시대의 번다하고 가혹한 법령을 제거하였다. 화제 때 대사농(大司農)이 되었다. 《후한서(後漢書)》 권58 〈진총열전(陳寵

(甫刑)〉, 즉 〈여형(呂刑)〉보다 넘치는 것은 제거하고 이르기를, "신이 듣건대, 예의(禮儀)가 3백이고, 위의(威儀)가 3천이기 때문에 〈보형〉에 대벽(大辟)이 2백이고, 오형(五刑)에 속하는 것이 3천이라고 합니다. 예(禮)에서 제거한 것을 형(刑)에서 취하여, 예를 잃으면 형으로 들어가니, 서로 표리가 됩니다. 지금 율령에 사형이 6백 1십가지이고, 벌죄(罰罪)가 1천 6백 98가지이며, 속죄(贖罪) 이하가 2천 6백 81가지이어서, 〈보형〉보다 넘치는 것이 1천 9백 89가지인데, 그중 4백 1십 가지가 대벽, 1천 5백 가지가 내죄(耐罪), 79가지가 속죄입니다. 의당 삼공과 정위에게 명하여 율령을 고르게 정하고 경(經)과 의(義)에 합당한 것이 가령 대벽 2백 가지이고 내죄, 속죄가 2천 8백 가지이면 아울러 3천이 됩니다. 나머지 법령은 모두 제거하고 예와 상응하는 것으로 만인이 보고 듣기 쉽게 하여, 형조(刑措)의 아름다움[17]을 이루어 무궁히 전하십시오."라고 하였다. 미처 시행하기 전에 진총이 면직되었고, 그의 아들 진충(陳忠)이 대략 진총의 뜻에 의거하여 23조를 상주하여 사례별로 판결하고 처벌 경감을 청하는 폐단을 줄이라고 하였다. 또한 잠실의 형벌을 없애고, 장리(贓吏)의 3세 금고(禁錮)를 해제하고, 미쳐서 사람을 죽인 자는 무거운 형을 줄이고, 모자와 형제는 서로 대신 벌을 받는 것을 허락하고 사면하는 일을 모두 시행하였다.

和帝時, 廷尉陳寵鉤校律令條法, 溢於《甫刑》【卽《呂刑》】者除之, 曰: "臣聞禮儀三百・威儀三千, 故《甫刑》大辟二百, 五刑之屬三千. 禮之所

列傳)〉.

17 형조(刑措)의 아름다움: '형조이불용(刑措而不用)'이라는 말로, 형법(刑法)은 갖추어 놓았으나 민중이 잘 교화되어 쓸 필요가 없게 되었다는 말이다. 주(周)나라 성왕(成王)・강왕(康王) 시대에 천하가 태평하여 40년 동안 형벌을 쓰지 않았다고 한 데서 나왔다.

去，刑之所取，失禮則入刑，相爲表裏者也．今律令死刑六百一十，罰罪千六百九十八，贖罪以下二千六百八十一，溢於《甫刑》者千九百八十九，其四百一十大辟·千五百耐罪·七十九贖罪．宜令三公·廷尉平定律令，應經合義者，可使大辟二百而耐罪·贖罪二千八百並爲三千，悉刪除其餘令，與禮相應，以易萬人視聽，以致刑措之美，傳之無窮．" 未及施行，及寵免，其子忠略依寵意，奏上二十三條爲決事比，以省請讞之弊．又上除蠶室刑，解贓吏三世禁錮，狂易殺人得減重論，母子·兄弟相代聽，赦所代者，事皆施行．

신은 이렇게 생각합니다. 한나라는 옛날부터 멀지 않았기 때문에 사안을 논의할 때 왕왕 경의 뜻을 주로 하였고 형벌을 언급하는 경우에도 반드시 예와 함께 언급했으니, 그 기원은 대개 〈여형(呂刑)〉의 "백이는 법을 펴서 백성을 형벌로부터 막았네.[伯夷降典, 折民惟刑.]"라는 말입니다. 진총이 형벌을 논할 때 반드시 대벽 2백, 내죄 2천 8백 가지, 모두 3천을 만들어 예에 부합시켰으나 진실로 진흙에 섞은 듯하지만, 그가 율령을 고르게 정하면서 경(經)과 의(義)에 합당한 것을 취하였으니, 백세토록 율령을 정하는 지극한 언급이고 핵심적인 길입니다.

그의 아들 진충(陳忠)이 사례별로 판결하여, 잠실의 형벌을 없애고, 장리(贓吏)의 3세 금고(禁錮)를 해제하고, 미쳐서 사람을 죽인 자는 무거운 형을 줄이고, 모자와 형제는 서로 대신 벌을 받는 것을 허락하고 사면하는 일을 청한 것은 대개 세상의 교화에 보탬이 되니, 그 아버지를 닮았다고 할 수 있습니다.

臣按: 漢去古未遠, 論事往往主於經義, 而言刑者必與禮並, 其原蓋出於《呂刑》"伯夷降典, 折民惟刑". 陳寵論刑必欲大辟二百·耐罪以下二千八百, 並爲三千以合於禮, 固似乎泥, 然其所平定惟取其應經合義者, 則百世定律之至言要道也. 至其子忠爲決事比, 請除蠶室刑·解贓吏三世禁錮·狂易殺人得減死論·母子兄弟相代聽赦所代者, 蓋有補於世教, 可謂克肖其父矣.

진 무제(晉武帝) 때, 소광(邵廣)이란 사람이 관청 물품을 훔친 데 연좌되어 저자에서 처형을 당하였는데, 그의 두 어린 아들 종(宗)과 운(雲)이 등문고(登聞鼓)를 쳐서 은혜를 청하며, 자신들이 관청 노비가 되고 아비의 목숨을 속죄하고자 하였다.[18] 당시 의논하는 사람들은 소광의 사죄(死罪)를 5년형으로 감하고 종(宗) 등을 해관의 노비로 삼되 영원한 제도로 삼지 말도록 특별히 허락하기를 요구하였다.

상서우승(尙書右丞) 범견(範堅)이 논박하기를, "순박함이 사라진 뒤부터 형벽(刑辟)이 가해졌으니, 형벌은 앞으로의 형벌을 막기 위한 것이고, 사형은 앞으로의 살인을 막기 위한 것입니다. 비록 잘못이나 죄를 사면하고 용서하며, 옥사를 의논하여 사형을 완화시켜 줄 때도 있지만, 차마 못할 짓을 행했는데도 형법을 가볍게 한 적은 없었습니다. 또한 종(宗) 등의 요청을 허락하여 소광의 죄를 용서한 뒤에, 만일 종과 같은 경우인데 아비를 속죄하려고 노력하지 않는 자가 생긴다면 어찌 인륜을 끊어 내치고

18 소광(邵廣)이란 … 하였다: 《진서(晉書)》 권75 〈범왕열전(范汪列傳)〉에 나온다.

금수와 같아지는 셈이 아니겠습니까. 지금 종 등의 청을 들어주되 영원한 제도로 삼지 말자고 하는데, 신은 왕자(王者)의 움직임은 성쇠와 관련되고 찡그리고 웃는 사이에도 오히려 신중을 더해야 합니다. 지금 소광을 용서한 것이 바로 종 등 때문이지만, 인간으로서 아비를 사랑하는 것이 누군들 종만 같지 않겠습니까. 지금 허락하면 앞으로 와서 호소하는 자들은 어찌 사람이 아니겠습니까. 특별히 허락한 의도는 이익을 보지 못하고 전례로 삼지도 않으면서, 번갈아 원망만 일어날 것이니, 이는 지금 하나의 은혜를 베풀고 후대에 만 가지 원망을 여는 것입니다."라고 하니, 따랐다.

晉武帝時, 有邵廣者坐盜官物當棄市, 其二幼子宗·雲撾登聞鼓乞恩, 求自沒爲奚官奴以贖父命, 議者欲特聽減廣死罪爲五歲刑, 宗等付奚官爲奴, 而不爲永制. 尙書右丞範堅駁之曰: "自淳樸旣散, 刑辟乃加, 刑之所以止刑, 殺之所以止殺, 雖時有赦過宥罪·議獄緩死, 未有行不忍而輕易典刑者也. 且旣許宗等宥廣罪, 若復有宗比而不求贖父者, 豈不擯絕人倫, 同之禽獸耶? 今聽宗等而不爲永製, 臣以爲王者之作, 動關盛衰, 顰笑之間尙愼所加, 今之所以宥廣正以宗等爾, 人之愛父誰不如宗? 今旣許之, 將來訴者何獨匪人. 特聽之意未見其益, 不以爲例交興怨讟, 此爲施一恩於今而開萬怨於後也." 從之.

신은 이렇게 생각합니다. 군주의 거조는 곧 사례가 되기 때문에 모든 일은 논의를 시작할 때 일이 만일 뒤에도 계속할 수 없는 것이라면 반드시 앞서도 만들어서는 안 됩니다.

臣按: 人君所擧卽以爲例, 故凡事謀始, 事苟不可繼於後, 卽必不可創於前也.

원강(元康)[19] 중, 조정 신하들이 가혹한 사찰을 높이 쳐서 매번 의심스러운 논의가 있었다. 신하들은 각각 사사로운 의도를 내세워 형법이 한결같지 않았고 옥송이 번다하였다. 배위(裴頠)[20]가 표를 올려 "선왕은 형벌과 상이 균형을 이루어 경중이 둘이 아니었기 때문에 백성들이 듣는 바가 일정하였고 관리들도 업무가 편안하였습니다. 앞서 바람이 불어 궁궐 지붕 기와 몇 장이 떨어지자 태상(太常) 순우(荀寓)를 면직하였는데, 사안이 가벼운데 문책이 무거웠으니 통상의 법에 어긋났습니다. 그 뒤 주장하는 자가 이전 사안을 징계하였으니, 비록 작은 일은 알았지만 안핵은 예측하기 어렵고 소요가 내달아 각각 다투어 책임을 면하였습니다. 형벌 조문은 한이 있는데 어긋난 이유는 일정하지 않았기 때문에, 임시로 의논하여 처리하는 제도가 모두 상도를 따를 수 없을 때가 있습니다. 심지어 이들은 모두 지나쳐서 간사한 관리들이 이를 이용하여 자의적으로 법을 적용할까 걱정입니다."라고 하였다.

유송(劉頌)이 상소하기를, "근세에 법이 나오는 문이 많고 법령이 일관되지 않아서, 관리는 지킬 바를 알지 못하고 백성들은 피할 바를 알지 못

19 원강(元康): 진 혜제(晉惠帝)의 연호이다. 291~299.

20 배위(裴頠, 267~300): 서진(西晉) 하동(河東) 사람이다. 자는 일민(逸民), 《숭유론(崇有論)》을 지어서 그 당시 청담(淸談)의 무리를 배척하였다.

합니다. 간사한 자가 이를 기회로 마음대로 하고, 위에 있는 자들은 아랫사람들을 검속하는 데 어려움을 겪어, 사안은 같은데 논의가 다르며 옥사가 공평하지 않습니다. 군신(君臣)의 명분은 각각 맡은 일이 있으니, 법은 반드시 받들어야 하기 때문에 법령을 주관하는 자는 조문을 지키고, 이치가 궁색하기 때문에 대신으로 하여금 막힌 데를 풀게 하며, 일은 시의성이 있어야 하기 때문에 군주는 권도(權道)로 판단합니다. 주관하는 자는 조문을 지키는 것은 장석지(張釋之)가 임금의 가마를 범한 자를 처리했던 공평함과 같은 것[21]입니다. 대신이 막힌 데를 푼다는 것은 공손홍(公孫弘)이 곽해(郭解)의 옥사를 판단한 것과 같은 것[22]입니다. 군주가 권도로 판단하는 것은 한 고조(漢高祖)가 정공을 주륙한 것과 같은 것[23]입니다. 천하의 만사는 이런 부류가 아니면 의도대로 함부로 의논해서는 안 되며, 모두 율령으로 일처리를 한 뒤에 법이 아랫사람들에게 신뢰를 얻고, 사람들이 듣기에도 미혹이 없으며, 관리가 간사함을 부릴 수 없어서, 정치

---

21 장석지(張釋之)가 … 것: 장석지는 《대학연의보》 권101 주) 9 참조.

22 공손홍(公孫弘)이 … 것: 곽해는 한 무제(漢武帝) 때 협객으로 자는 옹백(翁伯)이며 지현(軹縣) 사람이다. 신체는 왜소했으나 호협(豪俠)했고 증오하는 인물이 있으면 반드시 살해했다. 뒤에는 행실을 고쳐 공손하였으므로 많은 사람에게 존경을 받았다. 어떤 유생(儒生)이 곽해를 비판하자 곽해의 문객(門客)이 이 유생을 죽였다. 곽해는 그 사실을 알지 못했는데, 어사대부 공손홍(公孫弘)이 의론하기를 "곽해는 포의로서 임협(任俠)이 되어 권세를 행사하고 작은 원한으로 사람을 죽였다. 곽해가 그 사실을 몰랐다면 그 죄는 곽해가 알고 죽인 것보다 더 심하니 대역무도(大逆無道)에 해당된다." 하고 곽해를 멸족하였다. 《한서(漢書)》 권92 〈유협전(游俠傳)〉.

23 한 고조(漢高祖) … 것: 정공(丁公)은 항우(項羽)의 부하 장수로, 팽성(彭城)에서 누차 한 고조를 괴롭히다가 급기야 고조를 포위하였다. 이때 궁지에 몰린 고조가 정공에게 "두 현인(賢人)이 어찌 서로 괴롭히는 것인가?"라고 말하자 정공이 포위를 풀고 돌아갔는데, 천하가 안정된 후에 고조는 신하로서 불충한 죄를 지었다며 정공을 처벌하였다. 《사기(史記)》 권100 〈계포열전(季布列傳)〉.

를 논할 수 있을 것입니다."라고 하였다.

元康中, 朝臣務以苛察相高, 每有疑議, 群下各立私意, 刑法不一, 獄訟繁滋, 裴頠表言: "先王刑賞相稱, 輕重無二, 故下聽有常, 群吏安業. 先因風落廟闕屋瓦數枚, 免太常荀寓事輕責重, 有違常典. 其後主者懲懼前事, 雖知小事而按劾難測, 搔擾驅馳, 各競免負. 夫刑書之文有限而舛違之故無方, 故有臨時議處之制, 不能皆得循常也. 至於此等, 皆爲過當, 恐奸吏因緣得爲深淺." 劉頌上疏言: "近世法多門, 令不一, 吏不知所守, 下不知所避, 奸僞者因以售其情, 居上者難以檢其下, 事同議異, 犴獄不平. 夫君臣之分各有所司, 法欲必奉, 故令主者守文; 理有窮塞, 故使大臣釋滯; 事有時宜, 故人主權斷. 主者守文, 若釋之執犯蹕之平也; 大臣釋滯, 若公孫弘斷郭解之獄也; 人主權斷, 若漢祖戮丁公之爲也. 天下萬事, 非此類不得出意妄議, 皆以律令從事, 然後法信於下, 人聽不惑, 吏不容奸, 可以言政矣."

신은 이렇게 생각합니다. 배위는 "형벌 조문은 한이 있는데 어긋난 이유는 일정하지 않았기 때문에, 임시로 의논하여 처리하는 제도가 있다."라고 하였고, 유송은 "법은 반드시 받들어야 하기 때문에 법령을 주관하는 자는 조문을 지키고, 이치가 궁색하기 때문에 대신으로 하여금 막힌 데를 풀게 하며, 일은 시의성이 있어야 하기 때문에 군주는 권도(權道)로 판단합니다. 저희들이 생각대로 함부로 논의할 수 없으니, 모두 법령을 따르십시오."라고 하였습니다. 두 신하의 말은 후세에 형옥을 의논하여 처리하는 본보기가 될 것입니다.

臣按: 裴頠謂"刑書之文有限, 舛違之故無方, 故有臨時議處之制", 劉頌謂"法欲必奉, 令主者守文; 理有窮塞, 使大臣釋滯; 事有時宜, 請人主權斷, 非此類不得出意妄議, 皆以法令從事", 二臣之言可以爲後世議處刑獄之法.

수(隋)나라가 율령을 정하고 십악(十惡)의 조항을 두었는데, 제(齊)나라 제도를 많이 채용했지만 상당히 덜고 더한 부분이 있다. 첫째, 모반(謀反)이고, 둘째, 모대역(謀大逆)이고, 셋째, 모반(謀叛)이고, 넷째, 악역(惡逆)이고, 다섯째, 부도(不道)이고, 여섯째, 대불경(大不敬)이고, 일곱째, 불효(不孝)이고, 여덟째, 불목(不睦)이고, 아홉째, 불의(不義)이고, 열째, 내란(內亂)이다. 십악 및 고의 살인의 경우 옥이 성립한 자는 사면을 만나도 제외한다.

隋定律令, 置十惡之條, 多采齊之制而頗有損益, 一曰謀反, 二曰謀大逆, 三曰謀叛, 四曰惡逆, 五曰不道, 六曰大不敬, 七曰不孝, 八曰不睦, 九曰不義, 十曰內亂. 十惡及故殺人, 獄成者雖會赦猶除名.

신은 이렇게 생각합니다. 십악이라는 명칭은 옛것이 아니고, 제나라에서 생겨 수나라에서 알려졌고 당나라가 그대로 이었습니다. 이른바 모반, 모대역, 모반, 대불경 등 네 가지는 군신(君臣)의 대의를 범하는 것이고, 이른바 악역, 불효, 불목, 내란 등 네 가지는 인도(人道)의 큰 윤리를 범하는 것이며, 이른바 부도, 불의 두 가지는 살아 있는 사람의 대의를 범하는 것입니다. 이는 모두 천리(天理)에 용납되지 못하고, 인도(人道)에 함께하지 못하며, 왕법(王法)에 반드시 주륙해야 할 바이기 때문에 통상의 사면에서도 용서받지 못합니다.

臣按: 十惡之名非古也, 起於齊而著於隋, 唐因之. 所謂謀反·大逆及叛·大不敬, 此四者有犯於君臣之大義; 所謂惡逆·不孝·不睦·內亂四者, 有犯於人道之大倫; 所謂不道·不義二者, 有犯於生人之大義, 是皆天理之所不容·人道之所不齒·王法之所必誅者也, 故常赦在所不原.

수나라 이전에 사형에는 다섯 가지가 있었는데, 경(磬)·교(絞)·참(斬)·언(梟)·열(裂)이고, 유배와 도형에는 편태(鞭笞)를 겸용하였는데, 숫자가 모두 백 가지를 넘는다. 수나라에 이르러 비로소 태형 다섯 가지들 정하였는데 10대부터 50대까지였고, 장형(杖刑)이 다섯 가지였는데 60대부터 1백대까지였으며, 도형(徒刑)이 다섯 가지였는데 1년부터 3년까지였고, 유형(流刑)이 세 가지였는데 천 리부터 3천 리였으며, 사형이 두 가지였는데 교형과 참형이었고, 편형과 효수, 관열(轘裂) 같은 혹형은 제외하였다.

自隋以前死刑有五, 曰磬·絞·斬·梟·裂, 而流徒之刑鞭笞兼用, 數皆逾百. 至隋始定爲笞刑五, 自十至於五十; 杖刑五, 自六十至於百; 徒刑五, 自一年至於三年; 流刑三, 自千里至於三千里; 死刑二, 絞·斬, 除其鞭刑及梟首·轘裂之酷.

신은 이렇게 생각합니다. 태·장·도·유·사는 후세의 오형(五刑)으로, 수나라에서 시작하여 당나라 때 이용되었고 오늘날에 이르렀는데, 만세 이래 바꾸어서는 안 됩니다.

臣按: 笞·杖·徒·流·死, 此後世之五刑也, 始於隋而用於唐以至於今日, 萬世之下不可易也.

당나라의 형법서는 네 가지가 있는데, 율(律)·영(令)·격(格)·식(式)이다. 영은 존비(尊卑)와 귀천(貴賤)의 등급이고, 국가를 다스리는 제도이다. 격은 백관과 유사가 항상 시행하는 일이다. 식은 항상 지켜야 할 법이다. 무릇 나라의 정치는 반드시 이 세 가지를 따라야 하고, 위반 사항 및 악행을 저지른 사람이 있어 죄에 해당하는 경우 한결같이 율로 결단한다. 율서는 이전 수나라대로 12편으로 만들었는데, 1편 〈명례(名例)〉, 2편 〈위금(衛禁)〉, 3편 〈직제(職制)〉, 4편 〈호혼(戶昏)〉, 5편 〈구고(廐庫)〉, 6편 〈천흥(擅興)〉, 7편 〈도적(盜賊)〉, 8편 〈투송(鬥訟)〉, 9편 〈사위(詐僞)〉, 10편 〈잡률(雜律)〉, 11편 〈포망(捕亡)〉, 12편 〈단옥(斷獄)〉이다. 적용하는 형은 다섯 가지가 있다.

첫째, 태(笞)로, 태라는 말은 부끄러움[恥]이다. 무릇 과오가 작은 자는 회초리나 매를 때려 부끄러움을 주는데, 한나라에서는 대나무를 썼고, 후세에는 다시 가시나무를 썼는데, 《서경》에 "때리는 것은 가르치는 형벌이다.[撲作教刑]"라고 한 것이 이것이다.

둘째, 장(杖)으로, 장이란 지닌다[持]이다. 지니고 치는데, 《서경》에 "채찍질하는 것은 관청의 형벌이다.[鞭作官刑]"라고 한 것이 이것이다.

셋째, 도(徒)로, 도는 노(奴)이다. 노로 삼아 욕을 주는데 《주례(周禮)》에 "해당 노는, 남자는 죄를 지은 노예로 입적하여 일을 맡기고 감옥에 두어 교화하는데, 죄의 경중을 헤아려 햇수가 되면 풀어 준다."라고 한 것이 이것이다.

넷째, 유(流)로, 《서경》에 "유형은 오형을 경감한 것이다.[流宥五刑]"라고 했는데, 차마 죽이지 못하고 먼 곳으로 경감하는 것이다.

다섯째, 사(死)로, 옛날 대벽의 형벌이다.

당나라는 수나라 제도를 이어, 고조(高祖)가 장안에 들어왔을 때 법(法)을 12조로 간략히 하였다. 뒤에 배숙(裴寂) 등에게 조칙을 내려 다시 율령을 찬집하게 했는데, 무릇 율이 5백이고 여기에 속한 것이 53조였다. 유배 세 가지에 모두 천 리를 추가하였고, 귀양살이 3년 또는 2년 반은 모두 1년으로 하였으며, 나머지는 고치지 않았다.

태종이 즉위하고 장손무기(長孫無忌), 방현령(房玄齡) 등에게 조칙을 내려 다시 옛 율령을 정하게 했는데, 방현령 등이 법률 관청과 수나라 율령을 증가하고 줄여서, 대벽을 낮추어 유배로 만든 것이 92가지, 유배를 도형으로 삼은 것이 71가지로 율을 삼았고, 영 1천 5백 46조를 영으로 삼고, 또 무덕(武德)[24] 이래 칙령 3천여 조를 7백 조로 만들어 격으로 삼았으며, 또 상서성 여러 관청 및 감(監), 16위(衛)의 계장을 식으로 삼았다.

唐之刑書有四, 曰律·令·格·式. 令者, 尊卑·貴賤之等, 治國家之制度也; 格者, 百官有司之所常行之事也; 式者, 其所常守之法也. 凡邦國之政必從事於此三者, 其有所違及人之爲惡而入於罪戾者, 一斷以律. 律之爲書,

24 무덕(武德): 당 고조(唐高祖)의 연호이다. 618~626.

因隋之舊爲十有二篇, 一曰《名例》·二曰《衛禁》·三曰《職製》·四曰《戶昏》·五曰《廄庫》·六曰《擅興》·七曰《盜賊》·八曰《鬥訟》·九曰《詐僞》·十曰《雜律》·十一曰《捕亡》·十二曰《斷獄》. 其用刑有五, 一曰笞, 笞之爲言恥也, 凡過之小者棰撻以恥之, 漢用竹, 後世更以楚, 《書》曰撲作敎刑是也; 二曰杖, 杖者持也, 可持以擊也, 《書》曰"鞭作官刑"是也; 三曰徒, 徒者奴也, 蓋奴辱之, 《周禮》曰"其奴, 男子入於罪隸, 任之以事, 置之圜土而敎之, 量其罪之輕重, 有年數而舍"; 四曰流, 《書》曰"流宥五刑", 謂不忍刑殺, 宥之於遠也; 五曰死, 乃古大辟之刑也. 唐因隋制, 高祖入京師, 約法十二條, 後詔裴寂等更撰律令, 凡律五百, 麗以五十三條, 流罪三皆加千裏·居作三歲至二歲半者悉爲一歲, 餘無改焉. 太宗卽位, 詔長孫無忌·房玄齡等復定舊令, 玄齡等與法司增損隋律, 降大辟爲流者九十二·流爲徒者七十一以爲律, 定令一千五百四十六條以爲令, 又刪武德以來敕三千餘條爲七百條以爲格, 又取尙書省列曹及諸等監十六衛計帳以爲式.

신은 이렇게 생각합니다. 위(魏)나라 이회(李悝)[25]가 《법경(法經)》 6편을 지은 뒤, 소하(蕭何)가 3편을 더하여 9장을 만들었는데, 후세에 율을 만드는 자들이 본래 종주로 삼았습니다. 유소(劉劭)[26]는 한나라 율을 부연하여 위(魏)가 되었고, 가충(賈充)[27]은 위나라 율을 참조하여 진(晉)

---

25 이회(李悝): 《대학연의보》 권102 주) 26 참조.

26 유소(劉劭): 송나라 문제(文帝)의 맏아들이다. 문제가 태자인 자신을 폐하고 사사(賜死)하려 하자, 문제를 시해하고는 바로 즉위하였으나, 장질(臧質)의 군대에 사로잡혀 참형을 당하였다. 《송서(宋書)》 권5 〈문제본기(文帝本紀)〉.

이 되었습니다. 당나라 장손무기(長孫無忌) 등이 한·위·진 세 전문가들을 모아, 시행할 만한 것을 택하여 12편으로 정하였는데, 〈명례〉부터 〈단옥〉까지가 그것입니다.

우리나라 홍무(洪武) 6년, 형부상서 유유겸(劉惟謙) 등에게 명하여 여러 율을 거듭 정하여 중도에 맞게 하고, 근대 판례의 번거로움으로 인해 간사한 관리들이 출입하는 밑천이 되는 것을 모두 혁파하게 하였습니다. 매 1편이 만들어질 때마다 베껴서 상주하고 서무(西廡) 벽에 걸어놓고는 성조(聖祖)께서 친히 붓을 들고 결정했습니다.

이듬해 책이 완성되자, 편목은 한결같이 당나라의 옛 제도를 따랐고, 이미 반포한 옛 율 2백 88조, 독률(讀律) 1백 28조, 구령 가운데 율로 고친 것 36조, 사안이 있어서 율로 만든 것 31조, 당률을 모아 보유(補遺) 1백 23조, 도합 6백 6조를 나누어 13권을 만들었습니다. 그 사이에 던 것도 있고 더한 것도 있으며, 이전 것 그대로인 것도 있는데, 경중의 타당성에 부합하도록 힘썼습니다.

그 뒤, 판례별로 편을 만들어 통일성이 없는 것을 나누고 합하여 다시 정비했으며, 이(吏)·호(戶)·예(禮)·병(兵)·형(刑)·공(工) 6종류를 정하고, 18편을 나누어 29편으로 나누고, 6백 6조를 요약하여 4백 60조로 만들었습니다. 〈호혼(戶昏)〉을 갈라 〈호역(戶役)〉과 〈혼인(昏姻)〉

---

27 가충(賈充): 진(晉)나라 사람으로, 무제(武帝) 때 대도독(大都督)까지 되었으나 일생을 아첨과 불의로 일관하였다. 가충이 죽어 시호를 의논할 적에 진수(秦秀)가 "가충은 아들 여민(黎民)이 요절한 뒤에 종족(宗族)을 제쳐 놓고 외손 한밀(韓謐)을 여민의 후사(後嗣)로 삼았으니, 이는 예법을 위배하고 사정(私情)에만 치우친 처사이다."라고 하면서 시호법에 '법도를 혼란시키는 것이 황(荒)이다.'라고 한 것에 따라 시호를 황으로 하였다. 그런데 무제가 무(武)라는 시호를 내렸다. 《진서(晉書)》 권40 〈가충열전(賈充列傳)〉.

으로 만들고, 〈투송(鬥訟)〉을 나누어 〈투구(鬥毆)〉와 〈소송(訴訟)〉으로 만들었습니다. 〈구고(廄庫)〉 하나는, 구목(廄牧)은 병(兵)으로, 창고(倉庫)는 호(戶)로 나누었고, 〈직제(職制)〉 하나는, 공식(公式)은 이(吏)로, 수장(受贓)은 형(刑)으로 나누었습니다.

〈명례(名例)〉는 예전 57조였는데 지금은 15조만 남았고, 〈도적(賊盜)〉은 예전 53조였는데 지금은 28조만 남았습니다. 명목은 당나라에 연원을 두었다고 하지만 실은 모두 때에 따라 제도를 정하고 정(情)에 따라 형벌을 정하였으니, 위로는 천리를 살피고 가운데로는 시의에 순조로우며 아래로는 인정에 부합하여, 백세의 기준을 세우고 백왕의 법도가 되니, 법률이 생긴 이래 없었던 것입니다.

또한 6부(部)로 나누어 각각 유사가 있어, 천하의 사정을 대비하고 조정의 법전을 조사하여, 계통에 기강이 있고 절목이 문란하지 않아, 판례를 끌어오는 수고가 없고 일관된 원칙이 있어서, 관리는 지킬 바를 알아 복잡한 조문에 현혹되지 않고, 백성들은 피할 바를 알아 죄를 범하지 않을 것이니, 진실로 한 시대의 좋은 법이고, 성스러운 자손들이 준수해야 할 것입니다.

그렇지만 신은 여기에 의견이 있습니다. 대개 형법에는 비록 일정하여 바꿀 수 없는 상법이 있지만 사정은 시세에 따라 경중의 차이가 있으니, 천하가 처음 평정되었을 때에는 인물도 드물고 사안도 간단하여 전 시대의 뒤를 그대로 답습하였고, 정치가 어지러워지고 인물이 많아져서 지금은 평화로운 날이 오래되고 인구가 날로 늘어났습니다. 일이 오래되면 폐단이 생기고, 세상이 변하면 풍속이 바뀌므로, 주(周)나라 사람은 위(魏)나라 법을 본받아 매년 고쳐 걸었고, 삼전(三典)[28]을 세우는 것도 세태에 따라 경중이 있었습니다. 대개 전날의 핵심 방책은 바로 금일의 허깨비이니, 이는 필연의 형세이며 또한 자연의 이치입니다.

지금 법사(法司)는 율문(律文) 가운데 왕왕 다 쓰지 않는 것도 있으니, 율문이 이와 같고 단죄하는 방도가 저와 같아서 죄에 정해진 등급이 없고 민심의 의혹을 가지고 있으니, 분명히 조칙을 내려 관청에 모여 의논하되, 경전에 근본을 두고 여러 사정을 참작하며 시의를 헤아려, 율문이 오늘날 질곡이 되는 것은 본문 아래 상세히 드러내게 하십시오. 만일 근본에 질곡이 없는데, 관청에서 우연히 하나의 사건으로 인하여 규피하여 마침내 고사(故事)가 된 것은 고쳐 바로잡으십시오. 이어 법사에 칙령을 내려 이후부터 내외 법사에서 옥사를 판결할 때는 한결같이 성헌(成憲)을 준수하고, 만일 사안에 질곡이 있으면 명백히 의논을 갖추어 상주하고, 매번 이전 판례를 인용하는 것을 불허하며, 위반한 자는 천단한 죄로 다스리십시오. 이렇게 하면, 법령이 일관되고 실정과 죄가 서로 마땅하여 백성들의 뜻이 미혹되지 않을 것입니다.

臣按: 自魏李悝作《法經》六篇, 蕭何加以三篇爲九章, 後世作律者本以爲宗. 劉劭衍漢律爲魏, 賈充參魏律爲晉, 唐長孫無忌等聚漢·魏·晉三家, 擇可行者定爲十二篇, 自《名例》至《斷獄》是也. 本朝洪武六年, 命刑部尙書劉惟謙等重定諸律以協厥中, 而近代比例之繁·奸吏可資

28 삼전(三典): 경(輕)·중(中)·중(重) 세 종류의 형법을 말한다. 《주례(周禮)》 추관(秋官) 대사구(大司寇)에 "신국(新國)에는 경전(輕典)의 형법을 쓰고, 평국(平國)에는 중전(中典)의 형법을 쓰고, 난국(亂國)에는 중전(重典)의 형법을 쓴다."라는 말이 나온다.

以出入者咸痛革之, 每一篇成輒繕寫上奏, 揭於西廡之壁, 聖祖親禦翰墨爲之裁定. 明年書成, 篇目一準於唐之舊, 采用已頒舊律二百八十八條, 讀律百二十八條, 舊令改律三十六條, 因事製律三十一條, 掇唐律以補遺一百二十三條, 合六百有六, 分爲十三卷, 其間或損或益·或仍其舊, 務合輕重之宜. 其後, 以其比類成篇, 分合無統, 復爲厘正, 定爲吏·戶·禮·兵·刑·工六類, 析十八篇以爲二十九, 約六百六條以爲四百六十, 析《戶昏》以爲《戶役》《昏姻》, 分《鬥訟》以爲《鬥毆》《訴訟》,《廄庫》一也則分廄牧於兵·倉庫於戶焉,《職制》一也則分公式於吏·受贓於刑焉,《名例》舊五十七條今止存其十有五,《賊盜》舊五十三條今止存其二十八, 名雖沿於唐而實皆因時以定制·緣情以製刑, 上稽天理·中順時宜·下合人情, 立百世之準繩, 爲百王之憲度, 自有法律以來所未有也. 且又分爲六部, 各有攸司, 備天下之事情, 該朝廷之治典, 統宗有綱, 支節不紊, 無比附之勞, 有歸一之體, 吏知所守而不眩於煩文, 民知所避而不犯於罪戾, 誠一代之良法, 聖子神孫所當遵守者也. 然臣於此竊有見焉, 蓋刑法雖有一定不易之常, 而事情則有世輕世重之異, 方天下初定之時, 人稀事簡, 因襲前代之後政亂人煩, 今則承平日久, 生齒日繁, 事久則弊生, 世變則俗改, 是以周人象魏之法每歲改懸, 三典之建隨世輕重, 蓋前日之要策乃今日之芻狗, 此必然之勢, 亦自然之理也. 今法司於律文之中往往有不盡用者, 律文如此而所以斷罪者如彼, 罪無定科, 民心疑惑, 請下明詔會官計議, 本之經典, 酌諸事情, 揆之時宜, 凡律文於今有窒礙者, 明白詳著於本文之下, 若本無窒礙而所司偶因一事有所規避遂爲故事者, 則改正之, 仍敕法司, 自時厥後, 內外法司斷獄一遵夫成憲, 若事有窒礙, 明白具奏集議, 不許輒引前比,違者治以專擅之罪. 如此, 則法令畫一, 情罪相當而民誌不惑矣.

당나라는 방현령(房玄齡) 등에게 율·영·격·식을 경정하였고, 태종 시대까지 적용할 때 변한 것이 없었다. 고종 때 또 장손무기(長孫無忌) 등에게 격칙(格敕)을 더하고 빼도록 했다. 해당 관청의 일상 업무를 〈유사격(留司格)〉, 천하에 반포한 것을 〈산분격(散分格)〉, 그 뒤 측천무후 때 있던 〈수공격(垂拱格)〉, 현종 때 〈개원격(開元格)〉이 있었고, 헌종은 〈개원격후칙(開元格後敕)〉이 있었고, 문종은 〈태화격(太和格)〉이 있었고 또 〈개성상정격(開成詳定格)〉이 있었으며, 선종(宣宗)은 또 형률을 분류하여 문(門)을 삼고 격칙에 천부하여 〈대중형률통류(大中刑律統類)〉를 만들었다.

唐自房玄齡等更定律·令·格·式, 訖太宗世用之無所變改. 高宗時, 又詔長孫無忌等增損格敕, 其曹司常務曰《留司格》, 頒之天下曰《散分格》. 其後武后時有《垂拱格》, 玄宗時有《開元格》, 憲宗有《開元格後敕》, 文宗有《太和格》, 又有《開成詳定格》, 宣宗又以刑律分類爲門而附以格敕, 爲《大中刑律統類》.

구양수(歐陽修)가 말하였다.

"《서경》에 '그대들이 내는 명을 신중히 하라.' 하였으니, 영은 간단해야 하고, 간단하면 분명하며, 시행하면 오래 해야 하니, 오래되면 신뢰를 얻는데, 중간 정도의 군주와 용렬한 관리는 항상 영을 지키지 못하고 바꾸기를 좋아하여 번잡하게 쌓이기에 이르니, 아무리 정밀하고 분명한 사(士)라도 다 익히지 못하고, 관리는 위아래로 간계를 부리니, 이것이 형법서의 폐단이다."

歐陽修曰: "《書》曰'愼乃出令', 令在簡, 簡則明, 行之在久, 久則信, 而中材之主·庸愚之吏常莫克守之, 而喜爲變革, 至其繁積, 雖有精明之士不能遍習, 而吏得上下以爲奸, 此刑書之弊也."

신은 이렇게 생각합니다. 우리 명나라의 율은 겨우 4백 60조이고, 중외에 반포하여 시행한 지 지금 백 년입니다. 열성께서 이어 가면서 더하거나 뺀 적이 없고, 율 외에 당나라나 송나라의 격칙 같은 종류가 없었습니다. 이른바 '간단하여 분명하고, 오래되어 신뢰가 있다'는 말은 진실로 구양수가 말한 대로이니, 만세에 준수해야 할 바입니다.

臣按: 我朝之律僅四百六十條, 頒行中外, 用之餘百年於玆, 列聖相承, 未嘗有所增損, 而於律之外未嘗他有所編類如唐宋格敕者, 所謂簡而明·久而信, 眞誠有如歐陽氏所云者, 萬世所當遵守者也.

고종(高宗) 때, 조동희(趙冬曦)가 말하기를, "수(隋)나라 착률(著律)에 '죄를 범하였는데 율에 정당한 조문이 없는 경우, 죄에서 나오게 할 때는 중죄를 들어 경죄를 증명하고, 죄에 넣을 때는 경죄를 들어 중죄를 증명한다.'라고 했습니다.[29] 한 마디를 세워 수백 조항을 폐지하고, 그때부터 지금까지 변경이 없어서, 마침내 생사가 법률에서 말미암지 못하게 하고, 죄의 경중을 반드시 애증(愛憎)에 따랐습니다. 대개 입법에는 사람들이 모두 아는 것이 중요하니, 천하가 감히 범하지 못하게 할 뿐 어찌 굳이 문의(文義)를 수식하고 조목을 간단히 하겠습니까. 조목을 줄이면 아랫사람들이 알기 어렵고, 문의가 깊으면 법리들이 편한 대로 합니다. 아랫사람들이 알기 어려우면 암담하여 함정에 빠지게 되니 어찌 범법자가 없겠으며, 법리가 편한 대로 하면 판례를 끌어다 적용할 것이니 어찌 법을 희롱하는 신하가 없겠습니까. 청컨대 율령격식은 그 사실을 직서(直書)하여 문식(文飾)을 인정하지 말며, 가감(加減), 판례 원용, 사정 봐주기[量情] 및 경죄를 들어 중죄를 증명하기, 규정이 없는 죄를 적용하기 같은 류에 준하는 것은 모두 사용하지 말아서 어리석은 사람들이 들어서 알고 반드시 깨우치게 한다면 대부분 죄에서 멀어질 것이니, 또한 어찌 알고도 죄를 고의로 범하려고 하겠습니까. 그러므로 법이 분명하면 사람들이 믿고, 법이 일관되면 군주가 높아진다고 한 것입니다."

高宗時, 趙冬曦言隋著律曰: "犯罪而律無正條者, 應出罪則舉重以明輕, 應入罪則舉輕以明重, 立夫一言而廢其數百條, 自是迄今竟無刊革, 遂使死生罔由乎法律, 輕重必因夫愛憎. 蓋立法貴乎下人盡知則天下不敢犯耳, 何必飾其文義簡其科條哉? 夫科條省則下人難知, 文義深則法吏得便. 下人難知則暗陷機阱矣, 安得無犯法之人; 法吏得便則比附而用之矣, 安得無弄法之

29 조동희(趙冬曦)가 … 했습니다: 조동희는 당나라 정주(定州) 팽성(鼓城) 사람이다. 진사로 급제하여 습유를 지냈다. 착률이란 '간신이 법을 모욕하여 율에 저촉되는 것[姦臣侮法著律]'을 말한다. 《구당서(舊唐書)》 권200 〈유학 하(儒學下)〉.

臣. 請律·令·格·式直書其事, 無假文飾, 其以準加減·比附·量情及擧輕以明重·不應爲而爲之之類皆勿用之, 使愚夫愚婦聞知必悟, 則相率而遠之矣, 亦安肯知而故犯哉? 故曰法明則人信, 法一則主尊."

신은 이렇게 생각합니다. 조동희가 말한 "입법에는 사람들이 모두 아는 것이 중요하니, 어찌 굳이 문의(文義)를 수식하고 조목을 간단히 하겠습니까. 조목을 경정하고 사실을 직서(直書)하여 문식(文飾)을 인정하지 말며, 가감(加減), 판례 원용, 사정 봐주기[量情] 및 경죄를 들어 중죄를 증명하기, 규정이 없는 죄를 적용하기 같은 류에 준하는 것은 모두 사용하지 말아서 어리석은 사람들이 들어서 알고 반드시 깨우치게 하십시오"라는 말은 후세 율문의 폐단에 절실하게 들어맞습니다.

신이 어리석게 생각하기에, 지금의 율문은 당나라에 힘입었고, 당나라의 율문은 수나라에 힘입었습니다. 조동희가 논의한 것은 비록 수당(隋唐)의 잘못이지만, 수나라부터 지금까지 고금이 하나의 율이었습니다. 삼가 지금의 율을 고찰하면, 권수는 30이고, 조목은 4백 60이니, 반드시 조목을 간략히 하고 문의를 꾸미지 않으면 사실을 직서하고 그 의미를 밝히고자 하면, 세속의 천근한 용어를 쓰고 곡직하고 상세한 뜻을 갖추고, 이른바 가감 등에 준하는 조문은 모두 사실대로 써서, 명백하게 그 조문을 드러내어, '누구는 무슨 죄를 지었으니, 해당 장(杖)은 몇십 대이고, 더할 것은 무슨 죄고, 덜 것은 얼마이다'라고 제시하면, 천하에 눈이 있는 사람은 같이 보고 귀가 있는 사람은 같이 듣게 하고, 문의(文義)를 조금 하는 사람이라면 율문을 펴면 곧 그 뜻을 이해하고, 곰곰이 생각하거나 의문점을 논의하지 않아도 모두 눈앞에 명료하고 견문 사이에 분명하게 하면, 백성들이 따르고 피할 바를 알게 되어 죄의 함정에 빠지지 않을 것입니다.

논의하는 자들은 조종(祖宗)의 성헌은 함부로 변경할 수 없는 것이니, 신은 변경하고자 하는 것이 아니라 단지 본문 아래에 범한 죄, 적용 형법을 분서(分書)하고, 가볍거나 무겁거나, 많거나 적거나, 더하거나 덜거나, 모두 바른 명목을 정하고, 모두 실제 숫자를 저술하여, 율을 읽는 자는 설명이 필요없고 율을 적용하는 자는 착오가 없게 하고자 합니다. 만일 신의 말이 채택할 만하다면, 법관에게 명하여 유신(儒臣)을 모아 함께 해석을 더하여, 4백 60조목에 주석을 표시하고, 함부로 터럭만큼도 가감하는 바가 없도록 하고, 오직 권질만 조금 늘이십시오.

한 시대의 율을 만들어 만인의 목숨을 맡기고 만세의 법을 전하니 다른 서적에 비할 바 아니니, 지금 천하 서적은 지루하고 산만하여 종이 낭비가 천만 이상인데, 도리어 율서는 이처럼 간략하다면 옛날에는 상세했는데 지금은 소략하고, 사(詞)는 중시하면서 법은 가볍게 여기는 것이 아니겠습니까. 우활한 학자가 염려가 지나쳤습니다. 죽을 죄를 지었으니, 오직 성명께서 가엽게 살피주소서.

臣按: 冬曦之言謂立法貴乎下人盡知, 何必飾其文義·簡其科條, 請更定科條, 直書其事, 毋假文飾, 其以準加減·比附·量情皆勿用之, 使愚夫愚婦聞之必悟, 切中後世律文之弊. 臣愚以爲, 今之律文多蒙於唐, 唐之律則蒙隋也, 冬曦所論者雖曰隋唐之失, 然自隋以至於今, 古今一律. 切考今律爲卷三十·爲條四百六十, 必欲不簡其科條·不飾其文義, 惟直書其事, 顯明其義, 用世俗淺近之言, 備委曲詳盡之義, 所謂以準加減等文皆卽實以書, 明白著其文曰該得某罪·該杖幾十, 所加者何罪·所減者幾何, 使天下有目者所共見, 有耳者所共聞, 粗知文義者開卷卽了其義, 不待思索議擬而皆了然於心目之間, 昭然於見聞之頃, 則民知所趨避, 不陷於機阱矣. 說者若謂祖宗成憲不敢有所更變, 臣非敢欲有所更變也, 特欲於本文之下分書其所犯之罪·所當用之刑, 或輕或重·或多或少·或加或減皆定正名, 皆著實數, 所讀律者不用講解·用律者不致差誤爾. 儻以臣言爲可采, 乞命法官集會儒臣同加解釋, 標注其於四百六十之條, 不敢一毫有所加減, 惟於卷帙稍加增耳. 夫制爲一代之律, 以司萬人之命·垂萬世之憲, 非他書比, 今天下書籍支辭蔓語, 費楮何啻千萬, 顧於律書簡約如此, 無乃詳於古而略於今·重乎詞而輕乎法哉, 迂儒過慮. 死罪死罪, 伏惟聖明矜察.

송나라 법제는 당나라 율령격식을 따랐지만, 시대에 따라 더하고 덜었으니, 편칙(編敕)이 있고, 관청[司]·성[路]·주(州)·현(縣)에 또 따로 칙(敕)이 있었다. 신종(神宗)이 율로는 사정에 두루 적용하기 부족하다고 보고, 율에 실려 있지 않는 것은 칙으로 하나를 끊어 그 제목을 바꾸어 칙(敕)·영(令)·격(格)·식(式)으로 하고, 율은 칙 외에 항상 남기며, 미연에 금지하는 것을 칙이라고 하고, 이미 발생한 뒤에 금지하는 것을 영이라고 하며, 이것을 기준으로 저것을 판단하는 것을 격이라고 하며, 저것이 따르도록 하는 것을 식이라고 하였다.

무릇 태(笞)·장(杖)·도(徒)·유(流)·사(死)에 적용하면, 〈명례(名例)〉 이하 〈단옥(斷獄)〉까지 12문(門)인데, 형벌 명칭의 경중이 해당하는 것을 칙이라고 하였다. 〈품관(品官)〉부터 〈단옥〉까지 35문인데 단속, 금지한 것을 모두 영이라고 하였다. 관리 임명의 등급이 17가지, 관리와 서인의 포상 등급이 77가지, 또 배전분리(倍全分厘)의 등급이 모두 5등급이 있는데, 등급의 고하가 있는 것은 모두 격이라고 하였다. 표문과 상주, 장부, 관첩(關諜), 부격(符檄) 등의 경우 체제와 표준이 있는 것을 식이라고 하였다.

宋法制因唐律·令·格·式而隨時損益則有編敕, 一司·一路·一州·一縣又別有敕, 神宗以律不足以周事情, 凡律所不載一斷以敕, 乃更其目曰敕·令·格·式, 而律恒存乎敕之外, 曰禁於未然之謂敕, 禁於已然之謂令, 設於此以待彼之謂格, 使彼效之之謂式. 凡入笞·杖·徒·流·死, 自《名例》以下至《斷獄》十有二門, 麗刑名輕重皆爲敕; 自《品官》以下至《斷獄》三十五門, 約束禁止者皆爲令; 命官之等十有七, 吏·庶人之賞等七十有七, 又有倍全分厘之級凡五等, 有等級高下者皆爲格, 表奏·帳籍·關諜·符檄之類, 有體制模楷者爲式.

신은 이렇게 생각합니다. 당나라에는 율(律)이 있었고, 율 외에 또 영(令)·격(格)·식(式)이 있었습니다. 송나라 초기에 그대로 이어 신종에 이르러 다시 그 제목을 칙령격식으로 했으니, 이른바 칙이란 당나라의 율을 겸한 것입니다. 우리 성조께서 등극한 초기인 홍무(洪武) 원년(1368), 바로 《대명령(大明令)》 1백 45조를 만들어 천하에 반포, 시행하였습니다. 제서(制書)에 이르기를, "율령은 천하를 다스리는 법이다.

영으로 먼저 교화하고, 율로 나중에 질서를 잡는다. 옛날 율령은 지극히 간명하였는데 후세 점차 번다해졌고 심지어 그 의미에 능통하지 않는 자도 있었으니, 어떻게 사람들에게 법의 의미를 알고 범하지 못하게 하겠는가. 백성들이 이미 법을 알기 어려우므로 이것이 관리들의 간계함을 열고 백성들을 법망에 빠트리는 것이니, 짐이 매우 걱정스럽다. 지금 정해진 율령에서 번거로운 것을 줄이고 간략히 만들어 일관되게 하고, 그 사실을 직언하여 사람들마다 쉽게 알아 죄를 범하기 어렵게 하라. 《서경》에 '형벌은 형벌이 없기를 기약하는 것이다.'라고 하였으니, 천하가 과연 영을 준수하고 율을 범하지 않는다면, 형벌이 있으나 쓸데가 없는 효과 또한 가져오기 어렵지 않을 것이다. 이 명을 사방에 반포, 시행하여 너희 신하들은 나의 지극한 뜻을 본받도록 하라."라고 하였다.

이 영은 대개 한 고조(漢高祖)가 처음 함곡관에 들어갔을 때 법을 간략히 3장으로 줄인 것, 당 고조(唐高祖)가 장안(長安)에 들어가 법을 간략히 12조로 줄인 것과 마찬가지의 뜻입니다.

홍무 6년, 형부상서 유유겸(劉惟謙) 등에게 명하여 율문을 짓게 하였고, 또 《홍무예제(洪武禮制)》와 《제사직장(諸司職掌)》을 만들었는데, 《대고(大誥)》 3편 및 《대고무신(大誥武臣)》 등의 서적은 당송(唐宋)에서 말하는 율령격식 및 편칙이 모두 여기에 들어 있습니다만, 단지 당송의 옛 명칭을 쓰지 않았을 뿐입니다.

율이란 형벌에 대한 법이고, 영은 법의 의미입니다. 법이 갖추어지면 의미가 그 안에 깃들게 마련입니다. 처음 법을 만들 때 곡진하게 할 겨를이 없었기 때문에 그 의미가 있는 곳을 명시한 것으로, 영이 이것입니다. 나라가 평정된 뒤 이미 제도가 갖추어졌기 때문에 그 법이 보존하는 바를 상세히 기재하는 것이니, 율이 이것입니다.

삼가 《조훈(祖訓)》에서 훈고(訓告)한 말씀을 읽어 보니 "자손들은 황제가 되었을 때 율과 《대고》만을 지켜라."라고 하고 영은 언급하지 않았고, 《제사직장》은 형부 도관(都官) 조목 아래에 실려 있는데, 사죄(死罪)는 율과 《대고》 중에 조항을 볼 수 있습니다. 이 《대고》와 율이 바로 조정에서 대대로 지켜야 할 바이고, 법사에서 준행해야 할 것입니다. 사안이 율에 실려 있지 않아도 영에 갖추어져 있는 것은 그 조문에 근거하여 증거로 삼을 수 있으니 그것을 적용하여 위에 청하면 될 것입니다. 이 또한 법을 밝히는 자가 알아야 할 것입니다.

臣按: 唐有律, 律之外又有令·格·式, 宋初因之, 至神宗更其目曰敕·令·格·式, 所謂敕者兼唐之律也. 我聖祖於登極之初洪武元年, 卽爲《大明令》一百四十五條, 頒行天下, 制曰: "惟律令者治天下之法也, 令以教之於先, 律以齊之於後. 古者律令至簡, 後世漸以煩多, 甚至有不能通其義者, 何以使人知法意而不犯哉? 民旣難知, 是啟吏之奸而陷民於法, 朕甚閔之. 今所定律令芟繁就簡, 使之歸一直言其事, 庶幾人人易知而難犯. 《書》曰: '刑期於無刑'. 天下果能遵令而不蹈於律, 刑措之效亦不難致. 茲命頒行四方, 惟爾臣庶體予至意." 斯令也蓋與漢高祖初入關約法三章·唐高祖人京師約法十二條同一意也. 至六年, 始命刑部尙書劉惟謙等造律文, 又有《洪武禮制》《諸司職掌》之作, 與夫《大誥》三編及《大誥武臣》等書, 凡唐宋所謂律·令·格·式與其編敕皆在是也, 但不用唐宋之舊名爾. 夫律者刑之法也, 令者法之意也, 法具則意寓乎其中, 方草創之初未暇詳其曲折, 故明示以其意之所在, 令是也; 平定之後, 旣已備其製度, 故詳載其法之所存, 律是也. 伏讀《祖訓》訓告之辭, 有曰“子孫做皇帝時止守律與《大誥》”而不及令, 而《諸司職掌》於刑部都官科下具載, 死罪止載律與《大誥》中, 所條者可見也. 是《誥》與律乃朝廷所當世守·法司所當遵行者也. 事有律不載而具於令者, 據其文而援以爲證, 用以請之於上可也, 此又明法者之所當知.

휘종(徽宗) 숭녕(崇寧) 원년(1102), 신료들이 말하기를, “삼성(三省), 육조(六曹)에서 지키는 것이 법이고, 법에 실려 있지 않은 경우 판례를 적용합니다. 지금 판례를 끌어와서 법을 깨트리고 있으니 이 무슨 이치입니까. 전후로 적용한 판례를 가져와 종류별로 편찬하여 법에 방해가 되는 것은 제거하십시오.”라고 하였다.

徽宗崇寧元年, 臣僚言: “三省六曹所守者法, 法所不載然後用例, 今類引例而破法, 此何理哉? 請取前後所用例以類編修, 與法妨者去之.”

신은 이렇게 생각합니다. 법이란 조종(祖宗)께서 만든 백세의 법전이고, 판례[例]는 신료들이 건의한 일시의 당위입니다. 법에 실려 있지 않은 다음에는 판례를 적용하는 것이 옳겠지만, 이미 법이 있는데 어찌 판례를 적용하겠습니까. 만일 그 사이에 세상 형편이 달라져서 인정의 시의와 토속의 차이는 시기에 따라 폐단을 구제해야 하니 부득불 그러하여 다 법과 같을 수 없는 것이 있다면 법과 판례를 끌어와 위에 재결을 얻어야 될 것입니다. 송나라의 신료들은 전후로 적용한 판례를 가져와 종류별로 편찬하여 법과 방해가 되는 것은 제거하자고 하였으니, 오늘날에도 의당합니다.

臣按: 法者祖宗所制百世之典, 例者臣僚所建一時之宜, 法所不載而後用例可也, 旣有法矣, 何用例爲? 若夫其間世異勢殊, 人情所宜·土俗所異, 因時救弊, 不得不然, 有不得盡如法者, 則引法與例取裁於上可也. 宋之臣僚請取前後所用例以類編修, 與法有妨者去之, 在今日亦宜然.

이상은 '율령 제도를 정함(하)'이다.

以上論定律令之制(下)

대학연의보
(大學衍義補)

一

권104

치국평천하의 요체[治國平天下之要]

형법을 신중히 함[愼刑憲]

형옥 도구를 만듦[制刑獄之具]

《주역(周易)》〈몽괘(蒙卦)〉[1]에서 말하였다.

초육(初六)은 몽매함을 계발하되 사람에게 형벌을 주어 질곡을 벗겨 주는 것이 이로우니, 그대로 가면 부끄럽도다.

《易·蒙》: 初六, 發蒙, 利用刑人, 用說【吐活反】桎梏, 以往吝.

정이(程頤)가 말하였다.[2]

"하민(下民)의 몽매함을 계발할 때는 마땅히 형벌(刑罰)과 금령(禁令)

1 몽괘(蒙卦): 《주역》 간상감하(艮上坎下, ䷃)의 괘이다.

2 정이(程頤)가 말하였다: 《주역》의 '정전(程傳)'에 나온다. 이하 정이의 말은 같다.

을 밝혀 보여 주고 그들로 하여금 두려워할 줄을 알게 한 뒤에 가르치고 인도하여야 한다. 예로부터 성왕(聖王)이 정치를 할 때에는 형벌을 만들어 백성들을 질서짓고 교화를 밝혀 풍속을 선(善)하게 하여 형벌이 세워진 뒤에 교화가 행해졌으니, 비록 성인(聖人)은 덕(德)을 숭상하고 형벌을 숭상하지 않으나 어느 한쪽을 폐지한 적이 없었다."

程頤曰: "發下民之蒙, 當明刑禁以示之, 使之知畏, 然後從而教導之. 自古聖王爲治, 設刑罰以齊其衆, 明教化以善其俗, 刑罰立而後教化行, 雖聖人尙德而不尙刑, 未嘗偏廢也."

신은 이렇게 생각합니다. 질곡은 형벌 도구입니다. 육경(六經)에서 형벌 도구에 대한 언급은 〈몽괘〉 초육에서 처음입니다.

臣按: 桎梏, 刑具也. 六經言刑具, 始於《蒙》之初六.

〈감괘(坎卦)〉[3]에서 말하였다.

상육(上六)은 맬 때 동아줄을 사용하여【휘는 새끼줄을 세 가닥으로 꼰 것이다.】【묵은 두 가닥 꼰 것이다.】 가시나무 숲속에 가둬 두어 3년이 되어도 벗어나지 못하니 흉하다.

3 감괘(坎卦): 《주역》 감상감하(坎上坎下, ䷜)의 괘이다.

《坎》: 上六, 係用徽【索三股曰徽】纆【兩股曰纆】, 置於叢棘, 三歲不得, 凶.

정이가 말하였다.

"상육은 음유(陰柔)로서 극도로 험한 데 처하였으니, 깊이 빠진 자이다. 깊이 빠졌기 때문에 감옥에 비유하였다. 이는 마치 동아줄로 붙잡아 매서 가시나무 숲 속에 가둬 둔 것과 같으니, 음유이면서 깊이 빠졌으니 나올 수 없다."

程頤曰: "上六以陰柔而居險之極, 其陷之深者也. 以其陷之深取牢獄爲喻, 如係縛之以徽纆, 囚置於叢棘之中, 陰柔而陷之深, 其不能出矣."

신은 이렇게 생각합니다. 감(坎)은 형옥이 되니, 순상(荀爽)의 《구가역(九家易)》[4]에 감은 가시나무[叢棘]라고 하고, 전(傳)에 "가시나무는 지금의 극시(棘寺)[5]이다."라고 했습니다. 〈몽괘〉와 〈감괘〉 두 괘는, 성인(聖人)께서 《주역》을 지을 때 형옥에서 상(象)을 가져왔으니, 여기서 성인의 정치는 형벌을 쓰지 않으면 불가능함을 알 수 있습니다.

이는 천지의 자연스러운 이치이고, 음양에 근본을 두고 있으니, 효

4 순상(荀爽)의 구가역(九家易): '구가'는 《주역》을 주석했던 경방(京房), 마융(馬融), 정현(鄭玄), 송충(宋衷), 우번(虞翻), 육적(陸績), 요신(姚信), 적자현(翟子玄), 순상(荀爽) 등 9인의 연구가를 말하는데, 순상(荀爽)이 이들의 역설(易說)을 모아 《구가역(九家易)》 10권을 만들었다고 한다.

5 극시(棘寺): 대리시(大理寺)의 별칭으로, 형옥(刑獄)을 관장하는 관청이다.

상(爻象)들을 합하는 것은 사람이 사사로이 한 것이 아니고, 비록 부득이하여 하더라도 하는 것 또한 절로 용납되지 않습니다. 대개 사람이 살면서 욕망이 없을 수 없고, 욕구가 이기면 이치가 미약해져 가르쳐도 따르지 않아서, 형벌로 이어 다스리지 않으면 사람의 욕망이 거리낌 없습니다. 성인께서 《주역》을 만들어서 양(陽)을 부양하고 음(陰)을 억누르되, 형옥에서 상을 취하였으니 어찌 의도가 없겠습니까.

臣按: 坎爲刑獄, 荀《九家易》坎爲叢棘, 傳曰"叢棘如今之棘寺".《蒙》《坎》二卦, 聖人作《易》皆取象於刑獄, 是知聖人爲治不能以不用刑, 此蓋天地自然之理, 本諸陰陽, 合諸爻象, 非人爲之私也, 雖若不得已而爲之, 而爲之亦自不容已. 蓋人生不能無欲, 欲勝而理微, 教之而不從, 而不繼之以刑則人欲肆矣, 聖人作《易》以扶陽抑陰, 而取象於刑獄, 豈無意哉?

〈서합괘(噬嗑卦)〉[6]에 말하였다.

초구(初九)는 발에 차꼬를 채워 발꿈치를 상하게 하니, 허물이 없다.

《噬嗑》: 初九, 屨校滅趾, 無咎.

정이가 말하였다.

6 서합괘(噬嗑卦): 《주역》 이상진하(離上辰下, ䷔)의 괘이다.

"구(九)가 초(初)에 거하였으니 가장 낮아 지위가 없는 자이므로 하민(下民)의 상(象)이요 형벌을 받는 사람이니, 형벌을 쓰는 초기에 죄가 작고 형벌이 가볍다. 교(校)는 나무로 만든 차꼬이다. 그 허물이 작기 때문에 발에 차꼬를 채워서 그 발꿈치를 상하게 하는 것이다. 사람이 작은 허물이 있을 적에 차꼬를 채워서 그 발을 상하게 하면 마땅히 경계가 되어 감히 악행으로 나아가지 못한다."

程頤曰: "九居初, 最在下, 無位者也, 下民之象, 爲受刑之人, 當用刑之始, 罪小而刑輕. 校, 木械也. 其過小, 故屨之於足, 以滅傷其趾. 人有小過, 校而滅其趾, 則當懲懼不敢進於惡矣."

상구(上九)는 목에 차꼬를 써서 귀가 파묻혀 없어졌으니, 흉하다.

上九, 何【去聲】校滅耳, 凶.

정이가 말하였다.

"상(上)은 존위(尊位)를 지났으니 지위가 없는 자이므로 형벌을 받는 자가 된 것이다. 괘의 끝에 거하였으니, 이는 그 간격이 커서 극도로 깨물 수 있는 것이다. 〈계사전(繫辭傳)〉에 이른바 '악이 쌓여 가릴 수 없고 죄가 커서 풀 수 없다'는 것이다. 그러므로 목에 차꼬를 써서 그 귀가 없어진 것이니, 흉함을 알 수 있다. 하(何)는 짊어짐이니, 차꼬가 목에 있다는 말이다."

程頤曰: "上過乎尊位, 無位者也, 故爲受刑者, 居卦之終, 是其間大噬之極也, 《繫辭》所謂惡積而不可掩·罪大而不可解者也, 故何校而滅其耳, 凶可知矣. 何負也, 謂在頸也."

구부국(丘富國)이 말하였다.[7]

"초(初)와 상(上)은 지위가 없어 형벌을 받는 사람인데, 초는 잘못이 적고 아래에 있으니, 옥을 쓰는 처음이기 때문에 발에 차꼬를 채워서 발꿈치를 상하게 하는 것을 상으로 삼았고, 상은 악행이 극에 달하여 믿는 구석이 있거나 반복해서 죄를 저지르니, 옥을 쓰는 마지막이기 때문에 목에 차꼬를 써서 귀기 상히는 것을 상으로 삼았다."

丘富國曰: "初上無位爲受刑之人, 初過小而在下, 爲用獄之始, 故以屨校滅趾爲象; 上惡極而怙終, 爲用獄之終, 故以何校滅耳爲象."

신은 이렇게 생각합니다. 《주역》의 저작은 음양(陰陽)을 도(道)로 삼고 천하의 일이 갖추어지지 않은 것이 없습니다. 형벌의 사용은 정치의 급선무는 아니지만, 《주역》에서 형벌에 대해 누누이 언급하였고, 그

7 구부국(丘富國)이 말하였다: 《주역본의집성(周易本義集成)》 권1에 나온다. 구부국은 송나라의 학자로, 자가 행가(行可)이며, 주자의 문하에서 수업하였다. 저서로는 《주역집해(周易輯解)》, 《경세유서(經世遺書)》, 《학역설약(學易說約)》이 있다.

이치에 대해 말한 것일 뿐 아니라 형벌의 도구 또한 있지 않음이 없습니다.

〈몽괘〉의 초육에서는 질곡이라 하여 수족을 채우는 차꼬를 언급했고, 〈감괘〉의 상육에서는 동아줄이라 하여 몸을 묶는 도구를 언급하였으며, 〈서합괘〉의 초와 상은 교라고 하여 목과 발에 채우는 차꼬를 언급했습니다. 여기서 천하의 물건과 세상의 쓰임이 하나도 음양의 이치에서 나오지 않은 것이 없음을 알 수 있고, 단지 13괘가 도구를 만들고 상을 표출한 것[8]만이 아닙니다.

臣按:《易》之作以道陰陽而於天下之事無不備, 刑之用非爲政之先務, 而《易》之於刑屢屢言之, 非徒言其理, 而刑之具亦無不有焉.《蒙》之初六以桎梏, 言械其手足者也;《坎》之上六以徽纆, 言繫縛其身者也;《噬嗑》之初與上以校, 言械其頸與足者也. 是知天下之物·人世之用, 無一不出於陰陽之理, 非但十三卦之制器尙象也.

《서경》〈순전(舜典)〉에서 말하였다.

채찍은 관청의 형벌이고, 회초리는 학교의 형벌이다.

---

8 13괘가 … 것:《주역》〈계사전 하(繫辭傳下)〉 제2장에서 말한 이괘(離卦), 익괘(益卦), 서합괘(噬嗑卦), 건괘(乾卦), 곤괘(坤卦), 환괘(渙卦), 수괘(隨卦), 예괘(豫卦), 소과괘(小過卦), 규괘(睽卦), 대장괘(大壯卦), 대과괘(大過卦), 쾌괘(夬卦) 등의 13괘를 가리킨다. 주자는 쟁기와 시정 등은 복희씨 이후 신농씨(神農氏), 황제(黃帝) 등이 역의 괘상을 보고 만들었다고 하였는데, 여기서 언급한 괘가 모두 13가지이다.

《舜典》曰: 鞭作官刑, 撲作教刑.

공영달(孔穎達)이 말하였다.[9]

“형벌에 채찍을 쓴 것이 오래되었다. 《주례(周禮)》에 조랑씨(條狼氏)가 대부에게 맹세하기를, ‘감히 상관하지 않으니, 채찍 5백 대이다.’라고 했고, 《춘추좌씨전》에 도인(徒人) 비(費)나 어인(圉人)[10] 낙(犖)에게 채찍질을 했다, 자옥(子玉)이 7명에게 채찍질을 하게 했다, 위후(衛侯)가 사조(師曹)에게 채찍질 3백 대를 때렸다는 말이 있다. 관청의 일을 다스리는 형벌이니, 다스려지지 않는 자가 있으면 채찍질을 하였고, 상황을 헤아려 더하였으며 반드시 정해진 수가 있는 것은 아니었다. 하(夏)와 초(楚) 두 물건은 때리는 것이니, 무거운 것은 채찍질을 했고, 가벼운 것은 때렸다.”

曰: “刑用鞭久矣, 《周禮》條狼氏誓大夫曰“敢不關, 鞭五百”, 《左傳》有鞭徒人費·圉人犖. 子玉使鞭七人. 衛侯鞭師曹三百. 治官事之刑, 有不治者鞭之, 量狀加之, 未必有數也. 夏楚二物可以撲撻, 重者鞭之, 輕者撻之.”

9 공영달(孔穎達)이 말하였다: 《상서요의(尙書要義)》 권2에 나온다.

10 어인(圉人): 말을 사육하는 일을 맡은 관직이다.

《서경》〈익직(益稷)〉에서 말하였다.

회초리로 때려서 기억하게 한다.

《益稷》曰: 撻以記之.

채침(蔡沈)이 말하였다.

"달(撻)은 때린다[撲]이다. 바로 '박은 학교의 형벌이다'를 말한다. 이는 징치하여 기억하고 잊지 않게 하는 것이다."

蔡沈曰: "撻, 撲也, 卽'撲作教刑'者. 蓋懲之使記而不忘也."

신은 이렇게 생각합니다. 후세에 태형은 여기서 시작되었습니다. 《예기》〈학기(學記)〉에 "하와 초 두 가지 물건은 그 위엄을 거두는 것이다."라고 하였고, 정현(鄭玄)은 "하(夏)는 도(稻)이고, 초(楚)는 형(刑)이다."라고 하였습니다.

臣按: 後世笞刑蓋始於此. 《學記》曰: 夏楚二物, 收其威也. 鄭玄曰: "夏, 稻也; 楚, 刑也."

《주례》〈대사구(大司寇)〉에서 말하였다.

환토(圜土)에서 파민(罷民)을 모아[11] 가르치니, 남을 해친 자를 환토에 가

두고 직사(職事)를 주고 분명한 형벌로 부끄럽게 한다. 고칠 수 있는 자는 중국으로 귀환시키되 3년 동안 직책을 주지 않으며, 고치지 못하고 환토를 나오는 자는 죽인다.

《周禮·大司寇》: 以圜土聚敎罷民, 凡害人者寘【置也】之圜土而施職事焉, 以明刑恥之. 其能改者反於中國, 不齒三年, 其不能改而出圜土者殺.

정현(鄭玄)이 말하였다.

"환토는 감옥으로 쓰는 성이다. 파민을 그 안에 모아서 고생시키고 가르치면서 착하게 만든다. 백성이 노동을 걱정하지 않으니, 파산한 것과 비슷하다. 남을 해쳤다는 말은, 이미 과실로 법에 걸린 사악한 자를 말한다. 그가 고의로 법을 범한 것이 아니므로, 환토에 두고 가두어 가르쳐서, 곤고함을 겪으며 후회하고 고치기를 바라는 것이다. 직사를 베푼다는 것은, 그가 할 수 있는 일을 사역시킨다는 것이다. 분명한 형벌이란, 큰 방판(方版)에 죄악을 기록하고 등에 적는 것이다. 중국에 귀환시킨다는 것은, 놓아주어 고향에 귀환하는 것이다. 사환직(司圜職)에 '상죄(上罪)는 3년이 지나 풀어 주고, 중죄(中罪)는 2년이 지나 풀어 주고, 하죄(下罪)는 1년이 지나 풀어 준다.'라고 했다. 직책을 주지 않는다는 것은, 연차에 따라 평민의 반열에 두지 않는다는 말이다. 나간다는 것은 도망치는 것이다."

---

11 환토(圜土)에서 파민(罷民)을 모아: 환토는 둥글게 둘러싼 감옥이다. 파민은 일정한 주소나 직업이 없이 떠돌아다니는 사람인데, 여기서는 죄인을 말한다.

鄭玄曰: “圜土, 獄城也. 聚罷民其中, 困苦以教之爲善也. 民不愍作勞, 有似於罷. 害人, 謂其邪惡已有過失麗於法者. 以其不故犯法, 寘之圜土繫教之, 庶其困悔而能改也. 施職事, 以所能役使之. 明刑, 書其罪惡於大方版, 著於背. 反於中國, 謂舍之還於故鄉裏也, 司圜職曰: ‘上罪三年而舍, 中罪二年而舍, 下罪一年而舍.’ 不齒者, 謂不得以年次列於平民. 出, 謂逃亡也.”

신은 이렇게 생각합니다. 정씨가 “환토는 감옥으로 쓰는 성이다” 하였는데, 감옥이 경전에 보이는 것은 여기가 처음입니다. 옛날에 감옥을 두는 것은 죄를 진 사람을 모아 가르치기 위해서였는데, 밤에는 금지하여 마음을 곤고하게 하고 낮에는 일을 시켜 몸을 곤고하게 함으로써, 걱정을 통해 지난 허물을 생각하고 선한 사념이 생기게 하였으니, 후세에 감옥에 가두고 사람이 게을러질까 걱정하면서 금고하는 것에 비할 바가 아닙니다. 환토는 대사구가 직접 관장하였으니, 또한 지금 형부에서 스스로 옥을 둔 것과 같습니다.

臣按: 鄭氏謂“圜土, 獄城也”, 牢獄之見於經典者始此. 夫古之置獄, 所以聚罷憋之人而教之, 夜則禁之以困苦其心, 晝則役之以困苦其身, 使之因患以思往咎而生善念也, 非若後世置獄, 恐人之逸而禁錮之比也. 圜土而爲大司寇所親掌, 則亦今世刑部自置獄焉.

죄수를 관장하고【죄수를 관장한다는 말은 형벌로 죽여야 할 자를 구속하는 것을 주관하는 것이다.】 도적 지키는 일을 관장한다. 무릇 죄수란, 상죄는 곡공(梏拲)을 채우고 수갑을 채우며, 중죄는 질곡(桎梏)을 쓰고, 하죄는 곡(梏)을 쓴다. 왕의 동족은 공을 쓰고, 작위가 있는 자는 질을 써서 죄를 정할 때를【폐(弊)는 유(幽)이다.】 기다린다.

掌囚【主拘係刑殺者】掌守盜賊. 凡囚者, 上罪梏拲【音拱】而桎, 中罪桎梏, 下罪梏. 王之同族拲, 有爵者桎, 以待弊【猶幽也】罪.

정현이 말하였다.

"무릇 죄수란 도적이 아니라, 스스로 다른 죄로 구속된 자이다. 공(拲)은 두 손을 한 나무토막에 끼우는 것이다. 질곡은 두 손에 각각 나무 하나를 끼운다. 손에 끼우면 곡이고, 발에 끼우면 질이다. 중죄는 공이 채우지 않고, 손발에 각각 나무 하나를 끼우고, 하죄는 질을 제거한다. 왕의 동족 및 명사(命士)[12] 이상은 상죄가 있어도 공이나 질을 채울 뿐이다."

鄭玄曰: "凡囚者, 謂非盜賊, 自以他罪拘者也. 拲者, 兩手共一木也. 桎梏者, 兩手各一木也, 在手曰梏, 在足曰桎. 中罪不拲, 手足各一木耳,

12 명사(命士): 천자나 제후에게 관직을 제수받은 사람이다. 명은 관직자의 작복(爵服)을 더하는 명칭으로, 초명(初命)은 사(士)가 되고, 재명(再命)은 대부(大夫)가 되고, 삼명(三命)은 경(卿)이 된다고 하는데, 이 외에도 이설(異說)이 있다.

下罪又去桎. 王同族及命士以上, 雖有上罪, 或拲或桎而已.

가공언(賈公彦)이 말하였다.

"오형(五刑)에 해당하는 사람과 삼목(三木)을 쓰는 죄수는, 중죄는 삼목을 모두 채우고, 다음은 둘, 다음은 하나를 채운다. 왕의 동족 및 작록이 있는 자의 중죄인 또한 하나를 채우니, 존중하기 때문이다."

賈公彦曰: "五刑之人, 三木之囚, 重者三木俱著, 次者二, 下者一. 王之同族及有爵祿重罪, 亦著一而已, 以其尊之故也."

신은 이렇게 생각합니다. 삼목이란 공(拲)·질(桎)·곡(梏)입니다. 무거운 죄수는 세 가지를 겸하고, 가벼운 자는 하나의 질만 채웁니다. 이 세 가지 나무는 모두 손발에 채우는 것입니다. 《주역》에서 말한 '하교(何校)'는 목에 채우는 나무이기 때문에 하라고 합니다.

죄수에게 가하는 형옥 도구는 도망치는 것을 우려한 것입니다. 교(校)로 귀를 막아 듣지 못하게 하고, 곡(梏)으로 손을 묶어 잡지 못하게 하며, 질(桎)로 발을 묶어 걷지 못하게 합니다. 선왕께서 어찌 일부러 이런 것으로 사람을 괴롭혔겠습니까. 죄를 범한 자를 징치하여 아직 죄를 범하지 않는 자를 경계하고 다시 죄를 범하지 못하게 한 것입니다.

臣按: 三木者, 拲·桎·梏也. 重囚兼用其三, 輕者惟一桎而已. 玆三者之木皆加於手足者也, 《易》所謂何【上聲】校則木之在頸者, 故謂之何焉. 夫刑獄之具加諸囚者, 恐其亡逸也. 校以滅其耳, 使其無所聽聞; 梏以係其手, 使其不能執持; 桎以係其足, 使其不能行履. 先王豈故爲是以苦夫人哉? 懲夫已犯者, 所以戒夫未犯者, 而使之不再犯也.

한 고후(漢高后) 4년, 강후(絳侯) 주발(周勃)이 죄를 지어, 체포하여 정위(廷尉)의 조옥(詔獄)에 보냈다.

漢高后四年, 絳侯周勃有罪, 逮詣廷尉詔獄.

신은 이렇게 생각합니다. 조옥이란 명칭이 여기서 시작합니다. 그렇지만 그 감옥은 여전히 정위에게 소속되었으니, 그 옥을 맡은 자는 여전히 형관(刑官)이었고, 그 뒤에야 상림원(上林苑)의 조옥이 있었으니, 이는 궁궐 정원 안에 옥을 둔 것입니다. 노조옥(盧詔獄)의 경우는 감옥을 소부(少府) 소속에 두었고, 다시 형관에게 맡기지 않았습니다.

무릇 군주는 하늘의 토벌을 받들어 죄 있는 자를 주벌하고, 하늘의 뜻을 받들어 백성을 편안하게 하니, 자기의 사사로움이 아니라 죄가 있는 자에 대해 대중과 더불어 버리는 것입니다. 나라사람들이 모두 '죽여야 한다'고 한 뒤에 죽여야 하는 것이니, 어찌 따로 조옥을 만들어 죄인을 가두기까지 하겠습니까. 후세에 이를 따라 왕왕 법률의 감옥 외에 따로 조옥을 만들어 죄인에게 법이 아닌 형벌을 가하였고, 이는 하늘이 토벌하는 공변함이 아니니 또한 어찌 이른바 대중과 함께 버리는 것이라고 하겠습니까.

臣按: 詔獄之名始於此. 然其獄猶屬之廷尉, 則典其獄者猶刑官也, 其後乃有上林詔獄, 則是置獄於苑囿中, 若盧詔獄則是置獄於少府之屬, 不復典於刑官矣. 夫人君奉天討以誅有罪, 乃承天意以安生人, 非一己之私也, 有罪者當與衆棄之, 國人皆曰可殺然後殺焉, 何至別爲詔獄以係罪人哉? 後世因之, 往往於法獄之外別爲詔獄, 加罪人以非法之刑, 非天討之公矣, 亦豈所謂與衆棄之者哉?

한 경제(漢景帝) 중 6년, 추령(箠令)을 정하였다. 승상 유사(劉舍), 어사대부 위관(衛綰)이 청하기를, "태(笞)란 추(箠) 길이 5척(尺), 그 바닥 크기는 1촌(一寸)으로, 대나무입니다. 끝은 얇아 반 촌으로, 모두 그 마디를 평평하게 하며, 태에 해당하는 경우 볼기를 치며 사람을 바꾸지 못하게 합니다【장형을 시행하는 자는 사람을 바꿀 수 없다는 말이다.】. 하나의 죄를 마치고 사람을 바꿉니다."라고 하였다. 이때부터 태형이 온전해졌다.

漢景帝中六年, 定箠令. 丞相劉舍·禦史大夫衛綰請: "笞者, 棰長五尺, 其本大一寸, 竹也, 末薄半寸, 皆平其節, 當笞者笞臀, 毋得更人【謂行杖者不得更易人也】, 畢一罪乃更人." 自是笞者得全.

여순(如淳)이 말하였다.[13]

"태에 해당하는 경우 볼기를 친다고 했으니, 이전 시대에는 등에 태형을 가하였다."

如淳曰: "當笞者笞臀, 然則先時笞背也."

신은 이렇게 생각합니다. 후세에 대나무를 써서 형벌 도구로 삼은 것이 여기서 시작되었습니다. 대개 순임금 때 박(撲)으로 사용한 것은 하초(夏楚)였습니다. 경제(景帝)가 즉위한 초기에 바로 태법(笞法)을 감하였으나, 그 수가 여전히 많아서, 혹 태형이 마치기 전에 사람이 이미 죽어 버렸습니다. 이때에 와서 또 조칙을 내려 3백을 2백으로 하고, 2백을 1백으로 하여, 추령을 정하였는데, 두 신하의 청으로 등에 치던 태형을 볼기에 치는 태형으로 바꾸어, 이때부터 태형이 온전해졌습니다. 아, 육형(肉刑)을 폐지한 뒤로 도거(刀鋸: 칼과 톱)을 대나무 태형으로 바꾸었으니, 사람의 신체를 온전히 하려던 것입니다.

경제가 명을 정하면서, 태형에 소용되는 재질, 제작하는 규정, 실행하는 사람, 시행하는 곳을 모두 상세히 갖추어 적어서 천하와 후세에 보여서 이를 방지책으로 삼았습니다. 그런데 후세에는 오히려 교묘하게 도구를 만들고 규정보다 배로 만들며 사용하지 말아야 할 사람이 사용하고 시행하지 말아야 할 데서 시행하였습니다. 결국 그 참혹

13 여순(如淳)이 말하였다: 여순은 삼국 시대 위(魏)나라의 풍익(馮翊) 사람으로, 진군승(陳郡丞)을 지냈으며, 《한서(漢書)》의 주석을 내었다.

함이 진실로 육형보다 심한 점이 있었으니, 이것이 어질고 거룩한 조정에서 응당 금지하고 개혁해야 할 일이니, 이 또한 차마 함부로 하지 않는 정치의 한 계기가 될 것입니다.

臣按: 後世用竹爲刑具始此, 蓋虞時所用以爲撲者夏楚也. 景帝於即位之初即減笞法, 然其數猶多, 或笞未畢而人已死矣. 至是又下詔, 減三百爲二百·二百爲一百, 因是定箠令, 而用二臣之請, 更笞背爲笞臀, 自是笞者得全. 嗚呼, 自廢肉刑之後, 易刀鋸以竹箠, 所以全人之身也. 景帝定爲令, 凡笞所用之質·所制之度·所行之人·所施之處皆詳悉具著, 以示天下後世, 以此爲防, 後世猶有巧爲之具·倍爲之度, 用所不可用之人·施所不當施之處, 其慘固有甚於肉刑者, 此在仁聖之朝所當禁革, 是亦不忍之政之一端也.

장제(章帝) 원화(元和) 원년(84), 조칙을 내려 "율에 '략(掠)【략은 신문[問]이다.】은 오직 방(榜)【방은 치다[擊]이다.】·태(笞)·립(立)【립은 세워 놓고 신문하는 것이다.】이 있다'고 했고, 또 영병(令丙)[14]에 대나무의 크기는 정해진 길이가 있다. 지난번 큰 옥사 이래 신문이 대부분 첩찬(鉆鑽)[15] 같은 종류를 혹독히 사용하여, 참혹한 고통이 끝이 없었으므로, 그 고통을 생각하면 안타까워 마음이 아프도다. 《서경》에 '채찍은 관청에서 쓰는 형벌이다.'라고

---

14 영병(令丙): 법령(法令)의 별칭으로, 선후에 따라 영갑·영을(令乙)·영병(令丙)이란 순번이 있었다. 《한서》 권8 〈선제기(宣帝紀)〉 여순(如淳)의 주에 나온다.

15 첩찬(鉆鑽): 살갗에 고통을 주는 고문 도구이다.

하였는데, 어찌 이를 말하는 것이겠는가. 가을과 겨울을 기다려 옥사를 다스려야 할 것이니, 그 금지법을 분명히 하라."라고 하였다.

章帝元和元年, 詔曰: "律云'掠【問也】者唯得榜【擊也】·笞·立【立謂立而考訊之】', 又令丙, 箠長短有數. 自往者大獄以來, 掠考多酷鉆鑽之屬, 慘苦無極, 念其痛毒, 怵然動心, 《書》云'鞭作官刑', 豈云若此? 宜及秋冬理獄, 明爲其禁."

신은 이렇게 생각합니다. 장제가 편안하고 부유하며 존귀한 자리에 있으면서도 폐안(狴犴: 감옥)의 고통에 염려가 미쳤고 또 '그 고통을 생각하면 안타까워 마음이 아프노나.'라고 하였으니, 이진 사람의 말입니다.

臣按: 章帝居安富尊榮之地, 而慮念及於狴犴之苦, 且云"念其毒痛, 怵然動心", 仁人之言也.

헌제(獻帝) 건안(建安)[16] 중, 의논하는 사람들이 육형을 복원하고자 하였다. 공융(孔融)이 의논하기를, "옛날에는 순박하고 도타워 선한지 아닌지 구별 안 되었고, 관리들은 형법이 밝았고 시정에 과실이 없었으며, 백성들은 죄가 있으면 모두 스스로 벌을 받았습니다. 말세에 쇠퇴하자 교화

16 건안(建安): 후한(後漢) 시대 마지막 황제인 헌제(獻帝)의 연호이다. 196~226년.

가 무너져, 시정은 그 풍속을 흔들고 법률은 그 사람에게 해를 끼쳤습니다. 그러므로 "위에는 도를 잃고, 백성들이 흩어진 지 오래되었는데, 옛 형벌로 잡아들이고 잔인한 형벌로 내던진다"고 하였으니, 이른바 시세와 함께 변화하는 것이 아닙니다. 주(紂)가 아침에 건너는 정강이를 자른 것을 두고,[17] 천하가 무도하다고 했습니다. 구목(九牧)의 지역에 천 8백 군주가 있는데, 각각 1명을 월형(刖刑: 발목을 자르는 형벌)에 처하면, 이는 천하에 항상 천 8백 명의 주왕이 있는 것이니, 풍속이 아름답고 조화롭지 못한 것이 불가피합니다. 또한 형벌을 받는 사람이 백성을 염려하지 않음을 우려하고, 사람이 죽음을 생각하며 다수가 악을 추종하여 바른 데로 돌아오지 않습니다. 숙사(夙沙)가 제(齊)나라를 어지럽히고,[18] 이려(伊戾)가 송(宋)나라의 화근이 되었으며,[19] 조고(趙高)[20]와 영포(英布)[21]는 세상의 큰

---

17 주(紂)가 … 두고: 《서경》 〈태서 하(泰誓下)〉에 나온다. 은나라 주왕의 학정(虐政)을 나타내는 사례로, 사람들이 추운 겨울에 정강이를 걷어 올리고 냇물을 건너는 것을 보고, 정강이가 어떻게 하여 그렇게 추위를 참을 수 있는가 보려고 정강이를 자른 것을 말한다.

18 숙사(夙沙)가 제(齊)나라를 어지럽히고: 숙사(夙沙)는 지금의 산동성(山東省) 부근에 있었던 고대의 부락 이름이다. 제 영공이 진(晉)나라를 칠 때 진나라에서 여러 나라들과 연합하여 영공을 공격하였다. 영공이 후퇴하면서 환관인 숙사위(夙沙衛)로 하여금 후군(後軍)을 맡아 연합군이 추격하는 것을 막게 하였다. 그러자 당시의 명장이었던 식작(殖綽)과 곽최(郭最) 두 사람은 숙사위가 후군을 맡는 것을 수치스럽게 여겨, 자신들이 후군이 되어 적의 추격을 막겠다고 하니, 영공이 허락하였다. 이에 유감을 품은 숙사위는 두 장수를 고립시킬 목적으로 석문산(石門山) 근처에 있는 아주 좁은 길을 지나다가, 거느리고 가던 말을 죽여서 수레와 함께 쌓아 길을 막아, 식작과 곽최의 퇴로를 막았다. 식작과 곽최는 이로 인해 패하였으며, 제나라는 수도인 임치(臨淄)가 불타는 화를 당하였다. 《춘추좌씨전(春秋左氏傳)》 양공(襄公) 18년.

19 이려(伊戾)가 … 되었으며: 이려는 춘추 시대 송나라의 환관으로, 송공(宋公)에게 태자를 무함하여 목 졸라 죽이게 하였는데, 뒤에 태자의 무죄가 밝혀짐에 따라 팽형(烹刑)을 당하였다. 《춘추좌씨전(春秋左氏傳)》 양공(襄公) 26년.

20 조고(趙高): 진(秦)나라의 환관이다. 진 시황(秦始皇)이 죽자 이사(李斯)와 함께 이세(二世) 호해

근심이 되는 등, 사람들이 결국 그릇되는 것을 막지 못하였고 마침 사람들이 선으로 돌아오는 길을 끊어버렸습니다. 비록 육권(鬻拳)처럼 충성스럽고,[22] 변화(卞和)처럼 믿음직스러우며,[23] 손빈(孫臏)처럼 지혜롭고,[24] 항백(巷伯)처럼 원통하고,[25] 사마천(司馬遷)처럼 재능이 있고,[26] 자정(子政)처럼 통

(胡亥)를 세웠고, 이어 이사를 죽인 뒤에 국정의 대소사를 모두 제 마음대로 처리하였으며, '사슴을 가리켜 말이다[指鹿爲馬]'라고 하고서는, 그 말에 이의를 제기하는 자들을 죽여서 사람들로 하여금 바른 말을 하지 못하게 하였다. 《사기(史記)》 권6 〈진시황본기(秦始皇本紀)〉.

21 영포(英布): 진(秦)나라의 서민으로, 장년에 형벌을 받아 얼굴에 먹물 글씨가 새겨졌기 때문에 경포(黥布)로도 불린다. 그는 여산(麗山)에서 복역하던 중 탈출하여 도적질을 일삼다가 진승(陳勝)이 군사를 일으키자 따라서 진나라에 반기를 들고 일어났는데, 나중에 항우(項羽)의 휘하에 들어가 늘 선봉에 서서 적은 병력으로 공을 세웠다. 초나라를 배반하고 한나라에 귀의해 회남왕(淮南王)에 봉해졌다. 후에 모반을 일으킨 죄로 참살당했다. 《사기(史記)》 권91 〈경포열전(黥布列傳)〉.

22 육권(鬻拳)처럼 충성스럽고: 육권이 초나라 임금에게 강력히 간하였는 데도 따르지 않자, 병력(兵力)으로 위협하여 따르게 하였다. 뒤에 육권이 말하기를 "제가 임금을 병력으로 위협하였으니 이보다 큰 죄가 없습니다." 하고 드디어 스스로 발뒤꿈치를 베었다. 《춘추좌씨전》 장공(莊公) 19년.

23 변화(卞和)처럼 믿음직스러우며: 춘추 시대 초나라의 변화가 형산(荊山)에서 직경 한 자 되는 박옥(璞玉)을 얻어 여왕(厲王)과 무왕(武王)에게 바쳤으나, 옥을 감정하는 사람이 돌이라 하여 두 발이 잘리고 말았다. 그 후 문왕(文王)이 사람을 보내 "천하에 발이 잘린 사람이 많은데 그대만이 이렇게 우는 것은 어째서인가?" 하고 묻자, 그가 대답하기를 "나는 발이 잘린 것을 슬퍼하는 게 아니라 보배로운 옥을 돌이라 하고 곧은 선비를 미치광이라 하니, 이 때문에 슬피 우는 것입니다."라고 하였다. 이에 왕이 옥공(玉工)을 시켜 다듬으니 직경 한 자의 티 없는 옥이 나왔다 한다. 《한비자(韓非子)》 〈화씨(和氏)〉.

24 손빈(孫臏)처럼 지혜롭고: 손빈이 방연(龐涓)과 함께 귀곡자(鬼谷子)에게 병법을 배웠는데, 위(魏)나라 장수가 된 방연의 시기를 받아 발이 잘리고 묵형(墨刑)을 당하는 수모를 겪은 뒤 제(齊)나라로 탈출, 치거(輜車)에 누워 군사를 지휘하였고, 급기야는 아궁이 숫자를 줄이는 계책으로 방심하게 만들고, 방연의 군대가 저녁 때 마릉(馬陵)에 도착할 것을 미리 계산해서 매복했다가 대패시켰다. 《사기(史記)》 권65 〈손자오기열전(孫子吳起列傳)〉.

25 항백(巷伯)처럼 원통하고: 환관의 장(長)을 말하는데, 《시경》 〈소아(小雅)〉의 한 편명이기도 하다. 〈항백〉은 말을 꾸며 왕에게 참소하는 소인을 원망한 시이다. 주(周)나라 유왕(幽王)

달했어도,[27] 한번 형벌을 만나면 죽을 때까지 조정에 두지 않았으니, 이는 태갑(太甲)이 떳떳함을 생각하고,[28] 목공(穆公)이 진(秦)나라를 패권국으로 만들며,[29] 남저(南雎)가 앙상하게 뼈만 남고,[30] 위 무공(衛武公)이 초연(初筵)을 노래하고,[31] 위상(魏尙)이 변방을 지킬[32] 때도 다시 시행되지 못하였습니다. 한나라가 악형을 고칠 길을 열었던 것은 모두 이 때문입니다. 그러므로 덕이 밝은 군주는 멀고 깊게 헤아리며 단점을 버리고 장점을 취하며, 정치 개혁에 구애되지 않습니다."라고 하니, 조정에서 그 말을 좋

때에 참소(讒訴)로 인해 궁형(宮刑)을 당하고 항백이 된 자가 이 시를 지어 참인(讒人)을 비판했다고 한다.

26 사마천(司馬遷)처럼 재능이 있고: 사마천이 일찍이 흉노(匈奴)에게 항복한 이릉(李陵)의 충성을 극구 변호했다가 무제(武帝)의 진노를 사서 궁형(宮刑)을 당하게 된 것을 말한다. 《한서(漢書)》 권62 〈사마천전(司馬遷傳)〉.

27 자정(子政)처럼 통달했어도: 자정은 전한(前漢) 때의 경학자로 중루 교위(中壘校尉)의 벼슬을 지낸 유향(劉向, 기원전 77~기원전 6)의 자로, 본명은 경생(更生)이다. 유향은 원제(元帝) 때 외척과 환관의 전횡을 탄핵하다가 두 차례의 옥고를 치렀으며, 성제(成帝)가 즉위한 후 다시 등용되어 이름을 향(向)이라 바꾸었다. 《한서(漢書)》 권36 〈유향전(劉向傳)〉.

28 태갑(太甲)이 떳떳함을 생각하고: 은나라 탕왕(湯王)이 죽은 뒤에 그 손자 태갑(太甲)이 무도(無道)하게 행동하므로 이윤(伊尹)은 태갑을 3년 동안 동궁(桐宮)에 추방하였다가 다시 회개하자 맞아들였다. 《서경》 〈이훈(伊訓)〉·〈태갑(太甲)〉·〈함유일덕(咸有一德)〉에 나온다.

29 목공(穆公)이 … 만들며: 진나라 목공(穆公)은 백리해(百里奚)를 등용하여, 백리해가 목공을 도운 지 7년 만에 목공이 제후의 패자(覇者)가 되었다. 《사기(史記)》 권5 〈진본기(秦本紀)〉.

30 남저(南雎)가 … 남고: '남저'는 《시경》 〈주남(周南) 관저(關雎)〉를 말한다.

31 위 무공(衛武公)이 초연(初筵)을 노래하고: '초연'은 《시경》 〈소아(小雅) 빈지초연(賓之初筵)〉을 가리키며, 위 무공이 술을 마시고 허물을 뉘우친 것을 읊은 시이다.

32 위상(魏尙)이 변방을 지키더라도: 전한(前漢) 시대 괴리(槐里) 출신으로, 일찍이 운중 태수(雲中太守)가 되어 뛰어난 지략으로 흉노(匈奴)를 물리쳤으나, 흉노의 수급(首級)을 보고하면서 실제보다 6명을 초과 보고함으로써 견책을 받고 상방(尙方)이라는 관서에 갇혀 있었다. 뒤에 풍당(馮唐)의 진언으로 문제(文帝)의 용서를 받고 다시 운중 태수에 임명되어 많은 업적을 남겼다. 《상우록(尙友錄)》 권17.

게 여겼다.

獻帝建安中, 議者欲復肉刑, 孔融議曰: "古者淳厖善否不別, 吏端刑清, 政無過失; 百姓有罪, 皆自取之. 末世陵遲, 風化壞亂, 政撓其俗, 法害其人. 故曰'上失其道, 民散久矣', 而欲繩之以古刑, 投之以殘棄, 非所謂與時消息者也. 紂斫朝涉之脛, 天下謂爲無道. 夫九牧之地千八百君, 若各刖一人, 是天下常有千八百紂也, 求俗休和, 弗可得已. 且被刑之人慮不念生, 人在思死, 類多趨惡, 莫復歸正. 夙沙亂齊, 伊戾禍宋, 趙高·英布爲世大患, 不能止人遂爲非也, 適足絶人還爲善耳. 雖忠如鬻拳·信如卞和·智如孫臏·冤如巷伯·才如史遷·達如子政, 一離刀鋸, 沒世不齒, 是太甲之思庸·穆公之霸秦·南睢之骨立·衛武之初筵·魏尙之守邊, 無所復施也. 漢開改惡之路, 凡爲此也. 故明德之君遠度深惟, 棄短就長, 不苟革其政者也." 朝廷善其言.

신은 이렇게 생각합니다. 문제(文帝)가 육형을 폐지한 뒤로 이때까지 대개 3백 년인데, 하루아침에 다시 회복하기는 어렵습니다. 공융의 논의는 전적으로 사람을 애석하게 여긴 것이니, 이는 이른바 비록 잘못을 고치고 스스로 새로워지고자 하여도 그 방도가 없다는 것입니다. 육형에는 다섯 가지가 있는데, 궁형이 그중 하나이고, 그 가운데 더욱 참혹한 것이 네 가지입니다. 형벌은 해독이 그 당사자에 그치는데, 궁형은 세대를 끊는 것입니다. 인간이 산다는 것은 자손으로 전하며 이어지는 것인데, 하루아침에 그 자신에서 끊어진다면 어찌 인생의 큰 참극이 아니겠습니까.

한 문제(漢文帝)가 육형을 폐지한 이래, 뒤에 다시 복구하려고 의논하는 자가 있었는데, 어진 군자들이 반드시 통렬히 금하였습니다. 죄를 지은 사람에게도 오히려 차마 목숨을 상하게 하고 후세를 끊을 수 없는데, 일종의 천륜을 어기고 부모를 업신여기는 무리들이 스스로 궁형을 하여 진출하고자 하여, 조종(祖宗) 백세의 혈맥, 후손 만세의 전통을 가지고 일신의 부귀와 총애와 바꾸니, 세월은 유수와 같은데 인생이 얼마나 된다고 어찌 그렇게도 생각이 없다는 말입니까. 어리석은 백성이 무지하여 스스로 함정에 빠지고, 윗사람 또한 대수롭지 않게 보고 금지하지 않으니, 어찌된 일입니까. 이 또한 인륜을 무너뜨리고 교화를 망치며 조화로운 기운을 상하게 하는 단서입니다. 나라를 가진 사람은 엄격히 금지하고 그렇게 시키고 힘을 쓰는 자를 벌주어야 하니, 이 또한 '남에게 차마 함부로 하지 않는 정치' 가운데 중대한 것입니다.

臣按: 自文帝廢肉刑, 至是蓋三百年, 一旦欲復之, 難矣. 孔融之議專爲惜人, 是卽所謂雖欲改過自新, 其道亡繇者也. 肉刑有五, 宮居其一, 乃其中尤慘者也四, 刑止毒其身, 宮刑乃絕其世, 人之有生, 承傳禪續, 其來有非一世, 而一旦絕之於其身, 豈非人生大慘哉? 自漢文帝廢肉刑, 後有議欲復之者, 仁人君子必痛止之. 夫於人之有罪者尙不忍戕其生·絕其世, 乃有一種悖天無親之徒, 自宮其身以求進, 以祖宗百世之脈·雲仍萬世之傳而易一身之富寵, 歲月如流, 人生幾何, 胡不思之甚邪? 愚民無知而自落陷阱, 上之人亦恬然視之而不加禁止, 何哉? 茲亦斁彝倫·敗風化·感傷和氣之一端, 有國者所當嚴爲之禁而罪其主使用力之人, 是亦不忍人之政之大者也.

당(唐)나라 제도에, 구금[囚] 20일에 한 번 신문하고, 세 번 신문하고 그치며, 숫자는 2백 일을 넘지 못한다. 무릇 장(杖)은 모두 길이 3척 5촌이고 마디와 옹이를 깎아 냈다. 신문하는 장[訊杖]은 대두(大頭)가 직경 3푼 2리, 상행장(常行杖)은 대두 2푼 7리, 소두 1푼 7리이다. 태장(笞杖)은 대두 2푼, 소두 1푼 반이다. 사죄(死罪)는 교(絞)하고 뉴(紐)를 더한다. 관품과 훈계(勳階) 제7인 자는 자물쇠로 금한다. 가벼운 죄와 10세 이하, 80세 이상인 자, 폐질에 걸린 자, 광대는 모두 송계(頌繫)[33]하여 처단을 기다린다.

唐制, 囚二十日一訊, 三訊而止, 數不過二百. 凡杖皆長三尺五寸, 削去節目, 訊杖大頭徑三分二釐, 常行杖大頭二分七釐·小頭一分七釐, 笞杖大頭二分·小頭一分有半. 死罪絞而加紐. 官品勳階第七者鎖禁之. 輕罪及十歲以下·八十以上者, 廢疾·侏儒, 皆頌【音鬆】繫以待斷.

송 태조(宋太祖)가 절장(折杖)의 제도[34]를 정하였다. 무릇 유형(流刑)이 네 가지인데, 역류(役流)와 척장(脊杖) 20대는 배역(配役) 3년, 유배 3천리와 척장 22대, 유배 1천 5백리와 척장 18대, 2천리와 척장 17대는 모두 배역

33 송계(頌繫): 질곡을 하지 않고 조금 너그럽게 하는 것이다.

34 절장(折杖)의 제도: 송(宋)나라는 건국 초기에 절장제(折杖制)를 제정하여 각 등급에 따른 유형(流刑)·도형(徒刑)·장형(杖刑)·태형(笞刑)의 장(杖)의 수와 장·태(笞)의 기준 치수를 정하였는데, 이 중 '도형'은 모두 5종, '유형'은 모두 4종이 있었다. '도형'은 장을 친 뒤 일정한 곳에 가두는 것으로, 기간은 3년에서 1년, 장의 수는 20도(度)에서 13도까지의 구분을 두었으며, '유형'은 장을 친 뒤 먼 지방으로 유배를 보내어 강제 노역을 시키는 것으로, 기간은 3년에서 1년, 거리는 3천 리에서 2천 리, 장의 수는 20도에서 17도까지의 구분을 두었다. 《송사(宋史)》 권199 〈형법지(刑法志) 형법(刑法)1〉.

1년이다. 도형(徒刑)이 다섯 가지인데, 도(徒) 3년과 척장 20대, 도 2년반과 척장 18대, 도 2년과 척장 17대, 도 1년 반과 척장 15대, 도 1년과 척장 13대이다. 장형(杖刑)이 다섯 가지인데, 장(杖) 1백대와 둔장(臀杖) 20대이고, 장 90대와 둔장 18대, 장 80대와 둔장 17대, 장 70대와 둔장 15대, 장 60대와 둔장 13대이다. 태형(笞刑)이 다섯 가지인데, 태(笞) 50대, 둔장 10 하(下), 40대, 30대와 둔장 8 하, 20대와 둔장 7 하이다. 상행관(常行官)의 장(杖)은 길이 3척 5촌으로, 대두는 너비[闊]는 2촌을 넘지 못하며, 두께와 소두의 직경은 9푼을 넘을 수 없다. 도형·유형·태형은 상행장을 통용하고, 도형은 죄가 결정되면 역은 하지 않는다.

宋太祖定折杖之製, 凡流刑四, 加役流脊杖二十·配役三年, 流三千裏脊杖二十二, 千五百裏脊杖十八, 二千裏脊杖十七, 並配役一年; 凡徒刑五, 徒三年脊杖二十, 徒二年半脊杖十八, 二年脊杖十七, 一年半脊杖十五, 一年脊杖十三; 凡杖刑五, 杖一百臀杖二十, 九十臀杖十八, 八十臀杖十七, 七十臀杖十五, 六十臀杖十三; 凡笞刑五, 笞五十臀杖十下, 四十·三十臀杖八下, 二十臀杖七下. 常行官杖長三尺五寸, 大頭闊不過二寸, 厚及小頭徑不得過九分. 徒·流·笞通用常行杖, 徒罪決而不役.

신은 이렇게 생각합니다. 당우(唐虞) 삼대(三代) 이래 모두 육형을 적용했고, 한 문제에 이르러 비로소 육형에서 태를 사용하는 것을 폐지했습니다. 그 근원은 대개 시작이 우 임금의 형벌인 편박(鞭撲)이니, 사죄(死罪) 외에 묵형(墨刑)과 의형(劓刑) 이하는 모두 태형으로 대체하였습니다. 그렇지만 아직 태령(笞令)이 없어서, 채찍 도구에 일정한 물품

이 없었고 채찍을 치는 곳도 정해진 곳이 없었습니다. 경제(景帝)가 추령(箠令)을 정하여, 채찍 제도에 처음 대나무를 사용했고, 채찍을 받는 곳도 오직 볼기에 하였습니다.

위진(魏晉), 남북조(南北朝) 시대에는 군주와 신하들의 어질고 포악함이 같지 않았고 풍속의 후박이 하나같지 않아서, 형벌을 쓸 때도 각각 같지 않았습니다. 수 문제(隋文帝)가 비로소 지금의 오형을 정하였는데, 전 시대의 고신(考訊) 도구, 이를테면 대봉(大棒)·속장(束杖: 지팡이)·차폭(車輻)·혜저(鞋底: 신바닥)의 유는 모두 제거하고 사용하지 않았습니다. 당송(唐宋) 때 그대로 따르면서 형벌 도구를 제작하였는데, 각각 등급이 있었습니다.

우리 명나라는《대명률(大明律)》권수(卷首)에 횡도(橫圖)를 만들어 도구를 기록했습니다. 태형의 경우, 대두(大頭) 직경은 2푼 7리, 소두(小頭) 직경은 1푼 7리입니다. 신장(訊杖)의 경우, 대두 직경은 4푼 5리, 소두 직경은 3푼 5리입니다. 이상은 모두 형(荊: 광대싸리나무)으로 만들었고, 길이는 모두 3척 5촌이었습니다. 가(枷: 씌우는 칼)는 마른 나무로 만들었는데, 길이 5척 5촌, 머리 너비는 1척 5촌이었으며, 사죄(死罪)는 무게가 25근이었고, 도형·유형·장형 이하는 형구의 차이가 있었고, 길이는 1척 6촌, 두께 1촌입니다. 쇠사슬은 길이 1길, 족쇄[鐐]는 무게 2근입니다.

모든 태장(笞杖)에 대해 모두 마디와 옹이를 깎아 내었고, 관강교판(官降較板)을 써서 법대로 비교가 끝난 뒤에 사용하였으며, 여러 물품의 장정을 아교로 붙여 사용하지 못하게 했습니다. 판결한 자는 소두를 써서 볼기를 맞았으며, 그 대소와 후박은 당나라 제도와 대략 같았고, 송나라와 비교하면 더욱 가벼웠습니다. 조종께서 생명을 사랑하는 어진 마음으로, 비록 악행을 저지른 죄인이라도 오직 혹여 다칠까 걱정하여 이처럼 가벼운 형벌을 만들었으므로, 어진 은혜와 두터운 덕이 민심에 흡족한지 지금까지 백 년입니다.

근년 이래 혹리(酷吏)와 다름없는 자들이 형벌 도구를 자의대로 만들었는데, 협곤(夾棍: 주리)·뇌잡(腦箍)·낙철(烙鐵: 불에 달군 쇠젓가락) 등 명칭도 하나가 아니니, 비단 조종조의 법을 어기는 것일 뿐 아니라, 실로 천지의 조화를 손상하는 것입니다. 삼가 바라건대, 성명께서 옛 제도를 밝히시어, 내외에서 인습하여 사용하는 자가 있으면 모두 폐기하도록 명하십시오. 하지만 금령은 반드시 안에서 시작하고, 감히 이전 방식을 사용하는 자가 있으면 바로 제조한 자는 가형하여, 태조 황제께서 벌을 신중히 하신 뜻과 형을 근심하신 어진 마음이 율문에 드러나게 하고, 태양처럼 만세토록 이어져 구유[九有: 천하, 구주(九州)]에 큰 어진 마음을 넓히고 만년에 국운을 이어갈 수 있게 하는 방도가 여기에서 시작될 것입니다.

臣按: 唐虞三代以來俱用肉刑, 至漢文帝始廢肉刑用笞, 其原蓋權輿虞刑之鞭撲也, 除死罪外, 自墨·劓以下率以笞代之. 然未爲笞令, 所箠之具無常物, 所箠之處無定在, 景帝定箠令, 箠之制始用竹, 受箠之處專在臀. 魏晉南北朝其君臣仁暴不同, 其俗尙厚薄不一, 其所用刑各有不同, 隋文帝始定爲今之五刑, 凡前代考訊之具若大棒·束杖·車輻·鞵底之類盡除不用. 唐宋因之, 制爲刑具, 各有等第. 本朝於《大明律》卷首作爲横圖以紀獄具, 笞, 大頭徑二分七釐·小頭徑一分七釐; 訊杖, 大頭徑四分五釐·小頭徑三分五釐, 以上皆以荊爲之, 長俱三尺五寸; 枷以乾木爲之, 長五尺五寸, 頭闊一尺五寸, 死罪重二十五斤, 徒·流·杖以下有差枷, 長一尺六寸·厚一寸; 鐵索長一丈, 鐐重二斤. 凡爲笞杖皆削去節目, 用官降較板較勘如式, 然後用之, 不許用筋膠諸物裝釘, 應決者用小頭臀受, 其大小厚薄視唐略等, 比宋則尤爲輕焉. 祖宗好生之仁, 雖爲惡之罪人惟恐或有所傷, 而爲之薄刑也如此, 是以仁恩厚德浹於民心, 百年於茲. 近年以來, 乃有等酷虐之吏恣爲刑具, 如夾棍·腦箍·烙鐵之類, 名數不一, 非獨有以違祖宗之法, 實有以傷天地之和, 伏乞聖明申明舊製, 凡內外有因襲承用者, 悉令棄毁, 然禁之必自內始, 敢有仍前故用, 卽以所製者加之, 庶使太祖皇帝愼罰之意·恤刑之仁所以著於律文者, 萬世之下恒如一日, 所以恢皇仁於九有·綿國祚於萬年者, 端在於斯.

송(宋)나라의 조옥(詔獄)은 본디 대단히 간특한 자를 바로잡기 위한 것이었기 때문에 그런 사건이 항상 나타나지 않았다. 처음에 신하들이 법을 범하면, 사체가 클 경우 대부분 어사대(御史臺)의 옥에 내리고, 작은 경우 개봉부(開封府)와 대리시(大理寺)가 국문하여 다스렸다. 신종(神宗) 이래 한때 조칙을 받아 조사하는 곳을 제감원(制勘院)이라고 불렀고, 사안이 중서성으로 나오면 추감원(推勘院)이라 하고, 옥사가 파하였다. 희녕(熙寧) 2년(1069)부터 도관 낭중(都官郎中) 심형(沈衡)이 지항주(知杭州) 조무택(祖無擇)을 수주(秀州)에서 국문하고 내시(內侍)가 역마를 타고 나중에 이르렀는데, 이때부터 조옥이 누차 일어났다. 남도(南渡)[35]한 뒤, 진회(秦檜)[36]가 누차 큰

35 남도(南渡): 남송(南宋)을 가리킨다. 중국의 송나라가 1127년에 금나라에 밀려 남쪽으로 내

옥사를 일으켜 자신과 다른 견해를 가진 자들을 중상하였는데, 이름은 조옥이라고 했지만, 실제로는 조지(詔旨)에 의한 것이 아니었다.

宋之詔獄本以糾大奸慝, 故其事不常見. 初, 群臣犯法, 體大者多下御史臺獄, 小則開封府·大理寺鞫治焉. 神宗以來, 凡一時承詔置推者謂之制勘院, 事出中書則曰推勘院, 獄已乃罷. 自熙寧二年, 命都官郎中沈衡鞫知杭州祖無擇於秀州, 內侍乘驛追逮, 自是詔獄屢興. 南渡後, 秦檜屢興大獄以中異己者, 名曰詔獄, 實非詔旨也.

신은 이렇게 생각합니다. "하늘이 죄 있는 자를 토벌하려 하시거든, 왕께서는 다섯 가지 등급의 형벌을 적용하여 그들을 처벌한다."라고 하였는데,[37] 사람을 저잣거리에서 사람들 보는 데서 형벌에 처하고 버

려가 임안(臨安)으로 천도하였다.

36 진회(秦檜, 1090~1155): 중국 남송(南宋)의 재상으로, 자는 회지(會之)이다. 1115년에 진사 시험에 합격하고, 좌사간과 어사중승 등을 역임하였다. 1127년에 금(金)나라 군대가 휘종(徽宗)과 흠종(欽宗)을 포로로 잡아가면서 송(宋)나라에 장방창(張邦昌)을 세우는 것에 반대하였다가 함께 금나라에 끌려갔다. 1130년에 배를 빼앗아 남송으로 돌아온 후 19년 동안 재상의 자리에 앉아 집정하였는데, 장준(張浚)과 한세충(韓世忠), 악비(岳飛) 등 세 장수의 병권을 회수하고 특히 주전파(主戰派)였던 악비를 무고한 후 처형하였다. 1142년에는 금나라와 남송이 중국을 남북으로 나누어 점유하고 송나라가 금나라에 대해 신하의 예를 취하며 세폐(歲幣)를 바친다는 내용의 소흥화의(紹興和議)를 체결하였다. 이로 인해 민족의 영웅 악비를 살해하고 굴욕적인 화의를 주도한 간신이라는 낙인이 찍혔다. 또한 문자옥(文字獄)을 일으켜 반대파를 억압하였으므로 후대의 주자학파로부터 혹독한 비판을 받기도 하였다. 《송사(宋史)》 권473 〈간신열전(姦臣列傳) 진회(秦檜)〉.

37 하늘이 … 하였는데: 《서경(書經)》 〈고요모(皐陶謨)〉에 나온다.

립니다. 천하의 법은 하나에서 나와야 하고 제왕의 마음은 무편무당해야 하니, 유사를 범하면 유사에게 맡겨 다스려야 합니다. 송나라 사람들은 통상의 감옥 외에 또 조옥이 있어 대단히 간특한 자를 바로잡았고, 그 뒤 마침내 권신(權臣)이 가져다 자기와 다른 사람을 중상하였습니다. 한 시대의 내외 신민이 권신이 있는 것만 알고 천자가 있는 것은 알지 못했으니, 거의 국운이 몰래 옮겨 가기에 이르렀습니다.

아! 국가의 통상 제도는 자연 형벌을 관장하는 관원과 원래 설치한 감옥이 있고, 죄의 대소에 상관없이 모두 담당 관청이 있는데, 또 무슨 별도의 옆문을 열어 권력이 한 사람에게 귀속되고 화가 백성에게 미치게 한단 말입니까. 그렇지만 이때 오히려 반드시 중서성(中書省)을 거쳐 사건이 끝나면 그치고, 여전히 전담 관청 하나를 설치하고, 또 한사람에게 범인을 수색하고 체포하는 권한을 부여하지 않았습니다. 아! 이것이 가장 큰 폐단이니, 다행히 권한을 잡고 적당한 사람을 얻어서 크게 자의적인 데는 이르지 않아도, 하지만 성왕(聖王)의 입법은 항상 중도에 맞는 제도였으니, 이런 일은 있는 것이 없는 것보다 못합니다.

臣按: "天討有罪, 五刑五用." 刑人於市與衆棄之, 天下之法當出於一, 帝王之心無偏無黨, 犯於有司當付有司治之. 宋人於常獄之外而又有詔獄以糾大奸慝, 其後遂使權臣假之以中傷異己者, 一時內外臣民知有權臣, 而不知有天子, 幾至於潛移國祚. 嗚呼, 國家常制, 自有掌刑之官·原設之獄, 罪無大小皆有所司, 又何用別開旁門, 使權歸於一人, 禍及於百姓哉? 然是時猶必經中書, 事已卽休, 而猶未至於專設一司·任一人, 而又付之以訪緝之權也. 嗚呼, 此弊端之最大者, 尙幸操得其柄·用得其人, 而未至於大肆, 然聖王立法常爲中制, 此等之事有之不若無也.

원(元)나라 제도에, 오형(五刑) 조목에서, 7대 아래부터 57대까지 태형(笞刑)이라 하고, 67대에서 1백 7대까지 장형(杖刑)이라고 하며, 그 도법(徒法)에, 연수와 장수(杖數)는 서로 관계 되는 대로 가감하며 염도(鹽徒) 도적[38]은 판결 뒤에도 쇠사슬을 채웠으며, 유배의 경우 남인(南人)은 요양(遼陽) 이북의 땅으로, 북인(北人)은 남방 호광(湖廣) 고을로 옮겼으며, 사형의 경우 참형은 있고 교형은 없었으며, 극도의 악역(惡逆)은 능지처사(淩遲處死)의 법이 있었다.

元制, 五刑之目凡七下至五十七謂之笞刑, 凡六十七至一百七謂之杖刑, 其徒法年數·杖數相附麗爲加減, 鹽徒盜賊旣決而又鐐之, 流則南人遷於遼陽迤北之地, 北人遷於南方湖廣之鄕, 死刑則有斬而無絞, 惡逆之極者, 又有淩遲處死之法焉.

신은 이렇게 생각합니다. 수당(隋唐) 이래로, 전 시대의 참혹하고 각박한 형벌을 제거하여, 사죄(死罪)는 오직 참형과 교형 두 가지만 남았

38 염도(鹽徒) 도적: 원나라 정부의 세수 가운데 염세(鹽稅)가 차지하는 비중이 높자, 조정에서 필요에 따라 소금값을 인상하여 폭등하는 경우가 있었다. 밀매자가 늘어나자 조정에서는 염범을 엄격히 정하여 밀매자를 단속했고, 밀매자들은 무리를 이루어 비밀결사를 만들어 대항하였는데, 이들을 염도(鹽徒), 염적(鹽賊)이라고 불렀다.

는데, 원나라 사람들이 또 능지처사 법을 더했습니다. 이른바 능지처사는 바로 전 시대에 말하는 과형(剮刑)입니다. 전 시대에 비록 법외에 사용한 적이 있지만 형법 서적에는 적지 않았는데, 형법 서적에 적힌 것은 원나라 때가 처음입니다. 태장에 매 10에 7을 더했던 것은 당초 줄여서 형을 가볍게 하려던 것인데, 후세에 오해하여 도리어 더하였습니다.

대덕(大德)[39] 연간에 왕약(王約)이 상언하기를, "국조(國朝)의 제도에, 태장 10대를 줄여서 7대로 하였는데, 지금 장 1백대는 97대에서 그쳐야 하고 10대를 더하지 않았습니다."라고 했으니, 그 입법의 처음 취지를 알 수 있습니다. 우리나라의 제도는, 죄를 받는 자가 《대고(大誥)》에 있으면 1등급을 감해 주니, 사안은 같지만 의미는 다른데, 원나라는 난시 장(杖) 수만 죽였고, 우리 성조(聖祖)의 뜻은 대개 죄를 받는 신민이 천리를 어겨서는 안 된다는 것, 왕법을 범해서는 안 된다는 것을 알지 못하여 형헌(刑憲)에 걸리고도 스스로 알지 못하는 것을 안타깝게 생각하여, 천서(天書)의 한 질을 통하여 죄명을 한 등급 줄이게 하여 모두 감발되는 바를 알고 더욱 경계를 더하여 다시 범하는 데 이르지 않게 한 것입니다. 이른바 어진 사람의 말은 그 이익이 넓다고 했는데, 정말 그렇습니다.

그렇지만 세월이 이미 오래되어 이름은 남았지만 실질이 사라졌으니, 성조께서 백성을 사랑하도록 훈계를 내린 뜻을 완전히 잃었습니다. 내정(內庭)에 명을 내려 고쳐 베껴 중간(重刊)하고 천하에 반포하게 하십시오. 무릇 법사(法司)에 범죄자가 있으면 직접 1부를 베껴 관청

---

39 대덕(大德): 원나라 성종(成宗)의 연호이다. 1297~1307.

에 보내 보관하도록 하고, 성조께서 하유하신대로 없는 자는 1등급을 더하십시오. 법사에 쌓인 적이 이미 많으면 양 감(監) 감생(監生)에게 주어 그것을 숙독하여 감계로 삼게 하면, 이 또한 형벌을 통해 교화를 돕는 방도의 하나일 것입니다.

臣按: 自隋唐以來, 除去前代慘刻之刑, 死罪惟有斬·絞二者, 至元人又加之以淩遲處死之法焉. 所謂淩遲處死, 卽前代所謂剮也, 前代雖於法外有用之者, 然不着於刑書, 着於刑書始於元焉. 其笞杖每十數必加以七者, 其初本欲減以輕刑也, 其後承誤反以爲加焉. 大德間王約上言: "國朝之制, 笞杖十減爲七, 今杖一百者宜止九十七, 又不當加十也." 則其立法之始意可見矣. 本朝之制, 凡受罪者有《大誥》減一等, 事與之同, 而意與之異, 然彼但減杖數爾, 我聖祖之意, 蓋憫夫臣民之受罪者不知天理之不可違·王法之不可犯, 故罹於刑憲而不自知也, 俾其因天書之一帙減罪名之一等, 咸知所感發而益加懲創, 不至於再犯也. 所謂仁人之言其利溥, 信乎其然哉! 然歷歲旣久, 名存實亡, 殊失聖祖垂訓仁民之意, 乞敕內庭繕寫重刊, 頒行天下, 凡法司有犯罪者, 俱要親寫一本送官收貯, 無者加一等, 如聖誥所諭. 法司積之旣多, 給與兩監監生, 俾其熟讀以爲鑒戒, 是亦因刑弼敎之一也.

이상은 '형옥 도구를 만듦'이다.

以上制刑獄之具

대학연의보

(大學衍義補)

—

권105

치국평천하의 요체[治國平天下之要]

형법을 신중히 함[愼刑憲]

유형과 속형의 뜻을 밝힘[明流贖之意]

〈순전〉에 말하였다.

유형(流刑)으로 오형을 용서해 주었다.[1]

《舜典》曰: 流宥五刑.

공영달이 말하였다.

유형은 먼 지방으로 이사를 보내 놔두고 살게 하는 것이니, 유배하

1 유형(流刑)으로 … 주었다: 《서경》〈순전〉에 "떳떳한 형벌로 보여 주되 유형(流刑)으로 오형을 용서해 주시며, 채찍은 관부(官府)의 형벌로 만들고 회초리는 학교의 형벌로 만든다.[象以典刑, 流宥五刑, 鞭作官刑, 扑作敎刑.]"라고 한 데서 나왔다.

는 법은 오형을 너그럽게 봐주는 것이다. 실상에 근거하면 형에 부합하지만 인정을 보면 조금 용서할 만하여, 전부 사면하면 너무 가볍고 형벌에 처하면 너무 무거운 경우라서, 차마 규례대로 형벌로 죽이지 못하기 때문에 몸을 온전하게 해 주어 용서하여 먼 지방으로 보내고 해당 형벌을 적용하지 않으니, 이것이 너그럽게 봐주는 것이다.

孔穎達曰: "流謂徙之遠方, 放使生活, 以流放之法寬縱五刑也. 據狀合刑, 情差可恕, 全赦則太輕, 致刑則太重, 不忍依例刑殺, 故完全其體, 宥之遠方, 應刑不用, 是寬縱之也."

신은 이렇게 생각합니다. 유형으로 용서한다고 하면서 오형을 말하는 것은, 유형을 보내 용서하는 경우가 오형에 모두 있다는 뜻입니다.

臣按: 流宥而謂之五刑者, 言流而宥之者五刑皆有也.

공공(共工)을 유주(幽洲)【유주는 북쪽 끝에 있는 지역이다.】에 유배하고 환도(驩兜)를 숭산(崇山)【숭산은 남쪽 끝에 있는 산이다.】에 유치(留置)하고 삼묘(三苗)【삼묘는 나라 이름으로, 험준함을 믿고 난리를 일으켰다.】를 삼위(三危)【삼위는 서쪽 끝에 있는 지역이다.】에 몰아내고 곤(鯀)을 우산(羽山)【우산은 동쪽 끝에 있는 산이다.】에 가두어 네 사람을 죄주시니, 천하가 다 복종하였다.

流共工於幽州【北裔之地】, 放驩兜於崇山【南裔之山】, 竄三苗【國名, 恃險爲亂】於三危【西裔之地】, 殛鯀於羽山【東裔之山】, 四罪而天下咸服.

주희가 말하였다.

"유(流)는 멀리 보내어 물이 흘러가는 것과 같이 하는 것이고, 방(放)은 어떤 곳에 가두어 딴 곳에 가지 못하게 하는 것이며, 찬(竄)은 쫓아내어 금고(禁錮)하는 것이고, 극(殛)은 가두어서 곤궁하게 하는 것이니, 그 죄의 경중에 따라 법을 달리한 것이다. 복(服)이란, 형벌을 죄에 합당하게 적용하였으므로 천하가 다 복종한 것이다.

《춘추전(春秋傳)》에 기록되어 있는 사흉의 이름이 여기와 같지 않은데, 궁기(窮奇)를 공공(共工)이라 하고 혼돈(渾敦)을 환도(驩兜)라 하고 도철(饕餮)을 삼묘(三苗)라 하고 도올(檮杌)을 곤(鯀)이라 한다."

朱熹曰: "流遣之遠去如水之流也, 放置之於此不得他適也, 竄則驅逐禁錮之, 殛則拘囚困苦之, 隨其罪之輕重而異法也. 服者, 天下皆服其用刑之當罪也. 《春秋傳》所記四凶之名與此不同者, 以窮奇爲共工, 渾敦爲驩兜, 饕餮爲三苗, 檮杌爲鯀."

정이(程頤)가 말하였다.

"순(舜)이 사흉(四凶)을 처벌할 때 사흉에게 노여움이 있었거니와, 순이 어찌 간여하였겠는가. 이 사람들에게 노여워할 만한 일이 있었으므로 노여워하신 것이니, 성인(聖人)의 마음은 본래 노여움이 없고, 성인은 천하의 노여움을 노여움으로 삼기 때문에 천하가 다 복종하는 것이다."

> 程頤曰: "舜之誅四凶, 怒在四凶, 舜何與焉? 蓋因是人有可怒之事而怒之, 聖人之心本無怒也, 聖人以天下之怒爲怒, 故天下咸服之."

신은 이렇게 생각합니다. 순이 사흉을 유배하고 유치하고 몰아내고 가둔 것이 바로 이른바 '유형으로 오형을 용서해 주었다[流宥五刑]'는 것입니다. 네 사람은 모두 요 임금 때의 신하인데, 그들이 요 임금 때 악한 생각이 있었지만 성덕(聖德)에 깊이 감동하였고 성화(聖化)를 오래 입었으며, 진실로 자기 직무를 수행하고 사업을 이루었으므로 임금 또한 미연의 악행을 미리 탐지하여 형벌을 가할 수 없었습니다.

순 임금이 필부로서 요 임금의 지위를 선양받으니, 저들이 경시하는 마음으로 인하여 《춘추좌씨전》에 말한 것과 같은 악행을 멋대로 저질렀습니다. 그렇지만 악이 극에 달했으나 제순(帝舜)의 교화에 젖지 못했고, 교화시키지 않고 죽일 수는 없었으니, 이것이 먼 곳으로 유배 보내고, 뚝 떨어진 지역으로 유치하고, 쫓아내어 금고하고, 가두어 곤고하게 함으로써 허물을 뉘우치고 벌에 승복하여 혹 개과천선할 수 있게 한 이유입니다.

> 臣按: 舜之流放竄殛四凶者, 卽所謂流宥五刑也. 四人者皆堯時之臣, 其人在堯時雖有惡念, 然感聖德也深, 蒙聖化也久, 苟擧厥職成其事,

堯亦不得逆探其未然之惡而豫加之刑也. 舜以匹夫禪堯之位, 彼或者因有輕視之心而恣其爲惡之跡, 如《左傳》所言者也, 然惡雖極而未沐帝舜之化, 不可以不教而殺也, 此其所以流之遠方, 置於絕域, 驅逐而禁錮之, 拘囚而困苦之, 使之念咎而伏辜, 或能改過以遷善歟.

제순(帝舜)이 말씀하였다. "고요(皐陶)야! 너를 사(士)로 삼으니, 다섯 가지 유형(流刑)에 머무는 곳이 있게 하되 다섯 가지 머무는 곳에 세 등급으로 거처하게 하라."

帝曰: "皐陶, 汝作士, 五流有宅, 五宅三居."

공안국이 말하였다.

"차마 형벌을 더하지 못하고 사흉처럼 유배 보내고 유치한 것이다. 오형의 유배는 각각 머무는 곳이 있고, 다섯 군데의 거처는 각각 세 등급의 거처가 있다. 대죄는 사예(四裔)에, 다음은 구주(九州)의 밖에, 다음은 천 리 밖이다."

孔安國曰: "謂不忍加刑則流放之, 若四凶者. 五刑之流各有所居, 五居之差有三等之居, 大罪四裔·次九州之外·次千里之外."

신은 이렇게 생각합니다. 후세의 형률은 유죄(流罪)를 범한 자는 혹 3천 리, 혹 2천 리, 혹 천 리 등 원근의 차이가 있었는데, 근원은 여기에서 나왔습니다.

臣按: 後世之律, 犯流罪者或三千里·或二千里·或千里, 有遠近之差者, 原蓋出於此.

《주례》에서 말하였다.

"대사구(大司寇)는 가석(嘉石)【가석은 무늬가 있는 돌이다.】[2]으로 부랑민을 다스린다【평은 이룸[成]이다.】. 무릇 만백성이 죄가 있어도 법에는 걸리지【려는 걸림[附]이다.】 않게 하되, 고을에 해를 끼친 자는 질곡(桎梏)【질은 발을 묶는 나무이다.】【곡은 손을 묶는 나무이다.】을 채우고 가석에 앉아서 사공(司空)에게 역(役)을 하도록 하였다. 중죄는 13일 앉아 있고 1년 사역하며, 그다음은 9일 앉아 있고 아홉 달 사역하며, 그다음은 7일 앉아 있고 일곱 달 사역하고, 그다음은 5일 앉아 있고 다섯 달 사역하며, 그 아래 죄는 3일 앉아 있고 석 달 사역하고 고을이 보증【임은 보증이다.】하면 용서하고 놔두었다."

《周禮》: 大司寇以嘉石【文石也】平【成也】罷民, 凡萬民之有罪過而未麗【附也】於法而害於州里者, 桎【木在足】梏【木在手】而坐諸嘉石, 役諸司空. 重罪旬有

2 가석(嘉石): 가벼운 범죄를 저지른 사람을 앉혀 부끄러움을 주어 회개시키는 무늬가 있는 돌을 말한다.《周禮 秋官 大司寇》.

三日坐·期役, 其次九日坐·九月役, 其次七日坐·七月役, 其次五日坐·五月役, 其下罪三日坐·三月役, 使州里任【保也】之則宥而舍之.

오징이 말하였다.

“가석(嘉石)은 조정 문 왼쪽에 세운다. 평(平)은 이룸이다. 이루어 선하게 하는 것이다. 백성이 죄가 있어도 아직 법에 걸리지 않은 것은 죄가 가벼워 아직 법에 해당하지 않은 것이다. 사공에게 사역을 한다는 것은 가석에 앉아 있는 날이 끝나면 백공(百工)의 사역을 준다는 말이다. 사역을 하는 개월이 끝나면 또 고을 사람들이 그가 다시 범법하지 않으리라 보증하고 책임진 뒤에 관대하게 풀어 준다.”

吳澂曰: “嘉石, 樹之外朝門左. 平, 成也, 成之使善也. 民有罪而未麗於法, 謂罪輕未入於法也. 役諸司空, 謂坐嘉石之日訖, 使給百工之役也, 役之月訖, 又使州里之人保任其不可再犯, 然後寬而釋之也.”

왕안석(王安石)이 말하였다.

“고을이 보증하면 용서하고 놔둔다고 했으니, 보증이 없는 자는 끝내 놔두지 않는 것이고, 이것이 고을이 서로 편하다. 선왕(先王)이 이 법을 좋게 여겨, 사람에게 형을 줄 때도 신체를 훼손하지 않고, 벌을 줄 때도 재산을 손상하지 않았다. 비단 이와 같았을 뿐이 아니니다. 사공의 역을 폐해서는 안 되니, 일반 백성들에게 사역을 부과하여 고통스럽게 하기보다, 이들에게 사역을 부과하여 고을을 편안하게 하는 이점이 더 낫다."

王安石曰: "州里任之則宥而舍之, 則無任者終不舍焉, 是乃使州里相安也. 先王善是法, 以爲其刑人也不虧體, 其罰人也不虧財, 非特如此而已, 司空之役不可廢也, 與其徭平民而苦之, 孰若役此以安州里之爲利也."

신은 이렇게 생각합니다. 이것이 후세에 죄인에게 기술 노동의 사역을 지우고 이정(里正)이 서로 보증하고 책임지는 것이니, 그 근원이 여기에서 나왔습니다.

臣按: 此後世役罪人以工庸, 而里正相保任者, 其原出於此.

《주례》〈추관 사환(司圜)【사환은 관직 이름이다.】〉에서 말하였다.

"부랑민을 거두어 교화하는 일을 맡는다. 무릇 사람을 해친 자는 관(冠)을 꾸미지 못하게 하고 분명한 형을 가한다. 일을 가지고 보증하여 거두어 교화하고, 고칠 수 있는 자는 상죄(上罪)의 경우 3년이 되어 놔주고, 중죄(中罪)는 2년이 되어 놔주고, 하죄(下罪)의 경우 1년이 되어 놔준다. 고치지 못하고 환토(圜土)【환토는 옥(獄)이 있는 성이다.】를 나간 자는 죽인다. 비록 나왔더라도 3년 동안은 상대하지 않는다. 환토에서 사람에게 형을 줄 때 신체를 훼손하지 않고, 사람에게 벌을 줄 때 재산을 훼손하지 않는다."

司圜【官名】掌收教罷民, 凡害人者弗使冠飾而加明刑焉, 任之以事而收教之, 能改者上罪三年而舍·中罪二年而舍·下罪一年而舍, 其不能改而出圜土【獄城】者殺, 雖出, 三年不齒. 凡圜土之刑人也不虧體, 其罰人也不虧財.

왕소우(王昭禹)가 말하였다.[3]

"사람에게 형을 줄 때 신체를 훼손하지 않으니, 분명한 형을 더할 뿐이며, 오형(五刑)의 형과 다르다. 사람에게 벌을 줄 때 재산을 훼손하지 않으니, 직사(職事)의 수고로 벌을 줄 뿐이며, 오벌(五罰)의 출원(出鍰)[4]과는 다르다. 이것을 거두어 교화한다고 말하는 것이리라."

王昭禹曰: "其刑人也不虧體, 則加之以明刑而已, 異於五刑之刑也; 其罰人也不虧財, 則罰之以職事之勞而已, 異於五罰之出鍰者也, 此謂收教歟."

신은 이렇게 생각합니다. 관을 꾸미지 못하게 했는데, 후세에 범죄

---

3 왕소우(王昭禹)가 말하였다: 왕소우는 중국 송(宋)나라 때 사람으로, 《주례상해(周禮詳解)》의 저자이다.

4 오벌(五罰)의 출환(出鍰): 오벌은, 죄가 오형(五刑)에 해당하지 않는 경우, 상응하는 5종의 속금(贖金)에 처하는 것을 말한다. 묵형(墨刑)에 처하기는 부족한 경우 1백 환, 비형(鼻刑)에 부족한 경우는 2백 환, 의형(劓刑)에 부족한 경우는 5백 환, 궁형(宮刑)에 부족한 경우는 6백 환, 대벽(大辟)에 부족한 경우는 1천 환이다. 《書經 呂刑》.

자는 관과 옷을 제거하는 근원이 여기에서 시작되었습니다. 선왕이 악인에 대해 형으로 위엄을 보일 뿐 아니라, 또한 예(禮)로 부끄럽게 하며, 농관(農冠)을 제거하여 치욕스럽게 하고, 밝은 형을 가하여 경계하며, 사역을 맡겨 수고롭게 하니, 무릇 이는 자신의 허물을 덜어 선한 생각을 일으키려고 한 것입니다.

상죄는 3년이 되어 놔주고, 중죄는 2년이 되어 놔주고, 하죄는 1년이 되어 놔주었으니, 죄의 경중에 따라 기간의 차이가 있으며 고치면 중지했습니다. 고치지 못한 뒤에 형을 더했으니, 후세에 도죄(徒罪)에 연한이 있는 것은 여기에 근본이 있습니다. 그렇지만 지금은 그 햇수를 제한할 뿐 연한이 차면 즉시 내보내 보통 사람으로 치되, 옛사람들이 악을 고치기 바라던 의도가 없고 또한 형에서 나왔어도 상대하지 않았던 가르침도 없습니다.

臣按: 弗使冠飾, 後世犯罪者去冠衣其原始此. 先王之於惡人不徒威之以刑, 而又愧之以禮, 去農冠以恥之, 加明刑以警之, 任事役以勞之, 凡此欲其省己愆以興善念也. 上罪三年而舍, 中罪二年而舍, 下罪一年而舍, 以罪之輕重而爲之遠近之期, 能改卽止, 不能改然後加之以刑, 後世徒罪有年限本此. 然惟限其年而已, 限滿卽出以爲平人, 而無復古人冀其改惡之意, 亦無復古人雖出不齒之教矣.

《주례(周禮)》〈장륙(掌戮)【장륙은 관직명이다.】〉에서 말하였다.

"묵자(墨者)는 문을 지키게 하고, 의자(劓者)는 관문을 지키게 하며, 궁자(宮者)는 안을 지키게 하고, 월자(刖者)는 동산을 지키게 하며, 곤자(髡者)는 창고를 지키게 하였다."

掌戮【官名】, 墨者使守門, 劓者使守關, 宮者使守內, 刖者使守囿, 髡者使守積.

오징(吳澂)이 말하였다.

"경자(黥者)는 금지에 어려움이 없기 때문에 문을 지킬 수 있다. 코가 잘린 자는 용모가 보기 싫다고 해서 멀리하지 않으므로 관문을 지킬 수 있다. 궁형은 사람의 도리가 끊어진 것이므로 안을 지키게 한다. 발이 잘린 자는 금수(禽獸)를 쫓을 때 급히 가지 못하므로 동산을 지킬 수 있다. 재화는 은밀한 곳에 보관하기 때문에 머리를 깎인 사람이 지키게 한다."

吳澂曰: "黥者無妨於禁禦, 故可守門; 截鼻者不以貌惡遠之, 故可守關; 宮刑則人道絕矣, 故使守內; 斷足者驅禽獸無急行, 故可守囿; 貨財藏於隱處, 故使髡者守之."

신은 이렇게 생각합니다. 선유(先儒)가 말하기를 "선왕(先王)이 사람에게 형벌을 줄 때, 가벼운 경우는 유배를 보내고 유배를 보내면 거처가 있었으며, 무거운 경우는 형벌을 주었고 형벌을 주면 일을 시켰는데, 일을 시켰기 때문에 장륙의 맡은 바가 이와 같았다."라고 하였습니다.[5] 이는 형을 받은 사람은 신체가 불완전하며, 비록 범죄가 무겁지만 또한 왕의 백성입니다. 이 때문에 성인(聖人)이 하나의 사물도 그 생명을 이루지 못하는 것을 부끄럽게 여겨, 비록 형을 받은 사람이라도 살 방도를 가지고 생명을 온전히 하게 했던 것입니다. 그래서 형벌을 주어도 의로울 수 있었으며, 온전히 해 주었으니 어질 수 있었던 것입니다.

臣按: 先儒謂先王之於刑人, 其輕者則流之, 流之則有居, 其重者則刑之, 刑之則有使, 以其有使也, 故掌戮所掌者如此. 蓋刑餘之人形體不全, 雖有犯罪之重, 然亦王之民也, 聖人恥一物之不遂其生, 雖以刑人亦使之有所養以全其生. 刑之所以爲義, 全之所以爲仁.

한 문제(漢文帝)가 육형(肉刑)을 없애고, 율(律)을 정하였다.[6]

"머리를 깎아야 할 자는 신체를 온전히 하여 성 쌓는 일【단(旦)은 아침에 일어나 성을 쌓는 일이다. 4년 형이다.】과 절구질【용(舂)은 아녀자가 절구질을 하여 쌀을 만드는 것이다.】을 시킨다. 먹으로 이마에 죄를 새겨야 할 자는 머리를 깎고 목에 칼을 씌워 성 쌓는 일과 절구질을 시킨다. 죄인의 옥사가 판결 나면 신체를 온전히 하여 성 쌓는 일과 절구질을 시킨다. 만 3년 동안 종묘에 땔나무를 내게 하고【귀신은 땔나무를 가져와 종묘에 공급하는 일이다.】 쌀을 골라 백미로 만들게 한다【백찬은 쌀을 골라 백미를 만드는 일로, 3년 형이다.】. 귀신(鬼薪)과 백찬(白粲)은 1년이 지나면 예신첩(隸臣妾)이 되고, 예신첩은

---

5 선유(先儒)가 … 하였습니다: 왕소우의 말이다. 《주례집설(周禮集說)》 권8에 나온다.

6 한 문제(漢文帝)가 … 정하였다: 《한서(漢書)》 권23 〈형법지(刑法志)〉에 나온다.

1년이 지나면 면제하여 서인(庶人)이 된다."

漢文帝除肉刑, 定律曰: "諸當髡者完爲城旦【旦起行治城, 四歲刑也】舂【婦人舂作米】, 當黥者髡鉗爲城旦舂. 罪人獄已決, 完爲城旦舂, 滿三歲爲鬼薪【取薪以給宗廟】·白粲【擇米使正白, 三歲刑】, 鬼薪·白粲一歲爲隸臣妾, 隸臣妾一歲免爲庶人."

신은 이렇게 생각합니다. 순 임금의 조정에서는 오형 아래 유배는 있었지만 도형(徒刑)은 없었고, 한나라 시대에는 육형을 없애고 신체를 온전히 하여 성 쌓는 일과 절구질, 귀신과 백찬 같은 형벌이 있었는데, 모두 도형이고 유배가 없었습니다. 이른바 예신첩은 후세에 옥에 갇힌 죄수를 벌하여 조예(皂隸)와 선부(膳夫)로 삼았던 것 또한 이런 의미였습니다.

臣按 : 虞廷五刑之下有流而無徒, 漢世除肉刑, 完爲城旦舂·鬼薪·白粲之類, 皆徒刑也而無流. 所謂隸臣妾, 後世罰囚徒爲皂隸·膳夫亦此意.

광무제(光武帝) 건무(建武) 29년(53), 조서를 내려 죄수는 각각 본래 죄의 1등을 감하고, 그 나머지는 일하러 보내어 속죄하게 했는데 차등이 있었다.

光武建武二十九年, 詔罪囚各減本罪一等, 其餘贖輸作有差.

신은 이렇게 생각합니다. 한나라 시대에 일하러 보내는 데는 사구(司寇)·좌교(左校)·우교(右校)·약로(若盧)가 있었는데, 이른바 '일하러 보낸다[輸作]'는 것은 이들 관청에서 작업을 하는 벌을 주는 것입니다. 후세에 죄가 있으면 작업하는 벌을 주는 것 또한 이러한 의미입니다.

臣按: 漢世輸作有司寇·左校·右校·若盧, 所謂輸作者, 罰其工作於此諸司也, 後世有罪罰工亦此意.

명제(明帝) 영평(永平) 8년(65), 조서를 내려 삼공(三公)이 군국(郡國)의 도관(都官)을 모집하여, 사죄(死罪)로 갇혀 있는 자는 죄 1등급을 감하고 태형을 치지 말며 삭방(朔方)과 오원(五原)의 변방 고을에 머물러 살게 했다. 뒤에 또 조서를 내려 변방에 간 자는 처자식도 따라가게 했다.

明帝永平八年, 詔三公募郡國中都官, 死罪係囚, 減罪一等, 勿笞, 屯朔方·五原之邊縣後. 又詔詣邊者妻子自隨.

신은 이렇게 생각합니다. 후세에 죄수를 유배 보내 변방의 수자리를 서게 한 조치가 여기서 시작되었습니다.

臣按: 此後世謫囚徒戍邊始此.

진 무제(晉武帝) 때 유송(劉頌)이 상소하였다.[7]

"지금 도형을 받는 자는 성질이 가장 악한 불궤(不軌: 윤리를 어김)의 족속입니다. 멀리 집을 떠나 산골짜기에서 요역을 하다 보면 추위와 굶주림이 몸에 절실하여 살고자 하는 마음이 사라질 것입니다. 하물며 본성이 간흉하여 도망이 날로 이어지고 도적이 날로 잦아지면 도망가는 자가 있을 때마다 형을 가하다 하루가 한 해가 되고 종신토록 도형을 받게 됩니다. 이렇게 되면 도리어 선한 사람으로 돌아가려고 해도 기약이 없고 힘든 고통이 몸에 닥쳐 자기의 뜻은 도적질할 생각이 없어도 형편이 그럴 수 없으니, 상황이 그러한 것입니다."

晉武帝時, 劉頌上疏曰: "今爲徒者, 類性元惡不軌之族也, 去家縣遠, 作役山谷, 饑寒切身, 志不聊生, 況其本性奸凶, 徒亡日屬, 賊盜日繁, 其有亡者得輒加刑, 日益一歲, 終身爲徒, 自顧反善無期, 而災困逼身, 其志亡思盜, 勢不得息, 事使之然也."

신은 이렇게 생각합니다. 후세의 혼란은 대부분 도적에서 나왔으니, 도적은 대부분 죄수 무리에게서 일어났습니다. 유송이 앞서 환란을

7 진 무제(晉武帝) … 상소하였다: 《진서(晉書)》 권30 〈형법(刑法)〉에 나온다.

막자고 말한 점은 우려하지 않을 수 없습니다. 이제부터 도형에 처한 모든 죄수는 모여 살지 못하게 하고 각각 한 곳에 흩어져 살게 하면 그 환란이 또한 깊지 않을 것입니다.

臣按: 後世之亂多出自盜賊, 盜賊多起自囚徒, 劉頌之言先事防患, 不可不爲之慮也. 請自今凡罪囚之坐徒者不許群聚, 各散處於一處, 則其爲患亦不甚矣.

수(隋)나라가 새로운 율을 정하였다.[8] 유배형에는 세 가지가 있는데, 1천 리, 1천 5백 리, 2천 리가 있다. 유배해야 할 자는 천 리에 작업 2년, 1천 5백 리에 작업 2년 반, 2천리에 작업 3년이었다. 도형에는 다섯 가지가 있는데, 1년, 1년 반, 2년, 2년 반, 3년이다. 유형과 도형의 죄는 모두 감하여 가벼운 죄를 따랐으며, 유배와 사역 6년을 고쳐서 5년의 도형으로, 5년을 고쳐서 3년으로 하였다.

隋定新律, 曰流刑三, 有千里·千五百里·二千里, 應配者千里居作二年, 千五百里居作二年半, 二千里居作三年; 曰徒刑五, 有一年·一年半·二年·二年半·三年, 其流徒之罪皆減從輕, 流役六年改爲五年徒刑, 五年改爲三年.

8 수(隋)나라가 … 정하였다: 《수서(隋書)》 권25 〈형법(刑法)〉에 나온다.

신은 이렇게 생각합니다. 옛날에 유배죄는 정해진 형이 없었고, 오직 오형에 해당하는 자 가운데 사정이 긍휼하거나 법에 의심스러운 자와, 친척이나 귀족, 훈신이나 유공자로 형을 가할 수 없는 자만 임시로 그 경중을 재고 원근에 차등을 두었으니, 관대하게 용서하는 방법이었습니다. 후세에 제정하여 성법(成法)으로 삼았으니, 오직 그 죄만 논하고 다시 그 사정을 궁구하지는 않았습니다.

臣按: 古者流罪無定刑, 惟入於五刑者有情可矜·法可疑與夫親貴·勳勞而不可加以刑者, 臨時權其輕重, 差其遠近, 所以從寬而宥也. 後世制爲成法, 則惟論其罪, 而不復究其情矣.

당 고조(唐高祖)가 다시 율령을 편찬하였는데, 유배죄 세 가지에 모두 천리를 더하였고, 살면서 작업하던 3년에서부터 2년 반까지 모두 1년으로 하였다.

唐高祖更撰律令, 流罪三皆加千里, 居作三歲至二歲半者悉爲一歲.

신은 이렇게 생각합니다. 〈순전(舜典)〉에는 유형만 있고 도형이 없습니다. 수당(隋唐)의 제도는 유형이 있고 또 살면서 작업하는 것이 있으니 이것은 도형을 겸한 것입니다.

臣按: 《舜典》惟有流而無徒, 隋唐之制旣流而又居作, 則是兼徒矣.

송(宋)나라 유형에는 네 가지가 있었다. 노역을 더하는 유배로, 척장(脊杖)[9] 20대에 노역 2년을 함께 부과하고, 유형 3천 리에 척장 20대, 2천 5백 리에 척장 18대, 2천 리에 척장 17대에다 아울러 노역 1년을 함께 부과하게 했다. 도형은 모두 다섯 가지가 있었다. 도형 3년에 척장 20대, 도형 2년 반에 척장 18대, 도형 2년에 척장 17대, 도형 1년 반에 척장 15대, 도형 1년에 척장 13대 등이었다.

宋流刑四, 加役流脊杖二十·配役二年, 流三千里脊杖二十·二千五百里脊杖十八·二千里脊杖十七, 並配役一年; 凡徒刑五, 徒三年脊杖二十, 徒二年半脊杖十八, 二年脊杖十七, 一年半脊杖十五, 一年脊杖十三.

신은 이렇게 생각합니다. 〈순전(舜典)〉에, 죄의 실정은 가볍고 법이 무겁기 때문에 유배를 보내 용서하면 이 유배 간 자는 다시 형을 가하지 않았습니다. 당나라의 유배형은 리(里) 수를 정하고 또 이 밖에 이른바 '노역을 더하는 유배[加役流]'를 여러 유배형 위에 두었다. 송나라는 당나라 제도를 따라서 유배마다 각각 장형을 더하고 또 노역을 함께 부과했으니 이는 오형 중에 도형, 유형, 장형 세 가지를 겸한 것입니다. 우리나라의 유배죄는 오직 장형만 있고 노역을 부과하지 않으니, 송나라에 비하여 가볍습니다.

臣按: 《舜典》入於五刑者情輕法重, 故爲流以宥之, 則是流者不複刑也.

9 척장(脊杖): 등에 가하는 장형(杖刑)이다.

唐之流刑既定里數，又於此外有所謂加役流者於衆流之上，宋因唐制，每流各加以杖而又配役，則是五刑之中兼用徒·流·杖三者矣. 本朝流罪惟有杖而不配役，比宋爲輕矣.

유배형은 옛 제도에 멀리 이사 가는 데에 그쳤는데, 진(晉)나라 천복(天福) 연간[10]에 처음 얼굴에 글자를 새기는 법이 만들어져 마침내 간악한 짓을 못하게 하는 무거운 법이 되었고, 송나라가 그 법을 그대로 따랐다.

流配舊制止於遠徙，晉天福中始創刺面之法，遂爲戢奸重典，宋因其法.

신은 이렇게 생각합니다. 한나라에서 육형을 없앤 뒤로 옛 형벌이 시행되지 않은 지 오래되었습니다. 오대(五代) 중 진나라가 다시 얼굴에 글자를 새기는 형을 창제했으니, 이는 육형이 모두 폐지되었다가 경형(黥刑)이 수백 년 뒤에 다시 시행된 것입니다. 저 쇠퇴한 시대의 못난 임금은 본디 책망할 것도 없지만 송 태조(宋太祖)는 어질고 후덕함으로 나라를 세웠는데도 그대로 따르고 혁파하지 않았고, 그 뒤에 심지어 죄 없는 사졸(士卒)에게 자형(刺刑)을 가했으니, 어진 정치에 허물이 중대합니다.

10 진(晉)나라 천복(天福) 연간: 중국 후진(後晉) 고조(高祖)의 연호로, 936~943년에 해당한다.

臣按: 自漢除肉刑, 古刑不用久矣, 而五代中晉復創刺面之刑, 是肉刑皆廢而黥刑復用於數百年之後, 彼衰世庸君固無足責, 宋太祖以仁厚立國, 乃因之而不革, 其後乃至以刺無罪之士卒, 其爲仁政累大矣.

송 태종(宋太宗) 태평홍국 4년(971), 조서를 내려 배역자는 염정에 나누어 예속시켜 부리도록 하였다.

太宗太平興國四年, 詔配役者分隸鹽亭役使.

신은 이렇게 생각합니다. 후세에 죄수를 소금 굽는 데 징발한 것이 여기에 기원을 두었습니다.

臣按: 後世發囚徒煎鹽本此.

송 신종(宋神宗) 희녕(熙寧) 연간에 증포(曾布)[11]가 말하였다. "율령에, 대벽(大辟) 다음으로는 유배형에 처했으니, 묵형(墨刑)·의형(劓刑)·비형(剕刑)·

11 증포(曾布, 1036~1107): 중국 북송(北宋)의 문신으로, 자는 자선(子宣)이다. 채경(蔡京) 등과 함께 왕안석(王安石)의 신법(新法)을 지지하여, 사마광(司馬光)을 중심으로 한 여문저(呂文著), 문언박(文彦博), 소식(蘇軾), 정이(程頤), 황정견(黃庭堅) 등 이른바 원우대신(元祐大臣)들을 공격했던 인물이다.

궁형(宮刑)을 대신하는 법이었습니다. 이는 선왕이 유배를 보내 용서하는 뜻이 아닐 뿐 아니라, 더욱이 경중의 차등도 잃었습니다. 옛날 지방의 농지는 공동으로 정전(井田)을 일구었고 사람들이 모두 토지에 편히 모여 삶의 터전을 옮기는 일은 무겁게 했습니다. 먹고 살 밑천이 없는 먼 곳에 유배 보내면 평생 노역에 묶여 곤욕을 치렀습니다. 근래 백성들은 고향을 쉽게 떠나 사방으로 이사를 가기 때문에 이것이 우환인데, 1년만 살면서 노역을 하면 바로 호적에 등록하기를 허가한다면 옛날의 법에 비하여 또한 가볍습니다. 하물며 절장(折杖)의 법[12]은 옛날 편박(鞭撲)의 형[13]보다 형이 가벼워 악행을 금지할 수 없기 때문에 범법행위가 날로 많아지고 끝내 살육에 이르렀으니, 이는 가볍게 해 주려다가 도리어 무거워지는 것입니다."

神宗熙寧中, 曾布言: "律令, 大辟之次處以流刑, 代墨·劓·剕·宮之法, 不惟非先王流宥之意, 而又失輕重之差. 古者鄕田同井, 人皆安土重遷, 流之遠方無所資給, 徒隸困辱以至終身, 近世之民輕去鄕土, 轉徙四方, 因而爲患, 而居作一年卽聽附籍, 比於古亦輕矣, 況折杖之法於古爲鞭撲之刑, 刑輕不能止惡, 故犯法日衆, 其終必至殺戮, 是欲輕反重也."

신은 이렇게 생각합니다. 근래의 제도에 10명 이상을 무고(誣告)한 자

12 절장(折杖)의 법: 유형(流刑)·도형(徒刑)·장형(杖刑)·태형(笞刑)에 대해 때리는 숫자와 장(杖)과 태(笞)의 길이를 규정한 법이다.

13 편박(鞭撲)의 형: 채찍과 회초리를 치는 형벌이다.

는 장성(長城) 밖의 백성으로 징발하니, 이는 시끄러운 소송의 풍조를 금지하기 위함입니다. 그런데 이 법이 시행되자 천하의 완악한 백성들이 모두 경계할 바를 알게 되었으나 유독 양자강 남쪽 백성들만 조금도 걱정하지 않아서 증포가 말한 것과 같은 점이 있습니다. 대개 그 지역이 협소하고 백성이 가난하여 사방으로 떠돌아다니며 먹고 사는 것이 평소 직업이니, 법관들이 모여 의논하여 따로 법을 만들어 처리하시기 바랍니다. 오늘날 소송을 거는 풍조는 양자강 남쪽이 심하니, 이런 풍조가 그치지 않으면 선량한 백성들이 불안해 할 것이고, 훗날 의외의 변고가 있을 것입니다.

臣按: 近制有誣告人十人以上者, 發口外爲民, 蓋欲以止嚚訟之風也. 然此法行而天下之頑民皆知所儆, 獨江右之民略不以爲患, 乃有如布所言者. 蓋其地狹民貧, 遊食四方乃其素業, 乞下法官集議別爲法以處之. 今日健訟之風江右爲甚, 此風不息, 良善不安, 異日將有意外之變.

송 효종(宋孝宗) 순희(淳熙) 연간에, 나점(羅點)이 말하였다. "우리나라의 얼굴에 글자를 새기고 유배 보내는 법은 전대에 비하여 형의 적용이 무겁습니다. 저의 생각으로는 도적을 그치게 하려면 도망치는 병사들을 막아야 하고, 도망치는 병사를 막으려면 글자를 새기고 유배하는 법을 감하지 않으면 안 됩니다. 바라건대 조서를 내려, 유사(有司)가 장차 글자를 새겨 유배 보낼 자 가운데 죄상이 가벼운 자가 있으면 관대하게 감경하여, 거처에서 노역을 하거나 편관(編管)[14]하는 영을 따로 정하십시오."

孝宗淳熙中, 羅點言: "本朝刺配之法視前代用刑爲重, 竊謂欲戢盜賊不可不銷逃亡之卒, 欲銷逃亡之卒不可不減刺配之法, 望詔有司將見行刺配, 情輕者從寬減降, 別定居役或編管之令."

신은 이렇게 생각합니다. 〈순전(舜典)〉에 "떳떳한 형벌로 보여 준다[象以典刑]" 하였는데 오형입니다. 오형 외에 유(流)·편(鞭)·박(撲)·속(贖)이 있어 이것이 구형(九刑)입니다. 송나라 사람들은 오대(五代)를 이어 얼굴에 글자를 새기고 유배 보내는 법을 만들었습니다. 등에 장(杖)을 친 뒤 또 그 사람을 유배 보내고, 더욱이 얼굴에 글자를 새긴 것입니다. 이는 한 사람의 몸에, 한 가지 죄를 범한 것인데도 세 가지 형을 겸하여 시행한 것입니다.

송나라 사람들은 충후함으로 나라를 세웠는데, 후세 자손들이 참혹한 화를 당한 것은 그 형법이 너무 지나쳤기 때문이라고 생각합니다. 사람의 등을 때리고 사람의 얼굴에 글자를 새기는 것은 모두 한당(漢唐)에는 없었던 것입니다. 그러므로 말세의 자손 가운데, 산 자는 포로로 잡혀가는 고통을 겪었고 죽은 자는 시신이 드러나는 화를 당했으니,[15] 후세에 형을 시행하는 자는 의당 경계해야 할 것입니다.

---

14 편관(編管): 송(宋)나라 때의 제도로, 죄인의 얼굴에 자자(刺字)하지 않고 귀양 보내는 것을 말한다.

15 말세의 … 당했으니: 1126년에 금(金)나라의 군대가 북송의 수도인 개봉(開封)을 점령하고 송 휘종(徽宗)과 흠종(欽宗)을 포로로 잡아갔다. 송 고종(宋高宗)은 남쪽으로 퇴각하였다. 한편 원(元)나라가 천하를 통일한 다음 서성(西城)의 중인 양련진가(楊璉眞伽)에게 강남 지방의

臣按:《舜典》象以典刑, 五刑也, 於五刑之外有流·有鞭·有撲·有贖, 是爲九刑. 宋人承五代爲刺配之法, 旣杖其脊又配其人而且刺其面, 是一人之身·一事之犯而兼受三刑也. 宋人以忠厚立國, 其後子孫受禍最慘意者, 以其刑法太過. 杖人以脊·刺人之面, 皆漢唐所無者歟, 故其末世子孫生者有係累之苦, 死者遭暴露之禍, 後世用刑者宜以爲戒.

순희(淳熙)[16] 14년(1187), 신료들이 말하였다. "글자를 새기고 유배 보내는 법은 고찰해 보면 상부(祥符)[17] 연간에는 46조에 그쳤지만, 경력(慶曆)[18]에 이르러 이미 176조였습니다. 지금 순희 연간에 유배법이 570조이고 범법자가 날로 많아져 경자(黥刺)당한 사람이 이를 곳이 가득 찼지만 전후로 유배 조항을 새로 만든 것은 그만한 이유가 없는 것은 아닙니다. 만일 거역(居役: 거주지에서 노역함)에 그치고 고을 농지를 떠나지 않게만 하면 간사한 자들에게 은혜를 베푸는 데 가깝고 악행을 징치하기에는 부족합니다. 그렇지만 유배법을 다 적용하고 경자를 불쌍히 여기지 않으니 얼굴이 한번 망가진 뒤에 누가 다시 돌아보겠습니까? 위력을 적절히 늘려야 잘못이 있을 때 스스로 새로워질 수 있을 것입니다."

불교를 통괄하는 임무를 맡겼는데, 양련진가는 전당(錢塘)과 소흥(紹興)에 있던 남송(南宋) 황제와 대신들의 무덤 100여 개를 모두 파헤쳐 금옥 등의 보석을 훔치고 시신들을 함부로 버렸다.

16 순희(淳熙): 송 효종(宋孝宗)의 연호이다. 1174~1189.

17 상부(祥符): 송 진종(宋眞宗, 재위 998~1022)의 연호이다. 1008~1016.

18 경력(慶曆): 송 인종(宋仁宗)의 연호이다. 1041~1048.

淳熙十四年，臣僚言:“刺配之法，考之祥符止四十六條，至慶曆已一百七十六條, 今淳熙配法五百七十條, 犯者日衆, 黥刺之人所至充斥, 前後創立配條不爲無說, 若止令居役不離鄉井, 則幾於惠奸，不足以懲惡, 若盡用配法不恤黥刺, 則面目一壞, 誰復顧藉? 適長威力, 有過庶由自新.”

홍매(洪邁)[19]가 말하였다.

“진(秦)나라 말에 죄수들에게 붉은 색 자의(赭衣)를 만들어 입혔는데 그런 죄수가 길에 반이나 찼음에도 간악함이 그치지 않았다. 송나라 제도는, 감사(減死) 1등급 및 서리(胥吏) 병졸 가운데 도배(徒配)에 해당하는 자는 얼굴에 검은 물을 들여 새겼는데, 본래 욕을 보여 장차 사람들이 보고 알게 하려는 것이었을 뿐이다. 그런데 오래 되면서 그 대상이 더욱 많아져 고을마다 뇌성(牢城)[20]에서 그 인원수를 관할했는데 항상 넘쳐서 거의 10여 만에 이르렀다. 흉악한 도적들이 아무렇지 않게 거처하면서 익숙하고 부끄러움이 없다. 나은(羅隱)의 《참서(讒書)》[21]에 ‘아홉 사람이 관을 쓰고 한 사람이 상투를 틀면, 상투 튼 사람이 부족한 듯 느끼고 관 쓴 사람이 우월감을 느낀다. 아홉 사람이 상

19 홍매(洪邁, 1123~1202): 《대학연의보》 권100 주) 16 참조.

20 뇌성(牢城): 죄수를 지정된 지역에 보내서 사역(使役)시키는 형을 말한다.

21 나은(羅隱)의 《참서(讒書)》: 나은(833~909)은 당나라 시인으로 자는 소간(昭諫), 자호는 강동생(江東生)이다. 당시에 시명(詩名)을 천하에 진동시키며 특히 영사(詠史)에 뛰어났으나 성품이 거만하고 풍자를 잘 하였기 때문에 종신토록 급제하지 못하였다. 저서로 《참서》 5권이 있다.《舊五代史 卷24 梁書 羅隱列傳》.

투를 틀고 한 사람이 관을 쓰면 관을 쓴 사람이 부족한 듯 느끼고 상투 튼 사람이 우월감을 느낀다.'라고 했는데, 바로 이를 가리킨다. 노자(老子)가 말하기를 '백성들이 항상 죽음을 두려워하지 않는다면 어떻게 죽음으로 두렵게 만들 수 있겠는가? 만약 백성들이 항상 죽음을 두려워한다면 악행을 저지른 자를 내가 잡아서 죽일 것이니 누가 감히 죄를 짓겠는가?'라고 했으니[22] 지당한 말이라고 하겠다."

洪邁曰: "秦之末造赭衣半道而奸不息, 宋制, 減死一等及胥吏兵卒徒配者涅其麵而刺之, 本以示辱且使人望而識之耳, 久而益多, 每郡牢城管其額常溢殆至十餘萬, 凶盜處之恬然, 蓋習熟而無所恥也. 羅隱《讒書》云'九人冠而一人髽, 則髽者慕而冠者勝; 九人髽而一人冠, 則冠者慕而髽者勝', 正謂是歟. 老子曰: '民常不畏死, 奈何以死懼之? 若使民常畏死, 則爲惡者吾得執而殺之, 孰敢?' 可謂至言."

신은 이렇게 생각합니다. 육형(肉刑)을 폐지한 뒤 오직 궁형 하나만 아직까지 남아 있습니다. 그렇지만 대부분 반역자의 남은 무리를 잡아서 시행하고 혹 살아서 궁형을 숨기며, 스스로 궁형을 당하여 관직에 진출하는 자도 있기에 관청에서 형벌로 여기지 않습니다.

당(唐)나라 초에 비록 오른쪽 발을 잘랐는데, 태종은 육형을 없앤지 오래되어 차마 복구할 수 없다고 말했고, 방현령(房玄齡) 또한 "지금 육형이 이미 폐지되었으니, 태(笞)·장(杖)·도(徒)·유(流)·사(死)의 오형

22 노자(老子)가 … 했으니: 노자의 《도덕경(道德經)》 74장에 나오는 말이다.

에 또 사람의 발을 베면 이는 육형(六刑)이다."라고 하여, 이에 없앴습니다. 송나라 사람들은 지금 오형 외에 또 자배(刺配)의 법을 만들었으니, 어찌 이른바 육형이 아니겠습니까?

죄로 폐해져 의지할 데 없는 사람을 뇌성(牢城) 가운데 모아 무리를 이뤄 원망을 얽고, 그 분해서 불평하는 마음을 풀 길 없어 마음속 의도는 비록 스스로 새로워지려고 하지만 얼굴에 새겨진 글자는 이미 제거할 수 없으니 도망쳐서 도적이 되거나 몽둥이를 들고 일어나 난리를 일으키는 것이 또한 어찌 이상한 일이겠습니까. 송강(宋江)은 36명으로 하삭(河朔)에 횡행하였는데[23] 지금까지 제압하지 못하고 있으니, 이는 모두 자배(刺配)당한 무리들이 곳곳에 있어서 그들을 위해 눈과 귀가 되어 주기 때문입니다.【이상 도형과 유형이다.】

臣按: 自廢肉刑之後, 惟宮一刑尙存, 然多取反叛餘孽爲之, 亦或有生而隱宮, 及自宮以求進者, 官府不以爲刑也. 唐初雖斷右趾, 太宗以爲肉刑久除不忍複, 而房玄齡亦謂: "今肉刑旣廢, 以笞·杖·徒·流·死爲五刑, 又刖人足, 是六刑也." 於是除之. 宋人於今五刑之外又爲刺配之法, 豈非所謂六刑乎? 聚罪廢無聊之人於牢城之中, 使之合群以構怨, 其憤憤不平之心無所於泄, 心中之意雖欲自新而面上之文已不可去, 其亡去爲盜·梃起爲亂, 又何怪哉. 宋江以三十六人橫行河朔, 迄不能製之, 是皆刺配之徒, 在在而有以爲之耳目也.【以上徒流】

23 송강(宋江)은 … 횡행하였는데: 북송(北宋) 말, 송강은 농민을 이끌고 지금의 산둥(山東)과 허베이(河北) 일대에서 반란을 일으켰다. 그 후의 행적에 대해서는 알려진 바가 없다.

〈순전(舜典)〉에서 말하였다.

금전으로 형을 속바치게 했다.

《舜典》曰: 金作贖刑.

주희(朱熹)가 말하였다.

"'금전으로 형을 속바친다'는 것은 금전을 내게 하여 그 죄를 면제하는 것이니, 편박(鞭撲)의 형을 범한 자이고 죄상 또한 가벼운 자를 속바치게 하는 방안이다."

朱熹曰: "金作贖刑者, 使之人金而免其罪, 所以贖大犯鞭撲之刑而情又輕者也."

혹자가 주희에게 묻기를, "형을 속바치는 것[贖刑]은 옛 법이 아닌가?" 하니, "옛날의 속형이란 편박(鞭撲)을 속바치는 것이었다. 이미 사람을 죽이거나 다치게 하고 또 금전으로 속바치게 한다면, 재산이 있는 자는 모두 사람을 죽이거나 다치게 할 수 있고, 무고하게 피해를 입은 사람에게는 얼마나 큰 불행인가? 또한 살인자가 편안히 고을에 거처한다면 살해당한 사람의 효성스러운 자손이 부모의 원한을 갚으려고 할 것이니, 어찌 이런 상황에서 편안할 수 있겠는가. 그래서 사예에 내치고 원방에 유배 보냈으니, 피차 둘 다 보전하는 것이다."

或問朱熹曰: "贖刑非古法歟?" 曰: "古之所謂贖刑者, 贖鞭撲耳. 夫旣已殺人傷人矣, 又使之得以金贖, 則有財者皆可以殺人傷人, 而無辜被害者何其大不幸也? 且殺人者安然居乎鄉里, 彼孝子順孫之欲報其親者, 豈肯安於此乎? 所以屛之四裔, 流之遠方, 彼此兩全之也."

〈여형(呂刑)〉에서 말하였다.

묵형(墨刑)을 용서하려고 하면 그 벌금이 백 환【6량이 환이다.】이니, 그 죄를 실상대로 살펴야 한다【열(閱)은 살펴보는 것[視]이다.】. 의형(劓刑)을 용서하려고 하면 그 벌금이 두 배이니【배(倍)는 이백 환이다.】 그 죄를 실상대로 살펴야 한다. 비형(剕刑)을 용서하려고 하면 그 벌금이 두 배에 오백 환이니【배차(倍差)는 배에다 또 오백 환이다.】, 그 죄를 실상대로 살펴야 한다. 궁형(宮刑)을 용서하려고 하면 그 벌금이 육백 환이니 그 죄를 실상대로 살펴야 한다. 대벽(大辟)을 용서하려고 하면 그 벌금이 천 환이니 그 죄를 실상대로 살펴야 한다.

《呂刑》曰: 墨辟疑赦, 其罰百鍰【六兩曰鍰】, 閱【視也】實其罪; 劓辟疑赦, 其罰惟倍【二百鍰也】, 閱實其罪; 剕辟疑赦, 其罰倍差【倍而又差五百鍰也】, 閱實其罪; 宮辟疑赦, 其罰六百鍰, 閱實其罪; 大辟疑赦, 其罰千鍰, 閱實其罪.

채침(蔡沈)이 말하였다.

"고요(皐陶)의 '죄가 의심스러우면 가볍게 한다'는 것은 한 등급을 낮추어 죄주는 것이다. 이제 오형(五刑)의 '의심스러운 것을 용서함[疑赦]'에 곧바로 벌금형으로 벌하였으니, 이는 대벽(大辟)과 궁(宮)·비(剕)·의(劓)·묵(墨)에 모두 다시 강등하여 쓰지 않은 것이다. 순(舜)의 속형(贖刑)은 관청과 학교의 채찍과 회초리[鞭撲]의 형벌일 뿐이었다. 형벌은 편박보다 가벼운 것이 없으니, 편박의 형벌에 들어가고 또 정(情)과 법(法)이 오히려 의논할 만한 것이 있으면 이는 법으로 다스릴 수가 없으므로 속전(贖錢)을 내게 하였으니, 다만 대번에 석방시키고자 하지 않은 것이었다. 그런데 목왕(穆王)의 이른바 '속(贖)'은 비록 대벽이라도 속형하였으니, 순 임금에게 어찌 이러한 제도가 있었겠는가."

蔡沈曰: "皋陶謂'罪疑惟輕'者, 降一等而罪之耳, 今五刑疑赦直罰之以金, 是大辟·宮·剕·劓·墨皆不復降等用矣. 舜之贖刑, 官府·學校鞭撲之刑耳. 夫刑莫輕於鞭撲, 入於鞭撲之刑而又情法猶有可議者, 則是無法以治之, 故使之贖, 特不欲遽釋之也, 而穆王之所謂贖, 雖大辟亦贖也, 舜豈有是制?"

하선(夏僎)[24]이 말하였다.

"조목마다 굳이 '그 죄를 실상대로 살펴야 한다[閱實其罪]'고 하였으니, 듣는 사람이 혹 그 뜻을 상세히 알지 못하여 그 하나만 실상대로 살피는 데 그치고 그 나머지를 소홀히 할까 우려되었기 때문에 사족

24 하선(夏僎): 송나라 학자로, 《상서상해(尚書詳解)》를 지었다.

같은 말을 계속 쓴 것이다."

夏僎曰: "每條必言'閱實其罪', 恐聽者或不詳其意, 止閱實其一而忽其他, 故不嫌其費辭也."

동정(董鼎)[25]이 말하였다.

"순 임금이 이미 다섯 가지 유형(流刑)으로 오형(五刑)을 용서하고, 편박 같은 가벼운 형은 금전으로 속하는 것을 허락하여, 부끄러운 마음을 기르고 스스로 새로워지는 길을 열었다. 그래서 '일부러 저지르지 않은 잘못은 용서한다[眚災肆赦]'고 했으니 단지 용서할 뿐이었다. 목왕이 형으로 죄(罪)를 다스리고 벌로 속금(贖金)을 두었는데, 이미 오형에서 의심스러운 것은 용서한다고 말하고, 또 그 벌은 금전으로 헤아린다면 비록 '의심스러운 것을 용서한다[疑赦]'는 데 해당되더라도 모두 형속(刑贖)을 면치 못하니, 오형을 다 속금하게 한다면, 옥사(獄事)를 파는 것이 아닌가? 이때부터 금전이 있는 자는 비록 사람을 죽이더라도 모두 죽지 않을 수 있었고, 형을 받은 자가 길에 반이 되도록 넘치는데 필시 모두 금전이 없는 자였으니, 중정(中正)이 어디에 있는가?"

董鼎曰: "舜旣以五流而宥五刑矣, 鞭撲之輕者乃許以金贖, 所以養其愧恥之心而開以自新之路, 曰'眚災肆赦'則直赦之而已. 穆王乃以刑爲致

25 동정(董鼎): 송나라 요주(饒州) 파양(鄱陽) 사람으로, 자는 계형(季亨), 호는 심산(深山)이다. 저서에 《상서집록찬주(尙書輯錄纂注)》가 있다.

罪, 以罰爲贖金, 旣謂五刑之疑有赦, 而又曰其罰若幹鍰, 則雖在疑赦皆不免於刑贖, 五刑盡贖, 非鬻獄乎? 自是有金者雖殺人皆可以無死, 而刑者相半於道, 必皆無金者也, 中正安在哉?"

신은 이렇게 생각합니다. 〈여형(呂刑)〉의 속법(贖法)에 대해, 채침은 주자(朱子)에 기초하여 "〈순전(舜典)〉에서 말한 속(贖)은 관청과 학교의 형이고, 오형에는 본디 대속[贖]하지 않았고 오형의 관대함은 오직 유배형과 편박의 관대함으로 처리하여 대속을 허락하는 것이었다. 지금 목왕의 속법(贖法)에 비록 대벽도 대속하여 면제해 주며 당우(唐虞)의 시대에 이런 법이 있었는가?"라고 했습니다. 생각건대, 목왕은 순시에 절도가 없어 재정이 고갈되고 백성들이 피로하여, 말년에 대책이 없어졌기 때문에 결국 이와 같은 일체 임시방편의 술책으로 백성들의 재물을 거두었기 때문에 주자가 기록하여 대체적으로 경계를 보인 것입니다.

그리고 마단림(馬端臨)은 말하기를 "이 책을 숙독하면 애긍심과 측은함이 천년 뒤에도 여전히 사람을 감동시킨다. 또한 간곡하게 부자를 위해 법을 굽혀 재물을 찾는 데 대해 경계하였으니, 세금을 거두는 방법을 널리 구하지 않았음을 알 수 있다. 또한 이른바 대속이란 나름의 뜻이 있다. '묵형(墨刑)을 용서하려고 하면 그 벌금이 백 환이다' 하였으니, 대개 묵법(墨法) 가운데 용서할 만하다고 의심되는 것은 돌연 용서하지 않고, 일단 백 환을 받아 벌을 보였다. 이어서 '그 죄를 실상대로 살펴야 한다'고 하였으니, 이는 죄가 의심스럽지 않으면 형을 주고, 의심스러우면 대속하는 것이니, 모두 그 실상을 살펴야한다는 말이다." 하였습니다.[26] 또 말하기를, "재물은 사람들이 매우 갖고 싶어 하는 것이기 때문에 그 욕구를 빼앗아 곤란하게 하여 악행을 하지 않게 할 뿐이지 어찌 그 재물을 이롭게 생각해서이겠는가?"라고 하였습니다.

이 책은 대개 백성들이 법에 걸리는 것을 안타까워하고 유사(有司)가 살펴서 가볍게 적용하지 못할 것을 걱정한 것이다. 그 뜻은 아마 형을 없애기를 기약한 것이지 형을 만든 것이 아니었습니다. 신은 마단림의 말은 목왕의 속법(贖法)이 재물 수입을 이익으로 삼은 것이 아니라는 말이라고 봅니다. 후세에 금지 법망이 매우 엄밀하여 범죄자가 많아졌는데, 그 실상을 살펴 의심할 만한 데가 있으면 매우 욕심을 내는 금전을 벌로 부과하여 그 죄를 갚게 했습니다.

죄가 오형에 해당되지만 의심되는 경우는 부유하여 금전이 있는 자에게 금전을 내어 그 죄를 대속해도 될 것입니다. 송곳 꽂을 데도 없는 백성의 경우는 대벽의 죄를 범했을 때 무슨 수로 금전 천 환을 마련하겠습니까? 이와 같다면 의심스러운 죄에서 부자는 살고 가난한 자는 죽게 될 것이니, 이 어찌 성인(聖人)의 형벌이겠습니까. 그렇다면 죄에 의심이 있다면 어떻게 해야 되겠습니까?《서경》에서 본디 자연 "위아래로 죄를 견준다[上下比罪]" 했고, "위의 형벌에 속하는 죄라도 가벼이 해야 한다[上刑適輕, 下服]" 하였으니, 이것이 바로 〈우서(虞書)〉

26 마단림(馬端臨)은 … 하였습니다: 마단림(1254?~1323)은 남송(南宋) 말 원나라 초 요주(饒州) 낙평(樂平) 사람으로, 자는 귀여(貴與)고, 호는 죽주(竹洲)다. 두우(杜佑)의 〈통전(通典)〉을 저본으로 하여《문헌통고(文獻通考)》를 편찬하였는데, 인용된 말은 권162 〈형고(刑考)1 형제(刑制)〉에 나온다.

에서 "죄가 의심스러우면 가볍게 한다[罪疑惟輕]"라는 뜻이니, 어찌 속형을 쓰겠습니까?

臣按:《呂刑》之贖法, 蔡氏本朱子, 意謂《舜典》所謂贖者官府·學校之刑耳, 若五刑則固未嘗贖也. 五刑之寬, 惟處以流·鞭·撲之寬, 方許其贖. 今穆王贖法雖大辟亦與其贖免, 曾謂唐虞之世而有是法, 以爲穆王巡遊無度, 財匱民勞, 至其末年無以爲計, 乃爲此一切權宜之術以斂民財, 夫子錄之蓋以示戒. 而馬端臨乃謂, 熟讀此書, 哀矜惻怛之意, 千載之下猶使人爲之感動, 且拳拳乎訖富惟貧之戒, 其不爲聚斂征求設也審矣. 且所謂贖者, 意自有在. 其曰"墨辟疑赦, 其罰百鍰", 蓋謂墨法之中疑其可赦者不遽赦之, 而姑取其百鍰以示罰耳; 繼之曰"閱實其罪", 蓋言罪之無疑則刑, 可疑則贖, 皆當閱其實也. 又曰財者人之所甚欲, 故奪其欲以病之, 使其不爲惡耳, 豈利其貨乎? 此書大概所言哀民之罹於法, 懼有司不能審克而輕用之, 此意蓋期於無刑而非作刑也. 臣竊以謂馬氏之言謂穆王之贖法, 非利其貨入, 蓋因後世禁網深密, 犯罪者多, 閱其實有可疑者, 則罰其所甚欲之金, 以貸其罪也, 夫罪入五刑而可疑者, 使富而有金者出金以贖其罪可矣. 若夫無立錐之民而犯大辟之罪, 何從而得金千鍰乎? 如是, 則罪之疑者, 富者得生, 貧者坐死, 是豈聖人之刑哉? 然則罪之有疑者如之何則可?《書》固自謂"上下比罪", "上刑適輕, 下服", 是卽《虞書》"罪疑惟輕"也, 奚用贖爲哉?

《주례(周禮)》에서 말하였다.

직금(職金)은 사(士)의 벌금을 거두고, 화벌(貨罰)을 사병(司兵)에 넣는 일을 맡는다.

《周禮》: 職金掌受士之金罰·貨罰入於司兵.

정현(鄭玄)이 말하였다.

"화(貨)는 천포(泉布)이다. 벌(罰)은 벌을 대속하는 것이다. 사병에 넣는다는 것은 무기 관리나 공직에 주기 때문에 '금전으로 형을 대속한다[金作贖刑]'고 하였다."

鄭玄曰: "貨, 泉布也. 罰, 贖罰也. 入於司兵, 給治兵及工直也, 故曰'金作贖刑'."

가공언(賈公彦)이 말하였다.

"사(士)의 벌금을 거두는 일을 맡는다는 것은, 옥송(獄訟)을 판단할 때 의심이 있으면 바로 속전을 내며, 이미 벌금이라고 말하고 또 화벌이라고 한 것은, 벌금을 낼 집에 혹 금전이 없으면 바로 다른 재물을 내어 금전에 충당한다."

賈公彦曰: "掌受士之金罰者, 謂斷獄訟者有疑, 即使出贖, 既言金罰又言貨罰者, 出罰之家時或無金, 即出貨以當金也."

신은 이렇게 생각합니다. 《주례》에 "직금은 사(士)의 벌금을 거두고, 화벌을 사병에 넣는 일을 맡는다."라고 했는데, 사람이 군대[師士]에서 범죄를 저질렀을 때 벌금이나 재물로 속죄한다면 그 금전을 사병에 들여와 무기 관리하는 공직(工直)으로 삼았습니다. 후세에 죄가 있는 자는 왕왕 내장(內藏)에 가져와 평상시 사용하였고, 혹은 무기 수리 및 제조의 비용으로 사용하였는데, 옛 제도는 아닙니다.

臣按:《周禮》職金受士之金罰·貨罰入於司兵, 蓋因人之有罪犯於師士者, 當罰金與貨以贖罪, 則入其金於司兵, 以爲治兵之工直, 後世有罪者往往歸之內藏以爲泛用, 或以爲繕修營造之費, 非古制也.

한 혜제(漢惠帝) 원년(기원전 194), 명하여 백성이 죄가 있으면 작(爵) 30급(級)을 사서 사죄(死罪)를 면하게 했다.

漢惠帝元年, 令民有罪得買爵三十級以免死罪.

안사고(顔師古)가 말하였다.
"작을 산 금전을 내어 죄를 대속한다."

顔師古曰: "令出買爵之錢以贖罪."

신은 이렇게 생각합니다. 〈순전〉에 '금전으로 형을 대속한다[金作贖刑]' 하였는데, 이익 때문이 아니었으나 후세에는 이익으로 삼았습니다. 혜제가 명하여 백성이 죄가 있으면 작(爵) 30급(級)을 사서 사죄(死罪)를 면하게 했으니, 이는 부자가 죄가 있어도 재산을 가지고 죽음을 면할 뿐 아니라, 또 이어 작까지 얻었습니다. 아! 이 무슨 상벌입니까?

臣按: 《舜典》"金作贖刑", 非利之也, 而後世則利之矣. 惠帝令民有罪得買爵以免死罪, 則是富者有罪, 非徒有財而得免死, 又因而得爵焉. 嗚呼, 是何等賞罰耶?

효문제(孝文帝) 때, 조조(晁錯)의 의견을 받아들여 요새에 곡식을 낼 백성을 모아 죄를 면제해 주었다.

孝文時, 納晁錯之說, 募民納粟塞下得以除罪.

신은 이렇게 생각합니다. 조조의 의견은 이렇게 해서 사람들에게 곡식을 중시하게 하려던 것이었는데, 곡식은 중하고 형벌은 가볍다는 말입니까? 이는 농사에 힘써 백성에게 재물을 부유하게 해줄 줄은 알았지만, 형벌을 경시하는 것이 백성들의 풍속을 소란하게 하는 것을 알지 못한 것입니다. 이러한 편견과 왜곡된 견해는 다스림의 사체를 아는 사람은 취하지 않습니다. 반드시 부득이하여 한때의 급한 상황을 구할 때에도 심하게 부득이한 경우가 아니면 안 됩니다. 사안이 끝나면 그만두어야 합니다.

臣按: 錯之說欲以此使人重穀也, 穀則重矣, 刑毋乃輕乎? 是知務農足以使民財之, 富而不知, 輕刑適足以致民俗之嚚, 此偏見曲說, 識治體者所不取也, 必不得已而救一時之急, 非甚不得已不可也, 事已則已可矣.

한 무제(漢武帝) 천한(天漢) 4년(기원전 97), 명하여 죽을죄를 지은 사람에게 속전 50만 냥을 내면 죽을죄 1등급을 감해 주라고 명하였다.

武帝天漢四年, 令死罪人入贖錢五十萬減死罪一等.

신은 이렇게 생각합니다. 벽(辟)으로 벽을 그치는 것이 이제(二帝)와 삼왕(三王)이 입법한 본뜻이었습니다. 죽어야 하는 자인데 대속의 이점을 누린다면, 법을 범하고 죽는 자는 모두 가난한 백성이고, 부자들은 다시는 죽지 않을 것입니다. 기타 잡범은 대속해도 되겠지만, 살인자도 대속할 수 있다면 죽은 자는 무슨 죄이며, 그 과부와 어린 자식은 어떻게 분함을 풀겠습니까? 죽은 자는 천년 동안 갚지 못할 원한을 품고, 산 자는 죽을 때까지 불평하는 기운을 머금을 것이니, 이 때문에 천지의 조화를 손상하고 재이의 변고를 초래할 것입니다. 혹 화란을 가져오는 경우 또한 있을 것이니, 천지와 생민의 주인 된 자는 한 무제를 경계로 삼지 않으면 안 됩니다.

臣按: 辟以止辟, 此二帝三王立法之本意也, 若死者而可以利贖, 則犯法死者皆貧民而富者不復死矣. 其他雜犯贖之可也, 若夫殺人者而亦得贖焉, 則死者何辜而其寡妻·孤子何以泄其憤哉? 死者抱千載不報之冤, 生者含沒齒不平之氣, 以此感傷天地之和·致災異之變, 或馴致禍亂者, 亦或有之, 爲天地生民主者, 不可不以武帝爲戒.

한 선제(漢宣帝) 때 서강(西羌)이 반란을 일으켰다. 장창(張敞)이 병사들의 식량이 부족하자, 각 죄는 있지만 뇌물을 받거나 살인, 용서받을 수 없는 범법자가 아닌 경우는 모두 곡식을 차등에 따라 들여서 죄를 대속하게 하자고 청했다. 소망지(蕭望之) 등이 말하기를 "백성들에게 곡식 양대로 죄를 대속하게 하면 부자는 살 수 있지만 가난한 자만 죽습니다. 이는 빈부에 따라 형이 다르고 형이 한결같지 않은 것이니, 이익을 따르는 길을 열어 이미 이룬 교화를 손상할까 두렵습니다." 하였다.

宣帝時西羌反, 張敞以兵食不足, 請令各諸有罪非盜受財·殺人及犯法不得赦者, 皆得以差入穀以贖罪. 事下有司, 蕭望之等言: "令民量粟以贖罪, 如此, 則富者得生, 貧者獨死, 是貧富異刑而刑不一也, 恐開利路以傷旣成之化."

채침이 말하였다.

"장창의 의논은 당초 살인이나 도둑질한 죄는 언급하지 않았지만,

소망지 등이 오히려 이익을 따르는 길을 열어 이미 이룬 교화를 손상할까 두려워하였으니, 당우(唐虞)의 시대에 이런 법이 있었던가?"

蔡沈曰: "敞之議初未嘗及夫殺人及盜之罪, 而望之等猶以爲恐開利路以傷旣成之化, 曾謂唐虞之世而有是贖法哉?"

송나라 제도에 관원 임용에 음관(蔭官)은 속전을 감해 주었다. 송 태조 건덕(乾德) 4년(966), 대리정(大理正) 고계신(高繼申)이 말하기를 "《형통명례율(刑統名例律)》[27]에 3품, 5품, 7품 이상 관원의 친속이 저지른 범죄는 각각 차례로 속전을 감해 준다고 하였는데, 오래 선조의 음직(蔭職)을 믿고 형법을 두려워하지 않으니, 지금 사신은 관직이 없고 범죄를 저지른 자는 조부가 우리나라의 관직을 지낸 자만 품계에 따라 속전을 감할 수 있게 하고, 전대에 벼슬한 경우에는 공덕이 백성들에게 미쳤거나 당대에 추앙을 받는 경우에만 허락하십시오." 하니, 따랐다.

宋制, 凡用官蔭得減贖. 太祖乾德四年, 大理正高繼申言: "《刑統·名例律》三品·五品·七品以上官, 親屬犯罪, 各有等第減贖. 恐久恃先蔭, 不畏刑章, 今犯罪身無官者, 須祖父曾任本朝官, 據品級等乃得減贖; 如仕於前代, 須有功德及民·爲時所推乃得請." 從之.

---

27 형통 명례율(刑統名例律): 송나라의 법전으로, 개국한 초기에 후주(後周)의 《현덕형통(顯德刑統)》을 사용하였으나 두의(竇儀, 914~966) 등이 명을 받아 송 태조 건덕(乾德) 원년(963)에 간행하여 반포하였다.

송 태조(宋太祖)가 또 9품 이상의 품관을 유배 보내 유외[流外: 품외(品外)] 관직에 임명할 때 법률 조문에 준하여 도죄 이상은 으레 속법에 따르도록 정하였다.

太祖又定流內品官任流外職, 準律文, 徒罪以上依當贖法.

송 인종(宋仁宗) 지화(至和) 초, 조서를 내려 전대의 제왕 후손으로 본조의 관원에 임명되어 7품에 이르지 못한 자는, 조부모·부모·처자의 죄가 유배형 이하인 경우 대속을 허락하였다.

仁宗至和初, 詔前代帝王後嘗任本朝官不及七品者, 祖父母·父母·妻子罪流以下聽贖.

신은 이렇게 생각합니다. 송나라의 속법은 오직 형을 가볍게 하려던 것이며, 현재 관직에 있는 신하를 우대한 것만이 아닙니다. 그 친속 또한 혜택을 입었으며, 당세의 신하를 대우한 것만이 아닙니다. 비록 전대의 신하라도 그 자손 또한 혜택을 입었습니다.

臣按: 宋朝贖法惟以待輕刑, 非獨以優見仕之臣, 凡其親屬亦蒙其澤; 非獨以待當世之臣, 雖前代之臣其子孫亦得沾其惠.

송 태종(宋太宗) 순화(淳化) 4년(993), 조서에 "주(州)의 범죄 가운데 혹 금전 대속에 들어가면 장리가 사정에 따라 가볍게 적용했는데, 이제부터 속전으로 논할 수 없다." 하였다.

太宗淳化四年, 詔: "諸州犯罪或入金贖, 長吏得以任情而輕用之, 自今不得以贖論."

신은 이렇게 생각합니다. 속형(贖刑)은 바로 제왕의 법입니다. 공자(孔子)가 《서경》을 편찬할 때 성인(聖人)의 경(經)을 실었는데, 학교에는 관대한 편박의 형만 적용했으니, 사대부의 염치를 기르는 방안이었습니다. 후세에 하나같이 적용하여 통상의 법이 되었는데, 우연히 변방의 경계할 일이 있으면 변경에 곡식을 내게 하였고, 내탕(內帑)이 부족하면 관청에 금전을 내게 하였습니다. 이는 오히려 부득이하여 시행했으며, 이것이 직금(職金)이 금화(金貨)를 사병(司兵)에 냈던 의미입니다. 아무 일 없는 때에 통상의 제도로 삼으면 이는 백성들의 범죄를 나라의 이익으로 삼는 것이니 되겠습니까?

그렇지만 이것도 오히려 나라를 다스리는 것이니, 지금의 변경 고을에는 왕왕 임시로 공공건물을 짓거나 학교를 수리한다는 명목으로 경중(輕重)에 따라 채택합니다. 명목은 공적이지만 실제로는 자기를 위해서이니, 조정에서 아무리 분명히 금지해도 공공연히 시행하면서 태연히 두려움이 없습니다. 법을 담당하는 관청에 신칙하여 옛 제도를 밝혀 다시 범하는 자가 있으면 법을 굽힌 죄에 걸어 종신토록 관직에 두지 않는다면 간사한 폐단이 조금 멈출 것입니다. 【이상은 속

죄이다.】

臣按: 贖刑乃帝王之法, 孔子修《書》載在聖經, 蓋惟用之學校以寬鞭撲之刑, 所以養士大夫之廉恥也. 後世乃一概用之以爲常法, 遇有邊防之警則俾之納粟於邊, 遇有帑藏之乏則俾之納金於官, 此猶不得已而爲之, 是以職金·納金貨於司兵之意也. 若當夫無事之時而定以爲常製, 則是幸民之犯以爲國之利, 可乎? 然此猶爲國也, 今之藩臬州邑往往假以繕造公宇·修理學校爲名, 隨意輕重而取之, 名雖爲公, 實則爲己, 朝廷雖有明禁, 公然爲之, 恬無所畏. 乞敕法司申明舊制, 再有犯者坐以枉法, 終身不齒, 庶幾奸弊少息乎.【以上贖罪】

이상은 '유형과 속형의 뜻을 밝힘'이다.

以上明流贖之意.

신은 이렇게 생각합니다. 〈우서(虞書)〉 오형의 아래에 유배형이 있었으니, 의심스러운 옥과 형을 더해서는 안 되는 사람을 용서하는 것이었으며, 편박의 아래에 속형이 있었으니 가벼운 죄를 용서하고 사대부의 염치 있는 절도를 기른 방법이었습니다. 그렇지만 도형(徒刑)은 없었고 도라는 형은 《주관(周官)》에서 처음 나타납니다. 그렇지만 또한 도형이 되는 이유를 분명히 말하지 않았고 도형의 뜻만 있습니다. 이런 형을 시행한 이유는 또한 유배를 보내 용서하는 뜻이고, 그 죄가 유배형에 비하여 가벼웠습니다.

우리나라는 수당(隋唐)의 옛 제도를 따라, 태(笞)·장(杖)·도(徒)·유(流)·사(死)가 오형이 되었고, 이른바 유배는 관대함을 따라 감하여 도형으로 삼았으며, 정말 유배형을 적용하는 경우는 얼마 되지 않았습니다. 속형의 경우, 국초에 비록 당나라 제도에 따라 금전으로 속하게 했는데, 오형 19등급에 6백 문(文)부터 42관(貫)까지였으나, 다만 제도만 만들어 갖추어 놓았을 뿐 다 적용하지 않았습니다.

그 뒤 혹 수나라 때 응용하여 벌로 쌀을 내어 속죄하는 데 비할 제도가 있었으나, 모두 가벼운 형을 관대히 하였을 뿐 정말 죽을죄를 지은 자는 적용하지 않았습니다. 그리하여 당대 사람들이 집에서 사는 즐거움을 편히 누렸고 유배 때문에 이사 가는 고통이 없었습니다. 외방에 노역을 하는 경우, 시한이 차지 않아서 돌아온 자는 바로 예전대로 복귀하여, 부자는 재물 때문에 요행히 면하는 일이 없었고, 가난한 자는 재물이 없어서 홀로 죽는 일이 없었습니다. 그 형벌 제도는 전대에 비하여 가벼웠고, 그 형벌 적용은 전대에 비해 줄었으니, 민심이 친히 받들었고 국운이 늘어난 것이 어찌 연유가 없겠습니까?

臣按: 《虞書》五刑之下有流, 所以宥夫疑獄及不可加刑之人; 鞭撲之下有贖, 所以宥夫輕罪及以養士大夫廉恥之節. 然未有徒刑也, 而徒之刑始見於《周官》, 然亦未明言其爲徒也而有徒之意焉. 所以爲此刑者, 蓋亦流宥之意, 而其罪視流爲輕矣. 本朝因隋唐舊制, 以笞·杖·徒·流·死爲五刑, 所謂流者率從寬減以爲徒, 眞用以流者蓋無幾也; 至於贖刑, 國初雖因唐制而贖以錢, 五刑一十九等, 自六百文以至四十二貫, 第立制以爲備而不盡用也, 其後或隨時以應用而有罰米贖罪之比, 然皆以貸輕刑爾, 而眞犯死罪者則否. 是以一世之人得以安其室家之樂而無流徙之苦, 役作於外者, 曾不幾時限滿而歸者, 卽復如舊, 富者不以財而幸免, 貧者不以匱而獨死. 其制刑視前代爲輕, 其用刑視前代爲省, 民心之親戴·國祚之綿長, 豈無所自哉?

대학연의보
(大學衍義補)

—

권106

치국평천하의 요체[治國平天下之要]

형법을 신중히 함[愼刑憲]

청단의 법을 상세히 논함[詳聽斷之法]

《주역》〈송괘(訟卦) 단(彖)〉에서 말하였다.

"송(訟)은 위는 강하고 아래는 험하여, 험하고 굳센 것이 송이다. 송은 성실함이 있으나 막혀서 두려우니 중도에 맞으면 길함은 강이 와서 중을 얻은 것이다. 끝까지 하면 흉함은 송사를 끝까지 이루어서는 안 되기 때문이다. 대인을 봄이 이로움은 숭상하는 것이 중정하기 때문이다."

《易·訟》之彖曰: "訟, 上剛下險, 險而健, 訟. 訟有孚窒惕, 中吉, 剛來而得中也. 終凶, 訟不可成也. 利見大人, 尙中正也."

정이(程頤)가 말하였다.

"송(訟)이라는 괘는 위는 강하고 아래는 험하니, 험하고 또 굳센 것이다. 또 험하고 굳센 것이 서로 접하여 안은 험하고 밖은 굳세니, 모두 쟁송이라고 하는 이유이다. 만일 굳세더라도 험하지 않다면 쟁송이 생기지 않을 것이요, 험하더라도 굳세지 않다면 쟁송할 수가 없는데, 험한 데다가 굳세기 때문에 쟁송하는 것이다. 쟁송에 처했을 때 비록 미더움이 있으나 또한 반드시 어렵고 막혀서 두려움이 있을 것이니, 중도를 얻어야 길하다. 쟁송은 좋은 일이 아니고 부득이해서 하는 것이니, 어찌 그 일을 끝까지 하겠는가. 성(成)은 그 일을 끝까지 함을 이른다. 쟁송은 그 옳고 그름을 분별해 주기를 구하는 것이니, 분별이 마땅하면 바로 중정(中正)이므로 대인(大人)을 보는 것이 이로우니, 숭상하는 바가 중정하기 때문이다. 쟁송을 다스리는 자가 훌륭한 사람이 아니면 혹 중정함을 얻지 못할 것이다. 중정한 대인은 구오(九五)가 이것이다."

程頤曰: "訟之爲卦, 上剛下險, 險而又健也, 又爲險健相接·內險外健, 皆所以謂訟也. 若健而不險不生訟也, 險而不健不能訟也, 險而又健是以訟也. 處訟之時, 雖有孚信亦必難阻窒塞而有惕懼, 則得中而吉. 訟非善事, 不得已也, 安可終極其事. 成, 謂窮盡其事也. 訟者求辯其是非也, 辯之當乃中正也, 故利見大人, 以所尙者中正也. 聽者非其人則或不得其中正也, 中正大人, 九五是也."

〈송괘(訟卦) 구오(九五)〉에서 말하였다.

쟁송함에 크게 선하고 길하다.

〈상(象)〉에서 말하였다.

"쟁송함에 크게 선하고 길하다."라는 것은 중정하기 때문이다.

九五, 訟, 元吉. 象曰: "訟, 元吉", 以中正也.

정이가 말하였다.

"중정으로 존귀한 자리에 거하였으니 쟁송을 다스리는 자이다. 쟁송을 다스림에 중정함을 얻었으니, 이 때문에 원길(元吉)하다. '원길'은 대단히 선하고 길한 것이다."

程頤曰: "以中正, 居尊位治訟者也. 治訟得其中正, 所以元吉也. 元吉, 大吉而盡善也."

주희(朱熹)가 말하였다.

"맞으면 듣는 것이 치우치지 않고, 바르면 결단이 이치에 부합한다."

朱熹曰: "中則聽不偏, 正則斷合理."

양만리(楊萬里)가 말하였다.

"우(虞)나라와 예(芮)나라가 영토를 다투는 송사를 할 때 반드시 문왕(文王)을 알현하고자 하였기 때문에 그 송사가 이치대로 판결되었다.[1] 쥐의 어금니와 참새의 뿔에 대한 진위도 반드시 소백(召伯)을 만나 보고자 하였기 때문에 그 송사의 이치가 밝혀졌다.[2] 송사를 듣는 대인이 된 자가 중정을 숭상하지 않는다면 되겠는가."

楊萬里曰: "虞芮爭田之訟, 必欲見文王, 故其訟之理決; 鼠牙·雀角之誠僞, 必欲見召伯, 故其訟之理明. 爲聽訟之大人, 不尙中正可乎?"

모박(毛璞)이 말하였다.

"백성들에게 쟁송이 없게 되면 유사(有司)를 어디에 쓰겠는가. 제후들에게 쟁송이 없게 되면 위구(委裘)만으로도 될 것이다.[3] 그러나 천하에는 쟁송이 없을 수가 없는 것이 형세이므로, 대인을 보니 이롭다는 것은, 그가 주관하는 것이 이롭다는 말이다."

또 말하였다.

"구오(九五)는 바로 쟁송을 듣는 주인으로, 형옥을 맡은 관원이 모두 감당할 수 있고 굳이 전적으로 임금을 말하는 것이 아니다. 그렇지만 임금은 형옥 같은 중대한 쟁송에 대해 또한 어찌 듣지 않을 수 있겠는가. 《예기》 〈왕제〉나 《서경》 〈주관〉을 살펴보면 알 수 있다. 이른바 '여러 옥사에 겸하는 바가 없었다.'[4]라는 것은 작은 옥사는 굳이 듣지

1 우(虞)나라와 … 판결되었다: 《시경》 〈면(緜)〉의 제9장에 나오는 말이다.

2 쥐의 … 밝혀졌다: 《시경》 〈행로(行露)〉에 나오는 말이다.

3 제후들에게 … 것이다: 평화롭다는 말이다. 전왕(前王)이 남긴 옷으로, 전왕이 죽고 새 임금이 아직 서지 않았을 때, 전왕의 위구를 모셔 놓는다. 《한서(漢書)》 가의전(賈誼傳)에 "유복자(遺腹子)를 세우고 위구에 조회하여도 천하가 어지럽지 않았다." 하였다.

4 여러 … 없었다: 정치의 최고 책임자인 제왕은 온갖 자질구레한 일을 다 알려 하지 않고 그것들을 각각 유사(有司)에게 맡겨 처리케 한다는 말이다. 《서경》 〈입정(立政)〉에 "문왕은

않았다는 말이다."

毛璞曰: "使小民無爭, 安用有司? 使諸侯無爭, 委裘可也. 然則天下不能無爭者, 勢也. 所以利見大人者, 利其主之也." 又曰: "九五乃聽訟之主, 刑獄之官皆足以當之, 不必專謂人君, 然人君於訟之大者如刑獄, 亦豈得不聽? 考之《王制》·《周官》蓋可見矣. 所謂罔攸兼於庶獄, 獄事之小, 不必聽者也."

신은 이렇게 생각합니다. 형옥의 기원은 모두 쟁송에서 일어납니다. 백성이 살자면 욕구가 있게 마련이니 다툼이 없을 수 없고, 다툼이 있으면 반드시 송사가 있으니, 만일 송사를 듣는 자가 중도에 맞고 청송이 치우치지 않고 올발라서 판단이 이치에 맞는 자가 아니면, 옳은 것을 그르다 하고 굽은 것을 곧다고 하는 경우가 있어 민심이 이 때문에 불평하게 됩니다. 처음에는 서로 말로 다투고 다음에는 싸우게 되며 결국에는 죽이기에 이르게 되니, 화란의 발생이 여기서 시작됩니다. 그러므로 다스리는 자는 반드시 목민관(牧民官)과 옥을 담당하는 관리를 잘 선택하여 형옥의 도구를 맑게 해야 할 뿐 아니라, 다툼의 근원을 막고 화란의 발생을 방지해야 합니다.

臣按: 刑獄之原皆起於爭訟, 民生有欲不能無爭, 爭則必有訟, 苟非聽

여러 말과 여러 옥사와 여러 삼가야 할 것을 겸함이 없었다.[文王罔攸兼于庶言·庶獄·庶慎.]" 하였다.

訟者中而聽不偏, 正而斷合理, 則以是爲非, 以曲作直者有矣, 民心是以不平. 初則相爭, 次則相鬥, 終則至於相殺, 而禍亂之作由此始也. 是以爲治者必擇牧民之官·典獄之吏, 非獨以清刑獄之具, 亦所以遏爭鬥之源, 而防禍亂之生也.

《주역》〈서합괘(噬嗑卦) 구사(九四)〉에서 말하였다.

뼈가 붙은 채 말린 포【고기가 뼈에 달린 것으로, 자(胾)와 같다.】를 씹어 금과 화살을 얻었으나, 어렵게 여기고 바름이 이로우면 길하다.

《噬嗑》: 九四, 噬乾胏【肉之帶骨者, 與胾同】, 得金矢, 利艱貞, 吉.

주희(朱熹)가 말하였다.

"《주례(周禮)》에 '옥송(獄訟)을 할 경우, 균금[鈞金: 30근(斤)의 금(金)]과 속시(束矢: 10개의 화살)를 납입한 뒤에 송사(訟事)를 다스린다.' 하였다. 구사(九四)는 강(剛)으로 유(柔)의 위치에 거하여 형벌을 쓰는 도를 얻었다. 그러므로 이러한 상(象)이 있으니, 깨무는 바가 더욱 견고하여 송사(訟事)를 다스림의 마땅함을 얻음을 말한 것이다. 그러나 반드시 어려워하고 바르고 견고함이 이롭고 이렇게 하면 길하다."

朱熹曰: "《周禮》獄訟入鈞金·束矢而後聽之, 九四以剛居柔, 得用刑之道, 故有此象. 言所噬愈堅, 而得聽訟之宜也, 然必利於艱難正固則吉."

신은 이렇게 생각합니다. 금은 그 견고함을 취하였고 화살은 그 곧음을 취하였으니, 소송이란 반드시 견고하고 곧은 뒤에 듣는 것이지 그 말의 조리가 곧지 않고 주장하는 뜻이 견고하지 못한 것은 듣지 않는다는 말입니다. 말린 포는 또한 그 견고함을 취한 것이니 청송하는 사람도 반드시 강직하고 견고하여, 사안이 강경한 것에 대해서도 결단하고 어렵게 여김이 없게 된 뒤에 청송의 의당함을 얻을 수 있다는 말입니다.

반드시 소송을 하려는 자는 소송을 어렵게 여겨 부득이 소송을 하지 않으면 안 되더라도 소송은 반드시 이치의 근거가 곧고 주장하는 말이 견고해야 합니다. 청송하는 자는 듣기를 어렵게 여겨 실정을 계속 들어야 할 뿐 아니라 들은 바는 모두 마음에 바르게 보존하고 이치를 지키는 것이 견고해야 합니다. 이와 같다면 청송의 의당함을 얻고 형벌을 쓰는 도리 역시 여기서 얻을 수 있을 것입니다.

臣按: 金取其堅, 矢取其直, 言訟者必堅必直然後聽之, 彼其辭理不直而執意不堅者不聽也. 幹胏, 亦取其堅, 言聽訟者亦必剛直而堅固, 於事之有梗者能決斷而無難, 然後得聽訟之宜也. 要必訟者難於訟, 非不得已不訟也, 而所訟者必據理直而執辭堅; 聽者難於聽, 非得其情不但已也, 而所聽者皆存心正而守理固. 如是, 則得聽訟之宜而用刑之道亦於是乎得矣.

《서경》〈강고(康誥)〉에서 말하였다.

“봉(封)아! 큰 죄악은 크게 미워하니, 하물며 불효하고 우애하지 않음에

랴. 자식이 그 아버지의 일을 공경히 하지 아니하여 아버지의 마음을 크게 상하면 아버지는 그 자식을 사랑하지 아니하여 자식을 미워할 것이다. 아우가 하늘의 드러난 이치를 생각하지 아니하여 그 형을 공경하지 않으면 형 또한 부모가 자식을 기른 수고로움을 생각하지 아니하여 크게 아우에게 우애하지 않을 것이다. 이런 지경에 이르고도 우리 정사하는 사람들에게 죄를 얻지 않으면 하늘이 우리 백성에게 주신 떳떳함이 크게 없어져 혼란할 것이니, 이러하거든 문왕(文王)이 만든 형벌을 빨리 행하여 이들을 형벌하고 용서하지 말고 따르지 않는 자들은 크게 법(法)으로 다스려야 한다."

《康誥》曰: "封, 元惡大憝, 矧惟不孝不友. 子弗祗服厥父事, 大傷厥考心; 於父不能字厥子, 乃疾厥子; 於弟弗念天顯, 乃弗克恭厥兄; 兄亦不念鞠子哀, 大不友於弟. 惟吊茲, 不於我政人得罪, 天惟與我民彝大泯亂. 曰乃其速由文王作罰, 刑茲無赦, 不率大戛."

채침(蔡沈)이 말하였다.

"내대(大憝)는 곧 윗 문장의 '미워하지 않는 이가 없다'는 것이다. 구양(寇攘)과 간궤(奸宄)는 진실로 큰 죄악이어서 매우 증오할 만한데, 하물며 불효하고 우애하지 않는 사람으로 더욱 미워할 만한 자에 있어서랴. 상(商)나라의 말세에 예의(禮義)가 밝지 못하고 인륜(人倫)이 무너졌으니, 자식이 그 아버지를 공경히 섬기지 아니하여 크게 아버지의 마음을 상하면 아버지는 자식을 사랑하지 아니하여 그 자식을 미워할 것이니, 이는 부자간에 서로 상하는 것이다.

천현(天顯)은 《효경(孝經)》에 이른바 '천명(天明)'과 같으니, 존비(尊卑)의 드러난 질서이다. 아우가 존비의 질서를 생각하지 아니하여 그 형을 공경하지 않으면 형 또한 부모가 자식을 기른 수고로움을 생각하지 아니하여 크게 아우에게 우애하지 않을 것이니, 이는 형제가 서로 해치는 것이다.

부자와 형제가 이 지경에 이르렀는데도 만일 우리 정사하는 사람에게 죄를 얻지 않는다면 하늘이 우리 인간에게 주신 떳떳한 도리가 크게 민멸되어 문란해질 것이다.

왈(曰)은 이와 같으면 너는 속히 문왕이 만든 법을 행하여 이들을 형벌하고 용서하지 말아서 징계하여 늦추지 말라고 한 것이다. 알(戛)은 법(法)이다. 백성 중에 가르침을 따르지 않는 자들은 진실로 크게 법으로 처치해야 한다는 말이다."

蔡沈曰: "大憝, 卽上文之'罔弗憝', 言寇壤奸宄固爲大惡而大可惡矣, 況不孝不友之人而尤爲可惡者. 當商之季, 禮義不明, 人紀廢壞, 子不敬事其父, 大傷父心, 父不能愛子, 乃疾惡其子, 是父子相夷也. 天顯, 猶《孝經》所謂天明, 尊卑顯然之序也. 弟不念尊卑之序, 而不能敬其兄, 兄亦不念父母鞠養之勞而大不友其弟, 是兄弟相賊也. 父子·兄弟至於如此, 苟不於我爲政之人而得罪焉, 則天之與我民彝必大泯滅而紊亂矣. 曰者, 言如此則汝其速由文王作罰, 刑此無赦而懲戒之不可緩也. 戛, 法也, 言民之不率敎者固可大置之法矣."

소식(蘇軾)이 말하였다.

"상나라 사람들은 부자, 형제가 서로 잔학한 것이 풍속을 이루었다. 주공(周公)의 뜻은 대개 '효우는 백성의 천성인데, 불효하고 우애하지 않는 것은 필시 그렇게 되는 이유가 있는 것이다. 자제는 진실로 죄가 있거니와 부형은 홀로 허물이 없겠는가.'라는 것이다. 그러므로 간사한 속임수로 스스로 타락해 버린 백성들이 있으니 이들은 진실로 큰 죄악으로 크게 미워할 대상이 되고, 형정을 통해서 다스려야 할 대상이라고 한 것이다.

부자, 형제가 서로 역란(逆亂)한 경우는 다스림에 도리가 있어야 하며, 일반 도적과 같은 법을 적용할 수가 없다. 주공[我]이 그 자식들을 깨우치기를 '네가 아버지의 일에 복종하지 않았으니, 어찌 아버지 마음을 크게 상하지 않았겠는가.' 하였고, 또 그 아버지를 깨우치기를 '이들은 너의 자식이 아닌가. 어찌 그리 심하게 미워하는가.'라고 하였다. 또 그 아우들에게 깨우치기를 '장유(長幼)는 천명인데, 따르지 않을 수 있겠는가.'라고 하였고, 또 그 형들을 깨우치기를 '이들은 너의 동생이다. 유독 부모가 자식을 기른 수고의 슬픔은 생각하지 않는가.'라고 하였다.

사람은 목석이나 짐승이 아니기 때문에 세월이 조금만 지나면 반드시 그 선한 마음이 쑥쑥 자라나 군자가 되지 못함이 없었다. 주공이 홀로 이 사람들이 불행하여 삼감(三監)의 시대[5]에 죄를 얻고 우리 정사하는 사람들에게 죄를 얻지 않을 것을 걱정하였다.

---

5 삼감(三監)의 시대: 주(周)나라 무왕(武王)의 동생인 관숙(管叔), 채숙(蔡叔), 곽숙(霍叔)이다. 무왕이 은(殷)나라를 멸망시킨 뒤 은나라의 도읍 조가(朝歌)에 무경(武庚)을 봉하고 세 사람을 시켜 감독하게 하였는데, 뒤에 무경이 이들과 함께 반란을 일으켰다.

하늘이 우리 백성들에게 오상(五常)의 본성을 부여하였는데, 관리들이 가르침을 알지 못하여 크게 민멸되고 혼란스러워졌다. 이에 다그치며 '문왕이 만든 형벌을 빨리 행하여 이들을 형벌하고 용서하지 말라.'라고 한 것이니, 백성들이 장차 죄를 피하기에 겨를이 없었고 부자, 형제들끼리도 더욱 분노하고 미워하여 살해하기에 이르고야 말았으니, 비록 크게 벌하고 통렬히 다스려도 백성들이 따르지 않았다."

蘇軾曰: "商人父子兄弟以相殘虐爲俗, 周公之意蓋曰孝友民之天性也, 不孝不友必有以使之, 子弟固有罪矣, 而父兄獨無過乎? 故曰凡民有自棄於奸宄者, 此固爲元惡大憝矣, 刑政之所治也, 至於父子·兄弟相與爲逆亂則治之當有道, 不可與寇攘同法. 我將誨其子曰: '汝不服父事, 豈不大傷父心?' 又誨其父曰: '此非汝子乎? 何疾之深也?' 又誨其弟曰: '長幼天命也, 其可不順?' 又誨其兄曰: '此汝弟也, 獨不念父母鞠養劬勞之哀乎?' 人非木石禽犢, 稍假以日月, 須其善心油然而生, 未有不爲君子也. 我獨吊閔此人不幸而得罪於三監之世, 不得罪我政人之手, 天與我民五常之性, 而吏不知訓, 以大泯亂, 乃迫而蹙之曰: '乃其速由文王作罰, 刑茲無赦.' 則民將避罪不暇, 而父子·兄弟益相忿疾至於賊殺而後已, 雖大戛擊痛傷之, 民不率也."

신은 이렇게 생각합니다. 소씨(蘇氏)의 이 말은 채침의 해설과 미묘하게 다른데, 선유(先儒)는 그것이 진실로 세상의 교화에 도움이 된다고 생각했습니다.[6] 옛날에 노(魯)나라에 부자(父子)가 송사를 벌인 자가 있었는데, 공자가 감옥[狴犴]에 석 달 동안 가두어 두고 그들이 후회할 때를 기다려 꺼내 주었으니,[7] 그 의도가 정녕 여기에 부합합니다.

대개 부자와 형제의 송사를 듣는 것은 백성들의 경우와 같지 않으니, 마땅히 교화하여 감동시키고 스스로 후회하고 깨닫고 천성에서 나온 것임을 알게 해야 합니다. 뒷날 청송하는 자들이 윤리에 관련된 사안과 마주칠 때는 한결같이 소씨의 이 말을 본보기로 삼아야 합니다. 당장 소송을 벌이려고 하면 통렬히 그 처음에 분명히 깨우쳐야 하고, 따르지 않을 경우 나중에 관대하게 감화시키면, 사람의 착한 마음이 쑥쑥 자라나 세상의 풍속이 순박하고 도타워질 것입니다.

臣按: 蘇氏此說與蔡傳微異, 先儒謂其眞有補於世敎者. 昔魯有父子訟者, 孔子置之狴犴三月, 俟其悔而出之, 其意正與此合. 盖聽父子·兄弟之訟不與凡民同, 當有敎化以感動之, 使自悔悟, 知其出於天性可也. 後之聽訟者遇有關乎倫理之事, 一以蘇氏斯言爲法, 方其構訟也則痛以曉譬之於其初, 及其不從也, 則緩以感化之於其後, 則人之善心油然以生, 世之風俗淳然以厚矣.

《서경》〈여형(呂刑)〉 17장에서 말하였다.

6 선유(先儒)는 … 생각했습니다: 선유가 누구인지 미상이다.

7 옛날에 … 꺼내 주었으니: 《공자가어(孔子家語)》〈시주(始誅)〉에 "공자가 노나라의 대사구(大司寇)가 되었는데, 아비와 자식이 소송하는 일이 있었다. 공자가 아비와 아들을 함께 잡아 감옥에 가두고 석 달을 떨어지지 않게 했더니 그 아비가 그만두기를 청하여 공자는 풀어 주었다." 하였다.

진실【간(簡)은 진실, 핵심[核]이다.】을 조사하여 믿을 만한 것이 많거든 얼굴을 살피고, 진실이 없거든 듣지 말고 모두【구(具)는 다, 모두[俱]이다.】 하늘의 위엄을 두려워하라.

《呂刑》曰: 簡【核也】孚有衆, 惟貌有稽. 無簡不聽, 具【俱也】嚴天威.

채침(蔡沈)이 말하였다.

"실정을 조사하여 믿을 만한 것이 많으면 또한 그 용모를 살펴야 하니, 《주례(周禮)》에 이른바 "얼굴빛을 보고 다스린다."라는 것[8]이 이것이다. 그러나 옥송은 진실 조사를 근본으로 삼으니, 만약 실정이 없으면 청송할 것이 없다. 상제(上帝)가 너를 굽어보고 계시니, 감히 털끝만큼이라도 미진함이 있어서는 안 된다."

蔡沈曰: "簡核情實, 可信者衆, 亦惟考察其容貌, 《周禮》所謂'色聽'是也. 然獄訟以簡核爲本, 苟無情實, 在所不聽, 上帝臨汝, 不敢有毫發之不盡也."

---

8 주례(周禮)에 … 것: 《주례》 〈추관사구(秋官司寇) 소사구(小司寇)〉에, "오성(五聲)으로 옥사와 송사를 듣고 백성의 뜻을 구하니, 첫째, 그의 말을 듣는 것이고, 둘째, 그의 안색을 살피는 것이고, 셋째, 그의 숨소리를 듣는 것이고, 넷째, 그가 듣는 것을 살피는 것이고, 다섯째, 그의 눈동자를 살피는 것이다.[以五聲聽獄訟, 求民情, 一曰辭聽·二曰色聽·三曰氣聽·四曰耳聽·五曰目聽.]" 하였다.

하선(夏僎)이 말하였다.

"'진실을 조사하여 믿을 만한 것이 많다.'라는 것은 바로 앞에 나오는 '법관이 다섯 가지 말을 들을 것이니, 오사가 진실하고 믿을 만하다.[師聽五辭, 五辭簡孚]'[9]라는 뜻이다. 이 진실을 조사하는 법은 또 마땅히 얼굴을 살펴야 하니, 말에 혹 허위가 있을 수 있지만 얼굴은 숨길 수 없으니, 바르지 않으면 털이 서고 부끄러움이 있으면 땀이 나니, 이런 것을 살펴보면 숨길 수가 없다. 만일 진실을 조사할 만한 것이 없으면 의심스러운 옥사가 분명하다. 이는 굳이 들을 것이 없고 아예 놔두어야 할 것이다."

夏僎曰: "簡孚有衆, 卽前'師聽五辭, 五辭簡孚'之意, 而此簡孚之法又當惟貌有稽, 辭或可僞而貌不可掩, 不正則毛, 有愧則泚, 於此稽之, 不得遁矣. 苟無可簡核, 則疑獄明矣. 此所以不必聽, 竟舍之可也."

《시경》〈서(序)〉에서 말하였다.

"〈행로(行露)〉는 소백(召伯)이 송사를 듣는 일이다."

그 시 2장에서 말하였다.

"누가 '참새가 뿔이 없으리오. 없다면 어떻게 내 지붕을 뚫었겠는가.' 라고 하며, 누가 '네가 실가(室家)의 예(禮)가 없으리오. 없다면 어찌 나를

9 법관이 … 만하다: 《서경》〈여형〉 15장에 "원고와 피고가 모두 법정에 나오고 말과 증거가 구비되었으면 법관이 오사를 듣는다. 오사에 진실하고 믿을 만하거든 오형(五刑)에 질정하며[兩造, 具備, 師聽五辭. 五辭簡孚, 正于五刑 …]" 하였다. 공영달(孔穎達)의 소(疏)에, 오사는 원고와 피고 양측의 말이라고 하였다.

옥사에 불러들였겠는가【속(速)은 불러들이는 것이다.】.' 하건만, 비록 나를 옥사(獄事)에 불러들였으나 실가의 예는 부족하니라."

그 3장에서 말하였다.

"누가 '쥐가 어금니【아(牙)는 어금니이다.】가 없으리오. 없다면 어떻게 내 담【용(墉)은 담장이다.】을 뚫었겠는가.' 하며, 누가 '네가 실가의 예가 없으리오. 없다면 어찌 나를 송사(訟事)에 불러들였겠는가.' 하건만, 비록 나를 송사에 불러들였으나 또한 나는 너를 따르지 않으리라."

《詩》〈序〉: "〈行露〉, 召伯聽訟也." 其二章曰: "誰謂雀無角, 何以穿我屋. 誰謂女無家, 何以速【召致也】我獄. 雖速我獄, 室家不足." 其三章曰: "誰謂鼠無牙【牡齒】, 何以穿我墉【牆】. 誰謂女無家, 何以速我訟. 雖速我訟, 亦不女從."

주희(朱熹)가 말하였다.

남국 사람들이 소백(召伯)의 가르침을 따르고 문왕(文王)의 교화에 복종하여 전날의 음란한 풍속을 변혁할 수 있었다. 그러므로 예(禮)로 스스로 자신을 지켜서 강폭한 자에게 더럽힘을 당하지 않은 여자가 스스로 자기의 뜻을 서술하여 이 시를 지었다. 정녀(貞女)가 스스로 자신을 지킴이 이와 같았으나 오히려 송사를 당하여 옥에 불려간 적이 있었다. 그래서 스스로 하소연하여 말하기를 "사람들이 모두 '참새가 뿔이 있기 때문에 나의 지붕을 뚫을 수 있는 것이다.'라고 말한다."라고 홍(興)한 것이다. "사람들이 모두 내가 자기들에게 일찍이 실가의 예(禮)를 구한 적이 있기 때문에 나를 옥에 집어넣을 수 있었다"라고 하지만, 네가 비록 나를 옥사에 불러들였으나 실가를 구한 예를 애당초 갖춘 적이 없으니, 참새가 비록 지붕을 뚫었으나 실제로 뿔이 있지 않은 것과 같음을 모르는 것이라는 말이다. 또 말하기를 "네가 비록 나를 송사에 불러들였으나, 실가를 구하는 예에 부족한 바가 있으니, 내 또한 끝내 너를 따르지 않겠다."라고 한 것이다.

朱熹曰: "南國之人遵召伯之敎, 服文王之化, 有以革其前日淫亂之俗, 故女子有能以禮自守而不爲強暴所汙者, 自述已誌作此詩. 言貞女之自守, 然猶或見訟而召致於獄, 因自訴而言: 人皆謂雀有角, 故能穿我屋以興; 人皆謂汝於我嘗有求爲室家之禮, 故能致我於獄. 然不知汝雖能致我於獄, 而求爲室家之禮初未嘗備, 如雀雖能穿屋而實未嘗有角也. 又言汝雖能致我於訟, 然其求爲室家之禮有所不足, 則我亦終不汝從矣."

신은 이렇게 생각합니다. 백성은 혈기로 싸우기도 하고 이익에 대한 욕구를 가지고 있기 때문에 송사가 없을 수 없습니다. 비록 문왕이나 소공의 교화가 있었는데도 당시 백성들이 오히려 예의로 구하지 않고도 사기를 쳐서 여자를 구하는 송사가 있었으니, 하물며 후세 백성이 허위가 날로 자심한 뒤이겠습니까. 그렇지만 당시에 위로는 문왕 같은 성군이 임금이었고 아래로는 소공 같은 현자가 방백으로 있었기 때문에 백성들이 사기를 치고 싶어도 사기가 끝내 통하지 않았으니, 이것이 《주역》의 〈송괘〉가 구오(九五)의 중정한 대인(大人)을 숭상한 이유입니다. 후세에 송사가 대부분 혼인, 농토에서 일어나는데,

주나라가 번성했을 때에는 농토는 정전(井田)이 시행되었기 때문에 다툼이 없었고, 다툰 일은 혼인뿐이었으니, 이는 송사 중에서도 가장 작은 사안이었습니다. 그렇지만 천하의 일이 언제 미세한 데서 일어나지 않은 적이 있습니까. 성인(聖人)이 《시경》을 산절하여 남겨서 세상의 경계로 삼은 이유입니다.

臣按: 民有血氣之爭, 有利欲之嗜, 所以不能無訟, 雖以文王之化·召公之敎, 當時之民猶有不曾禮聘而詐爲聘女之訟, 況後世民僞日滋之後乎? 然當是時也, 上有文王之聖以爲之君, 下有召公之賢以爲之方伯, 民欲爲詐而詐卒不行, 此《易》之〈訟〉所以尙乎九五中正之大人也. 後世詞訟之興多起於戶婚·田土, 然成周盛時田有井授, 故無爭者, 而所爭者婚姻耳. 此蓋訟之最小者, 然天下事何嘗不起於細微, 聖人刪《詩》所以存之以爲世戒.

《주례(周禮)》〈소사도(小司徒)〉에서 말하였다.

무릇 백성들의 송사는 지비(地比)[10]로 바로잡고, 농토 소송이 있을 때는 지도로 바로잡는다.

《周禮》〈小司徒〉: 凡民訟以地比正之, 地訟以圖正之.

---

10 지비(地比): 토지의 등급에 비추어 조세의 차등을 적어 놓은 문적이라고 한다.《牧民心書 卷4 戶典 田政》.

가공언(賈公彦)이 말하였다.

"육향(六鄕)[11]의 백성들은 쟁송하는 일이 있는데 시비를 가리기가 어렵기 때문에 토지의 비린(比鄰: 구획)으로 그 시비를 아는 자가 함께 소송을 올바로 판단한다. 백성이 경계 위를 침략하여 살인이 벌어지면 나라의 본래 지도로 바로잡는다. 대개 토지 측량으로 고을을 정하니, 처음 측량을 했을 때는 지도가 관청에 있고, 나중에 백성들이 소송이 생기면 본래의 지도로 바로잡는다."

賈公彦曰: "六鄕之民有爭訟之事, 是非難辨, 故以地之比鄰知其是非者, 共正斷其訟. 若民於疆界之上橫相侵殺者, 則以邦國本圖正之. 蓋凡量地以制邑, 初封量之時卽有地圖在於官府, 於後民有訟者則以本圖正之."

신은 이렇게 생각합니다. 백성은 살면서 욕구가 있으니 다툼이 없을 수 없고, 다툼이 있으면 소송이 없을 수 없습니다. 사람들이 각기 자기 견해를 견지하고 관청은 혹 자기의 사사로움을 따르니, 증거로 상고하지 않으면 쉽게 판단하지 못합니다. 그러므로 《주례》에서 백성의 소송에 대해 비린으로 바로잡고 토지 소송에 대해 본래 지도로 바로잡는다고 한 것입니다.

대개 백성의 소송에서 시비를 다투고 토지의 소송에서 경계를 다

11 육향(六鄕): 육향은 주나라 때의 행정 구역으로, 왕성 밖 100리 이내의 땅을 여섯 향으로 나누고 향마다 향대부를 두어 정무를 관장하게 하였다.

투니, 시비는 반드시 증거가 될 사람이 있고, 경계는 반드시 지도가 근본을 두는 옛 지도가 있습니다. 이것으로 바로잡으면, 소송이 평이하고 민심이 심복할 것입니다.

삼가 생각건대, 오늘날 승평한 시절이 오래되어 인구가 날로 늘어나고 토지 생산력이 사람들에게 식량을 제공하기에 부족합니다. 백성들 사이에서 다툼이 일어나 소송이 생기는 것이 하나의 단서만이 아닙니다만, 토지 소송이 많습니다. 대개 하나의 송사가 있으면 수십 년, 십수 대가 걸려도 결판을 낼 수 없는 경우도 있으니, 들어가는 비용이 쟁송의 가치와 비교할 때 거의 몇 배에 이르러 왕왕 직업을 폐기하고 파산하게 됩니다. 심지어 무리를 모아 겁탈하다가 체포되어 마침내 난리를 꾸미기에 이르는 자도 더러 있으니, 이는 작은 연고가 아닙니다. 그 연고를 찾아보면 모두 경계가 분명치 않고 증거가 진실이 아니기 때문입니다.

신은 청컨대, 천지조화가 일어나는 시대를 맞아 호부(戶部)에 조칙을 내려 판적(版籍)의 형식을 정하게 하십시오. 그 진정(進呈) 및 포정사(布政司)·부(府)·현(縣)의 문서를 모두 4등급으로 나누고 각각 순서가 있습니다. 현책(縣冊)은 반드시 상세해야 하고, 부가 그다음이며, 포정사가 또 다음이며, 진정한 것은 예전대로 대략 대강을 수록해야 할 것입니다.

이른바 현책은 호구(戶口) 외에도, 그 전지(田地)는 반드시 명백하게 지명(地名)·농지[畝段]·사방 경계·가치(價直)·조세(租稅)를 다 갖추어 도본(圖本)에 그리고, 상세히 참고사항을 기입하고 소략해서는 안 됩니다. 이와 같이 하면 훗날 다툼이 있을 때 상고할 근거가 있을 것입니다. 또한 청컨대, 국초에 호부에서 백성들에게 호유(戶由)를 나누어 준 제도대로, 매 호(戶)에 호유 한 장을 주어 대략 전원(前元) 때 침기(砧基)[12]의 유제를 모방하여, 호구(戶口)·인정(人丁)·토지재산 등 하나하나 상세히 갖추어 남김없이 적게 하십시오. 현에서는 교감하여 부에 보고하고, 부에서 포정사에 보고할 때는 도장을 찍고 뚜껑을 봉하며, 민간에 내려 보내 증명서로 삼습니다. 이 일이 비록 번쇄하지만 10년에 한 번 각각 현에서 작성하되, 백성들이 스스로 하게 하면 또한 소요가 없을 것입니다. 아, 관청에서 그 지도책을 상고하면 백성들은 증빙자료를 갖게 될 것이고 토지 소송은 멈출 수 있을 것입니다.

臣按: 民生有欲不能無爭, 有爭不能無訟, 人各執己見, 官或徇己私, 非有所質證稽考, 未易以平斷之也. 是以《周官》於民之訟則正之以比鄰, 於地之訟則正之以本圖焉. 蓋民之訟爭是非者也, 地之訟爭疆界者也, 是非必有證佐之人, 疆界必有圖本之舊, 以此正之, 則訟平而民心服矣. 竊惟今日承平日久, 生齒日繁, 地力不足以給人食, 民間起爭興訟非止一端, 而惟地訟爲多, 蓋有一訟累數十年·曆十數世而不能決絕者, 所用之費校其所爭之直殆至數倍, 往往廢業破產, 甚至聚徒劫奪, 因而拒捕, 遂至構亂者亦或有之, 此非小故也. 推原其故, 皆由疆界不明·質約不眞之故. 臣請遇大造之年, 乞敕戶部定爲版籍式樣, 其進呈及布政司·府·縣文冊凡四等, 各有等第. 縣冊必須詳悉, 府次之, 布政司又次之, 其進呈者略擧大綱如舊可也. 所謂縣冊, 除戶口外, 其田地必須明白開具地名·畝段·四界·價直·租稅, 晝於圖本, 備細塡注, 不許疏略, 如此, 則異日爭競有所稽考矣. 又請如國初戶部給散民間戶由之制, 每

12 침기(砧基): 전지와 택지(宅地)를 기재한 장부(帳簿)를 말한다. 《文獻通考》〈田賦考〉.

戶給與戶由一紙, 略倣前元砧基遺制, 將戶口·人丁·田產一一備細開具無遺, 縣爲校勘申府, 府申布政司用印鈐蓋, 發下民間執照. 此事雖若煩瑣, 然十年一度各作於縣, 使民自爲, 亦不爲擾. 噫, 官府稽其圖冊, 民庶執其憑由, 地訟庶其息乎.

《주례》〈추관(秋官) 대사구(大司寇)〉에서 말하였다.

백성이 소송을 제기할 때는 반드시 양쪽에서 속시(束矢: 화살 묶음)를 조정에 바친 뒤에 소송을 듣는다. 백성들이 옥사를 일으킬 때도 양쪽에서 30근의 금을 내고 사흘이 지나 조정에 들어온 뒤에 소송을 듣는다.

〈大司寇〉以兩造禁民訟, 入束矢於朝然後聽之. 以兩劑禁民獄, 入鈞【三十斤】金, 三日乃致於朝, 然後聽之.

정현(鄭玄)이 말하였다.

"송사[訟]란 재화 때문에 서로 고발하는 일이다. 조(造)는 이르다[至]이다. 송사를 낸 양쪽을 오게 하고, 양쪽이 이르면 속시를 내게 하고 다스린다. 오지 않거나 속시를 내지 않으면 이는 곧지 않음을 자복하는 것이다. 반드시 화살을 내는 것은 곧음을 취한 것이니, 《시경》에 '그 곧기가 화살과 같다.[其直如矢.]'라고 하였다.[13] 옛날에 활 하나에 화

13 시경에 … 하였다: 《시경》〈소아(小雅) 대동(大東)〉에 "주도(周道)가 숫돌처럼 판판하니 그 곧

살 백 개였으니 속시는 백 개일 것이다.

옥사[獄]이란 죄명으로 고발하는 것이다. 제(劑)는 지금의 권서(券書: 증명서)이다. 옥사를 낸 자는 증명서를 가져오게 하고, 그 증명서를 가져와서 양쪽 증명서로 30근 금을 내게 하고, 또 사흘이 지나고서 다스리는 것은 중형이다. 증명서가 없고 금을 납입하지 않으면 이 또한 곧지 않다고 자복하는 것이다. 반드시 금을 납입하게 한 것은 견고함을 취한 것이다."

鄭玄曰: "訟謂以財貨相告者. 造, 至也. 使訟者兩至, 既兩至使入束矢乃治之也, 不至·不入束矢則是自服不直者也. 必入矢者, 取其直也, 《詩》曰'其直如矢'. 古者一弓百矢, 束矢其百個歟? 獄謂相告以罪名者. 劑, 今券書也. 使獄者各齎券書, 既兩券書使入鈞金, 又三日乃治之, 重刑也. 不券書·不入金則是亦自服不直者也, 必入金者, 取其堅也."

어떤 사람이 주희(朱熹)에게 물었다.

"이와 같다면 불문곡직하고 으레 금과 화살을 내게 하면, 실로 억울한 자 또한 두려워하고 감히 호소하지 못할 것이다."라고 하니, "이는 분명 대단히 중요하고 핵심적인 일이다. 평상시의 일은 또한 처리하는 방안이 있으니, 가석(嘉石)[14]의 부류가 그것이다." 하였다.

기가 화살과 같다." 하였다.

14 가석(嘉石): 《주례(周禮)》 〈추관(秋官) 대사구(大司寇)〉에 의하면, 가석은 무늬 있는 돌로, 경미한 죄를 지은 자를 이 가석에 앉혀 놓고 허물을 고치도록 하는 것이다.

或問朱熹曰: “如此則不問曲直例出金矢, 則實有冤枉者亦懼而不敢訴矣.” 曰: “此須是大切要事, 如平常事又別有所在, 如嘉石之類.”

신은 이렇게 생각합니다. 관청[公]에게 말을 하는 것이 송사이고, 이로 인해 사람을 가두는 것이 옥사입니다. 대개 다툼이 그치지 않아 필시 송사에 이르게 되고, 송사가 그치지 않아 반드시 옥사에 이르게 됩니다. 바야흐로 쟁송의 초기에 피차 판단이 있어 모두 관청에 이릅니다. 양측이 오면 들어보고 치우침이 없어야 하고, 받아들이면 곧지 않은 사람은 스스로 반성하고 백성들의 송사가 자연 금지될 것입니다.

옥사가 성립했을 때 피차 각기 증명서를 가지고 관청에 질문합니다. 양측이 오면 들어보고 치우침이 없어야 하고, 믿게 되면 곧지 않은 사람은 스스로 반성하고 백성들의 옥사가 자연 금지될 것입니다.

속시가 들어온 뒤에 송사를 들으며 화살로 스스로 곧음을 밝히니, 화살은 곧게 날아가는 데 이롭기 때문입니다. 30근의 금이 들어온 뒤에 옥사를 들으며 금은 스스로 변치 않음을 밝히니 금이라는 물건은 견고하고 강하며 변치 않는 것입니다. 이미 30근의 금을 받고 또 사흘이란 긴 시간을 연장한 것은 사람들이 매우 아끼는 것을 취한 것이니, 백성들로 하여금 물건을 아낌으로써 생각하게 하고, 곧바로 옥사를 듣지 않고 사흘을 기다렸으니, 백성들로 하여금 지체하는 동안 스스로 반성하게 한 것입니다. 옛날의 선왕(先王)이 백성들의 소송을 받아들이거나 백성들을 형벌에 처할 때 가볍게 하지 않은 것은 단지 백성들의 삶을 온전하게 하기 위해서일 뿐 아니라, 또한 백성들의 풍속을 도타이 하는 방법이었을 것입니다.

> 臣按: 方言於公者訟也, 因而守之者獄也, 蓋爭而不已必至於訟, 訟而不已必至於獄. 方其爭訟之初, 彼此有辨而皆至於公, 以兩造聽之而無所偏, 受則不直者自反而民訟自禁矣. 及其成獄之際, 彼此各具劵書而質於公, 以兩劑聽之而無所偏, 信則不直者自反而民獄自禁矣. 入束矢然後聽之, 矢以自明其直, 而矢之爲利直行者也; 入鈞金然後聽之, 金以自明其不可變, 而金之爲物則堅剛而不變者也. 旣受三十斤之金, 又延三日之久, 取其所甚愛, 使民因惜物以致思, 不卽聽而待三日, 使民因遲滯而自省. 古昔先王不輕受民之訟·致民於刑也, 非特以全民之生, 亦所以厚民之俗歟?

《주례(周禮)》〈추관(秋官) 소사구(小司寇)〉에서 말하였다.

오성(五聲)으로 옥사와 송사를 듣고 백성의 뜻을 구하니, 첫째, 그의 말을 듣는 것이고, 둘째, 그의 안색을 살피는 것이고, 셋째, 그의 숨소리를 듣는 것이고, 넷째, 그가 듣는 것을 살피는 것이고, 다섯째는 그의 눈을 살피는 것이다.

> 〈小司寇〉: 以五聲聽獄訟·求民情, 一曰辭聽, 二曰色聽, 三曰氣聽, 四曰耳聽, 五曰目聽.

정현(鄭玄)이 말하였다.

“말을 듣는다는 것은, 말하는 것을 보면 곧지 않으면 번잡하다는 의미이다. 안색을 살핀다는 것은, 안색을 보면 곧지 않으면 무안해한다는 의미이다. 숨소리를 듣는다는 것은, 숨소리를 보면 곧지 않으면 고르지 않다는 의미이다. 듣는 것을 살핀다는 것은, 듣는 것을 보면 곧지 않으면 미혹되다는 의미이다. 눈을 살핀다는 것은, 눈동자를 보면 곧지 않으면 흐리다는 의미이다.”

鄭玄曰: “辭聽謂觀其出言不直則煩, 色聽謂觀其顏色不直則赧然, 氣聽謂觀其氣息不直則喘, 耳聽謂觀其聽聆不直則惑, 目聽謂觀其眸子不直則眊然.”

왕안석(王安石)이 말하였다.

“옥송을 듣고 백성의 실정을 찾을 때, 신문을 하여 진술을 하게 한다. 보고 듣는 것과 숨쉬는 것과 안색을 잘 살펴보면 사실인지 거짓인지 알 수 있으므로 모두 ‘성(聲)’이라고 하였다. 발언을 하는데 안색이 움직이고 숨소리가 거칠며 보고 듣는 것이 잘못되었으면 그 허위를 알 수 있다. 그렇지만 모두 말을 주로 하니, 말이 궁하면 모두 파악할 수 있을 것이다. 그러므로 오성은 말을 우선으로 삼았고, 안색, 숨소리, 듣기, 보기가 그다음이었다.”

王安石曰: “聽獄訟 · 求民情以訊鞫作其言, 因察其視聽氣色以知其情僞, 故皆謂之聲焉. 言而色動 · 氣喪 · 視聽失則, 則其僞可知也, 然皆以辭爲主, 辭窮而盡得矣. 故五聲以辭爲先, 色·氣·耳·目次之."

신은 이렇게 생각합니다. 왕씨의 말은 옥송을 듣고 백성의 실정과 허위를 찾는 요체를 깊이 이해하였습니다.

臣按: 王氏之言, 深得聽獄訟求民情僞之要.

《주례(周禮)》〈추관(秋官) 사사(士師)〉에서 말하였다.

무릇 재산으로 옥사와 송사를 하는 자는 부별(傅別)과 약제(約劑)로 바로잡는다.

〈士師之職〉: 凡以財獄訟者, 正之以傅別約劑.

주신(朱申)이 말하였다.

"칭채(稱責)는 부별(傅別)로 듣고, 매매(買賣)는 약제(約劑)로 듣는데, 둘은 모두 증명서의 이름이니, 진위를 바로잡는 방법이다."

朱申曰: "聽稱責以傅別, 聽買賣以約劑, 二者皆券書之名, 所以正實僞者也."

신은 이렇게 생각합니다. 무릇 백성들의 다툼은 대부분 재산에서 생깁니다. 재산을 피차 주고받을 때 분배의 다소는 당초 반드시 문서로 기약하여 따져 바로잡기 때문에 재산으로 송사가 일어나고 옥사가 일어나는 경우 일관되게 시정할 수 있습니다. 만일 따져 바로잡을 증거가 없거나 사기와 허위가 있으면 오직 공공의 이치로 바로잡고 치우친 사사로움이 있어서는 안 됩니다. 백성들이 위에서 사실과 허위를 바로잡는 방법이 여기에 달렸다는 것을 알면 그들이 재산을 주고받고 가지고 주기를 처음부터 구차하게 하지 않는다면 옥송은 이를 통해서 살필 수 있습니다. 《주역》 〈송괘(訟卦) 상(象)〉에 "하늘은 위를 향하고 물은 아래를 향하기 때문에 길이 서로 어긋나 만나지 못하는 것이 송의 상이다. 군자가 이를 보고 일을 하되 처음을 잘 도모한다.[天與水違行, 訟. 君子以作事謀始.]" 하였는데, 처음에 계책을 세우지 않는 것이 송사가 생기는 이유입니다.

臣按: 凡民之爭多起於財, 財之彼此取予分數多少, 其初也必有書契期約以相質正, 故有以財致訟起獄者, 一以是正之, 苟無質正及有所欺僞, 則惟正之以公理, 罔有偏私焉. 民知上之以正實僞者在此, 則其有所授受取與不敢苟簡於其始, 則獄訟由之而省矣. 《易》曰: "天與水違行, 訟. 君子以作事謀始." 始之不謀, 訟所以興也.

공자가 말하기를, "송사를 다스리는 데는 나도 남들과 같지만, 반드시 백성들로 하여금 송사가 없도록 하겠다."라고 하였으니, 실정이 없는 자가 말을 다하지 못하는 것은 위정자가 백성의 마음을 크게 두렵게 했기

때문이다. 이것을 두고 근본을 안다고 한다.[15]

子曰: "聽訟, 吾猶人也, 必也使無訟乎." 無情者, 不得盡其辭, 大畏民志, 此謂知本.

주희(朱熹)가 말하였다.

"남과 같다는 말은 남과 다르지 않다는 말이다. 정(情)은 사실이다. 부자(夫子)의 말을 인용하여 성인이 사실이 없는 사람이 감히 허탄한 말을 다 털어놓지 않을 수 없게 하는 것이니 이는 나의 밝은 덕이 이미 밝아 자연 백성들의 심지를 두렵게 하여 복종시켰기 때문에 송사는 듣기를 기다리지 않아도 자연 없을 것이라는 말을 한 것이다."

朱熹曰: "猶人, 不異於人也. 情, 實也. 引夫子之言而言聖人能使無實之人不敢盡其虛誕之辭, 蓋我之明德旣明, 自然有以畏服民之心誌, 故訟不待聽而自無也."

김이상(金履祥)이 말하였다.[16]

"청송은 본디 백성을 새롭게 하는 한 가지 일이니, 송사를 없게 하

15 공자가 … 한다: 《대학장구》 전(傳) 4장에 나온다.

16 김이상(金履祥)이 말하였다: 김이상(1232~1303)의 《대학소의(大學疏義)》에 나온다. 김이상은 자는 길보(吉父), 호는 차농(次農)이다. 송(宋)나라가 망하고 원(元)나라가 들어서자 벼슬하지 않고 인산(仁山)에 은거하여 인산 선생(仁山先生)이라고 불렸다. 시호는 문안(文安)이다.

는 것은 백성을 새롭게 하는 지극한 선이다. 증자(曾子)가 세상의 정치가들이 신민에 대해 단지 청송을 직무로 삼을 줄만 알고 근본을 모른다고 생각했기 때문에 공자의 말을 인용하였다. 이는 덕이 밝아지면 백성들의 뜻도 저절로 새로워지기 때문에 또 '이것을 두고 근본을 안다고 한다'는 말로 맺었으니, 근본이 있는 자는 본디 이와 같다는 말이다."

金履祥曰: "聽訟固新民之一事, 使無訟則新民之至善. 曾子爲世之爲政者其於新民但知以聽訟爲事, 而不知其本, 故引夫子之言. 蓋已德既明, 民志自新, 故又以此謂知本結之, 言有本者固如是也."

신은 이렇게 생각합니다. 《주역》에서 "재물을 다스리고 말을 바르게 하며 백성들의 그릇됨을 금하는 것을 의(義)라고 한다."라고 하였는데, '재물을 다스린다'는 말은 각 사람이 소유하고 있는 바를 분별하는 것이고, '말을 바르게 한다'는 말은 각 사람이 하는 발언을 분명하게 바로잡는 것이며, '백성들의 그릇됨을 금한다'는 각 사람이 하지 말아야 할 행위를 금지하는 것이니, 이 세 가지에 보위(寶位)를 지키는 뜻과 다툼을 다스리는 큰 권한이 달려 있습니다. 지위를 지키는 것은 본디 어진 정치에 달려 있지만, 어진 정치를 시행하는 방법은 각각 의당함을 얻게 하여 의로움에 맞게 하는 것이니, 의로움에 반하면 어질지 않게 되어 형법을 반드시 가하게 됩니다.

형벌은 옥사에서 생기고, 옥사는 소송에서 생깁니다. 소송이 일어나는 이유는, 이치로 보았을 때 재산의 불균등, 발언의 순조롭지 못함, 행위의 부당성이 있기 때문입니다. 내가 어짊을 가지고 마음을 유지하고 의로움으로 사안을 제어하여, 소유자가 아니면 감히 가지지 못하고, 발언할 자가 아니면 말하지 않으며, 할 자가 아니면 감히 하지 않으니, 그 덕을 느끼는 자는 마음으로 믿고 그 풍모를 듣는 자는 의도가 사라져 자연 심지를 두렵게 하여 복종시키고 의기를 제압할 수 있으며, 소송은 듣기를 기다리지 않아도 절로 없어질 것입니다.

《대학(大學)》의 이 장(章)은 구본(舊本)에서 잘못하여 성의장(誠意章) 아래에 있었는데, 주자(朱子)가 제4장으로 옮겨서 본말을 풀이하였습니다. 신이 살피건대, 《대학》 경문(經文)에서 "사물은 본말이 있다.[物有本末.]"라고 했고, 《대학장구(大學章句)》에 "명덕을 근본으로 하고, 신민을 말단으로 한다.[明德爲本, 新民爲末.]"라고 하였는데, 제1장과 제2장에서 이미 '명덕을 밝힌다.[明明德]', '백성을 새롭게 한다[新民]'는 것을 풀이했습니다.

명덕과 신민은 바로 본말입니다. 3장은 '지극한 선에서 그친다[止於至善]'을 풀이했는데, 명덕과 신민이 그 궁극에 나아가는 것 또한 바로 본말입니다. 또한 '사물은 본말이 있다'는 '사안은 종시가 있다'와 대구가 되는데, 유독 본말을 풀이하고 종시를 풀이하지 않은 것은 왜이겠습니까. 신은 삼가 생각건대, 청송에 대한 이 장은 바로 치국(治國), 평천하(平天下)의 핵심 임무이니, 마땅히 제10장에 넣어야 합니다.[17] 소견이 이와 같지만 감히 옳다고 할 수 없으니 일단 여기에 기록해 두고 정정을 기다립니다. 【이상은 옥사와 소송을 듣는 일이다.】

17 청송에 … 합니다: 《대학장구(大學章句)》 전(傳) 제10장이 치국과 평천하를 해석한 장이다.

臣按:《大易》有云:“理財正辭, 禁民爲非曰義.” 所謂理財則分別各人之所當有者, 正辭則明正各人之所當言者, 禁民爲非則禁革各人之所不當爲者, 此三者守寶位之義也, 而治爭之大柄在焉. 夫守位固在乎仁, 而所以行仁而使之各得其宜者則在乎義, 反乎義則不仁而刑法之所以必加也. 刑生於獄, 獄起於訟, 訟之所以起者由乎財之不均·言之不順·爲之不當乎理也. 吾能仁以存心·義以制事, 非所有者不敢取, 非所言者不敢道, 非所爲者不敢作, 則感其德者心孚, 聞其風者意銷, 自然有以畏服其心志·攝伏其意氣矣, 訟不待聽而自無也.《大學》此章舊本誤在誠意章下, 朱子移之於第四章以釋本末. 臣考《大學》經文言“物有本末”,《章句》謂“明德爲本, 新民爲末”, 於第一·第二章旣釋明明德·新民矣, 明德·新民卽本末也, 三章釋止於至善, 乃明德·新民之造其極, 亦卽本末也, 且物有本末與事有終始對, 乃獨釋本末, 不釋終始, 何也? 臣竊以謂聽訟此章乃治國平天下之要務, 當以入第十章, 所見如此, 未敢以爲是, 姑記於此以俟正焉.【以上聽獄訟】

《서경》〈강고(康誥)〉에서 말하였다.

옥사의 판결은, 5~6일 동안 깊이 생각하고, 열흘이나 석 달쯤 더 지나서 크게 옥사를 판결【폐(蔽)는 판단[斷]이다.】하는 것이다.

《康誥》曰: 要囚, 服念五六日至於旬時, 丕蔽【斷也】要囚.

채침(蔡沈)이 말하였다.

"요수란 옥사에 대한 판결문의 핵심 결론이다. 복념은 가슴속에 두고 생각하는 것이다. 순(旬)은 열흘이고 시(時)는 석 달이니, 죄수를 위하여 살릴 방도를 찾는 것이다."

蔡沈曰: "要囚, 獄辭之要者也. 服念, 服膺而念之. 旬, 十日; 時, 三月, 爲囚求生道也."

소식(蘇軾)이 말하였다.[18]

"복념은 죄수를 위하여 살릴 방도를 찾는 것이니, 열흘, 석 달 동안 찾아가 끝내 살릴 길이 없으면 죽일 수 있다."

蘇軾曰: "服念爲囚求生道也, 求之旬時而終無生道, 乃可殺."

신은 이렇게 생각합니다. 이는 바로 《주역》에서 말하는 '완사(緩死)'입니다.[19] 당 태종(唐太宗)이 말하기를 "죽은 사람은 다시 살릴 수 없기 때문에 죄인 판결은 반드시 세 번 복주(覆奏)하는데, 짧은 시간에 생각할 틈이 없을 것이니 지금부터 다섯 번 복주하라."라고 하였으니,[20] 바로

---

18 소식(蘇軾)이 말하였다: 《서전(書傳)》 권12에 나온다.

19 이는 … 완사(緩死)입니다: 《주역》 〈중부(中孚) 상전(象傳)〉에 "못 위에 바람이 있는 것이 중부(中孚)이니, 군자가 보고서 옥사를 의논하며 죽임을 늦춘다.[澤上有風, 中孚, 君子以議獄, 緩死.]" 하였다.

옥사 판결은 열흘, 석 달 동안 생각해야 한다는 뜻입니다.

臣按: 此卽《易》所謂緩獄也, 唐太宗謂: "死者不可復生, 決囚須三覆奏, 頃刻之間何暇思慮, 自今宜五覆奏." 正得要囚至於旬時之意.

《서경》 〈여형(呂刑)〉에서 말하였다.

왕이 말하기를 "다투는 양쪽이 모두 법정에 왔고 말과 증거가 구비되었으면 여러【사(師)는 중(衆)이다.】 사(士)가 오사를 듣는다. 오사를 조사한【간(簡)은 사실을 조사하는 것이다.】 결과 진실하여 믿을 만하거든【부(孚)는 의심이 없는 것이다.】 오형에 질정하며, 오형에 진실하지 않거든 오벌【벌(罰)은 속형[贖]이다.】에 질정하며【정(正)은 질문이다.】, 오벌에 복종하지 않거든 오과【과(過)는 잘못[誤]이다.】에 질정하라. 오과의 병폐【자(疵)는 병폐[病]이다.】는 관권[官], 보답[反], 청탁[內], 뇌물[貨], 간청[來]이니 그 죄가 똑같으니, 살펴서 처리하라. 오형에 의심스러우면 사면이 있고, 오벌에 의심스러우면 사면이 있으니, 살펴서 처리하라."

《呂刑》: 王曰: "兩造具備, 師【衆也】聽五辭; 五辭簡【核其實也】孚【無可疑也】正

20 당 태종(唐太宗)이 … 하였으니: 복주(覆奏)는 사형(死刑)에 해당하는 죄인을 심리(審理)할 때 반복하여 조사를 해서 임금에게 보고하는 것이다. 당 태종이 즉위한 초기에 장온고(張蘊古)가 〈대보잠(大寶箴)〉을 지어 올려 풍간(諷諫)을 하니, 태종이 가상하게 여겨 대리승(大理丞)을 제수하였다. 이후 장온고를 경솔하게 처형한 일을 반성하면서 사형의 판결을 내려 처형할 때에는 삼복주를 하도록 규정을 고치게 하고, 또 한걸음 더 나아가 판결 이틀 전과 하루 전에 두 번 복주하고 행형(行刑)하는 날에 다시 세 번 복주하는 오복주(五覆奏)의 제도를 두게 하였다. 《舊唐書 卷50 刑法志》

於五刑. 五刑不簡, 正【質也】於五罰【贖也】; 五罰不服, 正於五過【誤也】. 五過之疵【病也】, 惟官·惟反·惟內·惟貨·惟來. 其罪惟均, 其審克之. 五刑之疑, 有赦, 五罰之疑, 有赦, 其審克之."

채침이 말하였다.

"양조(兩造)는 양쪽 다투는 자가 모두 도착하는 것이다. 구비(具備)는 증언과 증거가 모두 있는 것이다. 오사(五辭)는 오형(五刑)에 연관된 발언이다. 오사가 진실을 조사하여 믿을 만하여야 비로소 오형에 질정하는 것이다. 불간(不簡)이란 발언과 형(刑)이 어긋나서 상응하지 않는 것이니, 형이 의심스러운 것이다. 형이 의심스러우면 벌(罰)에 실성하는 것이다. 불복(不服)은 발언과 벌이 또 응하지 않는 것이니, 벌에 의심스러운 것이다. 벌에 의심스러우면 과(過)에 질정하여 용서해서 면하는 것이다.

관(官)은 위세(威勢)이고, 반(反)은 은덕과 원한에 대한 보답이고, 내(內)는 궁녀의 청탁이고, 화(貨)는 뇌물이고, 내(來)는 간청이다. 이 다섯 가지의 병폐로써 사람의 죄를 가감한 경우, 그 사람이 범한 죄로 죄에 걸리는 것이다. 심극(審克)은 자세히 살펴서 처리하는 것이다. 오형에 의심스러운 것은 사면이 있으니 오벌에 질정하고, 오벌에 의심스러운 것은 사면이 있으니 오과에 질정하는 것이다."

蔡沈曰: "兩造者, 兩爭者皆至也. 具備者, 詞證皆在也. 五辭, 麗於五刑之辭也. 五辭簡核而可信, 乃質於五刑也. 不簡者, 辭與刑參差不應, 刑之疑者也, 疑於刑則質於罰也. 不服者, 辭與罰又不應也, 罰之疑者也, 疑於罰則質於過而宥免之也. 官, 威勢也; 反, 報德怨也; 內, 女謁也; 貨, 賄賂也; 來, 幹請也. 惟此五者之病以出入人罪, 則以人之所犯坐之也. 審克者, 察之詳而盡其能也. 刑疑有赦, 正於五罰也; 罰疑有赦, 正於五過也."

여조겸(呂祖謙)이 말하였다.

"옥사에서 하는 발언에서 언급하는 것은 본디 살피려고 하는 것인데, 양쪽이 도착하여 발언과 증언을 다시 갖추고자 한다. 대개 체포되지 말아야 할 경우 한 사람도 동요시켜서는 안 되며, 체포해야 할 경우 한 사람도 빠트려서는 안 된다."

또 말하였다.

"형이 낮춰져 벌이 되고 벌이 낮춰져 과가 되지만, 사사로움으로 일부러 죄수를 놓아주면 또한 천토(天討)가 아니니, 일부러 죄수를 풀어주는 병폐로는 이 다섯 가지가 있다."

呂祖謙曰: "獄辭所及固欲審度, 而兩造辭證復欲具備, 蓋不當逮者不可擾一人, 當逮者不可闕一人." 又曰: "刑降而爲罰, 罰降而爲過, 然以私而故縱則又非天討也, 故縱之疵病有此五者."

신은 이렇게 생각합니다. 선유(先儒)는 말하기를, "옛날에 실정에 따라 법을 구했기 때문에 적용할 수 없는 형벌이 있었는데, 후세에는 실정을 바꾸어 법에서 구했기 때문에 가중해서는 안 되는 죄가 없었다."라고 했습니다.[21] 이른바 '실정에 따라 법을 구한다'는 것은, 반드시 양쪽의 발언을 갖추고 반드시 많은 사람들의 의견을 들어 반드시 사실을 조사하고 그 의심스러운 부분을 심사하는 것입니다. 형에 의심스러우면 벌에 질정하고, 벌에 의심스러우면 과에 질정하니, 반드시 의심스러운 것이 의심이 없게 된 연후에 사면했습니다. 살펴서 처리하는 것이 이와 같았으니 사람이 형에 해당될 때는 반드시 그 죄에 합당하였고 죄를 더 추가할 수 없었으니 반드시 실정을 얻었습니다. 심(審)이라고 말한 것은 살필 때 마음을 다한다는 뜻이고, 극(克)은 다스릴 때 힘을 다한다는 뜻입니다. 이 한 마디가 〈여형〉에서 모두 네 번 보이니 정녕 반복하여 일러 주는 것이고, 충후한 뜻과 신중한 마음으로 형관을 경계하려는 의도가 지극합니다. 일시 옥사를 담당하는 신하가 또 어찌 실정을 바꾸어 법을 적용하는 자가 있겠습니까.

臣按: 先儒謂古者因情而求法, 故有不可入之刑, 後世移情而合法, 故無不可加之罪. 所謂因情以求法者, 必備兩造之辭, 必合衆人之聽, 必核其實, 必審其疑, 刑有疑則正於罰, 罰有疑則正於過, 必其有疑者無疑也, 然後赦之. 其審克之者如此, 則人之於入刑者必當其罪, 而罪不可入者則必得其情矣. 謂之審者察之盡其心, 克者治之盡其力, 此一言者《呂刑》凡四見焉, 其丁寧諄複, 忠厚之意·詳愼之心, 所以警戒於刑

21 선유(先儒)는 … 했습니다: 선유는 여조겸(呂祖謙)이다. 이 말은 《상서비전(尙書埤傳)》 권15에 나온다.

官者至矣, 一時典獄之臣又豈有移情以就法者哉?

벌금으로 징계하는 것이 사형은 아니지만 사람들이 지극히 괴로워하니, 말 잘하는 자【녕(佞)은 말재주이다.】가 옥사를 결단할 것이 아니라 선량한 자가 옥사를 결단하여야 중(中)에 있지 않음이 없을 것이다. 발언의 차이를 세심히 살펴, 따르지 않는 자도 따르게 하라. 가엾게 여기고 공경하여 옥사를 결단하며 형서(刑書)를 밝게 열어 서로 점쳐야 모두 거의 중정(中正)할 것이다. 형과 벌을 살펴서 잘 처리해야 한다.

罰懲非死, 人極於病. 非佞【口才也】折獄, 惟良折獄, 罔非在中. 察辭於差, 非從惟從. 哀敬折獄, 明啟刑書胥占, 咸庶中正. 其刑其罰, 其審克之.

채침(蔡沈)이 말하였다.

"벌금으로 과오를 징계하는 것은 비록 사람을 죽음에 이르게 하는 것은 아니지만 백성들이 무겁게 속전(贖錢)을 내니 또한 심히 괴로워한다. 말재주가 능란한 사람이 옥사를 결단할 것이 아니고, 오직 따뜻하고 선한 어른으로서 백성 보기를 다친 사람처럼 여기는 자가 옥사를 결단하여야 중(中)에 있지 않음이 없을 것이니, 이는 옥사를 결단하는 자는 마땅히 훌륭한 사람을 가려야 함을 말한 것이다.

발언의 차이를 살핀다는 것은 발언이 사실이 아니면 끝내 반드시 어긋남이 있으니, 옥사를 다스리는 요점은 반드시 그 어긋남에서 살펴야 한다는 뜻이다. 따르지 않는 자도 따르게 된다는 말은, 발언을 살필 적에 치우치게 주장해서는 안 되니, '그렇게 하려고 하지 않았는데 그렇게 되었다'는 말과 같으며, 경중을 살펴 중도를 취했기 때문에 따르는 것이다.

가엾게 여기고 공경하여 옥사를 결단한다는 것은 안타까워하고 경외하여 그 실정을 찾는 것이며, 형서를 밝게 열어 서로 점친다는 것은 법률을 자세히 밝혀 여러 사람과 함께 점치고 헤아리는 것이며, 모두 거의 중정(中正)하다는 것은 모두 거의 잘못됨이 없는 것이니, 이에 형벌을 하되 또 살펴 잘 처리해야 한다. 이는 옥사를 다스리는 자는 마음을 다해야 함을 말한 것이다."

蔡沈曰: "罰以懲過, 雖非致人於死, 然民重出贖亦甚病矣. 非口才辯給之人可以折獄, 惟溫良長者視民如傷者能折獄, 而無不在中也, 此言聽獄者當擇其人也. 察辭於差者, 辭非情實終必有差, 聽獄之要必於其差而察之. 非從惟從者, 察辭不可偏主, 猶曰不然而然, 所以審輕重而取中也. 哀敬折獄者, 惻怛敬畏以求其情也. 明啓刑書胥占者, 言詳明法律而與衆占度也. 咸庶中正者, 皆庶幾其無過忒也, 於是刑之罰之又當審克之也, 此言聽獄者當盡其心也."

신은 이렇게 생각합니다. 선유(先儒)가 "가엾게 여기고 기뻐하지 말라.[哀矜勿喜]"라고 말한 것[22]이 바로 이 '애경(哀敬)'입니다. 가엾게 여기

22 선유(先儒)가 … 것: 《논어》 〈자장(子張)〉에, 맹씨(孟氏)의 사사(士師)로 임명된 양부(陽膚)가 증

면 차마하지 못하고, 공경하면 소홀하지 않습니다. 임금이 애경의 마음을 가지고 옥사를 결단하면 옥을 담당하는 관원은 모두 마음을 다할 것이며, 신하들이 애경의 마음을 가지고 옥을 담당하면 형을 받는 사람들도 누구나 자신의 죄를 승복할 것입니다.

臣按: 先儒謂哀矜勿喜卽此哀敬也, 哀則不忍, 敬則不忽. 人君存哀敬以折獄, 則典獄之官不敢不盡其心; 人臣存哀敬以典獄, 則受刑之人不敢不服其罪.

한쪽 발언에는 밝고 깨끗이 하라. 백성들의 다스림은 옥사(獄事)의 양쪽 발언을 중도에 맞게 듣지 않음이 없으니, 혹시라도 옥사의 양쪽 발언에 사사로운 집안 이득을 챙기지 말라.

明清於單辭, 民之亂, 罔不中聽獄之兩辭, 無或私家於獄之兩辭.

채침이 말하였다.

"'명청(明淸)' 이하는 형을 공경히 하는 일이다. 옥(獄)에 대한 말은 단(單)이 있고 양(兩)이 있는데, 한쪽 발언이란 증거가 없는 발언이니, 다

자(曾子)에게 옥사(獄事)를 처리하는 방법에 대해 묻자, 증자가 "윗사람이 도리를 잃어 민심이 떠난 지 오래되었다. 만일 그 실정을 파악했으면 불쌍히 여기고 기뻐하지 말라.[上失其道, 民散久矣. 如得其情, 則哀矜而勿喜.]" 하였다.

스리기가 더욱 어렵다. 명(明)은 털끝만큼도 가림이 없는 것이고, 청(淸)은 한 점의 더러움도 없는 것이다. 명과 청은 성의와 공경이 돈독하고 지극하며, 안팎이 일관되어 조금도 사사로운 왜곡이 없는 것이니, 이렇게 한 뒤에야 그 실정을 살필 수 있다."

蔡沈曰: "'明清'以下, 敬刑之事也. 獄辭有單有兩, 單辭者無證之辭也, 聽之爲尤難. 明者無一毫之蔽, 清者無一點之汙, 曰明曰清, 誠敬篤至, 表裏洞徹, 無少私曲, 然後能察其情也."

여조겸이 말하였다.

"옥사의 양쪽 발언에 사사로운 의도를 가지고 집안의 이득을 도모해서는 안 되니, 집안 운운한 것은, 양쪽 발언 가운데 변화무쌍하게 개입하여 주머니를 채우고 굴을 파는 것을 말한다."

呂祖謙曰: "不可用私意而家於獄之兩辭, 家云者出沒變化於兩辭之中, 以爲囊橐窟穴者也."

신은 이렇게 생각합니다. 사가(私家)의 '가(家)'는 "군자는 상중에 집안의 이득을 챙기지 않는다.[君子不家於喪.]"[23]라고 할 때의 '가'입니다. 목왕(穆王)이 이 교훈으로 형벌을 적용하였으니, 대개 옥송의 한쪽 발언에

23 군자는 … 않는다: 《예기(禮記)》 〈단궁(檀弓)〉에 나온다.

대해서는 밝고 깨끗이 듣고, 옥송의 양쪽 발언에 대해서는 중도를 지켜 듣고자 한 것입니다. 옥사의 발언이 처음에 이를 때는 반드시 한쪽만 오게 되고, 한쪽은 한 사람의 심정이고, 한 사람의 심정은 각각 자기 견해에 치우치고 자기가 옳다고 생각하는 것에 집착하며, 자기가 그르다고 생각하는 것은 감추니, 속세에서 말하는 일면의 발언입니다.

다투는 양쪽이 모두 법정에 왔고 말과 증거가 구비되었으면 옥사에는 양쪽의 발언이 있게 될 것이니, 양자의 발언에 입각하여 중도로 결단합니다. 내가 전날 청명했던 마음으로 내가 오늘 중정의 도리를 행하기 때문에, 옥사의 발언에 치우침이 있어 사사로운 집안의 주머니나 굴을 채우는 수단으로 바꾸지 않으니, 백성들의 진위를 알 수 있고 나라의 법령도 바르게 되는 것입니다.

臣按: 私家之家, 如君子不家於喪之家, 穆王以此訓刑, 蓋欲其於獄訟之單辭者則明清以聽之, 於獄訟之兩辭者則以中而聽之. 蓋獄辭之初造者必單, 單者一人之情也, 一人之情各偏其見·各執其是·各掩其非, 俗所謂一面之辭也. 及夫兩造具備, 則獄有兩辭矣, 卽其兩者之辭, 而折之以中道, 用吾前日清明之心, 行吾今日中正之道, 不於獄辭之間有所偏徇, 而假之以爲私家之囊橐窟穴焉, 則民之情僞得, 而國之憲典正矣.

대사구는 모든 제후들의 옥송에 대해 방전으로 판정하고, 경대부의 옥송은 방법으로 판단하며, 서민이 옥송은 방성으로 폐기한다.

大司寇, 凡諸侯之獄訟以邦典定之, 凡卿大夫之獄訟以邦法斷之, 凡庶民之獄訟以邦成弊之.

정현(鄭玄)이 말하였다.

"방전은 육전(六典)[24]이니, 육전으로 나라의 통치를 갖춘다. 방법은 팔법(八法)[25]이니, 팔법으로 관청에 대한 통치를 갖춘다. 방성은 팔성(八成)[26]이니, 팔성으로 만민에 대한 통치를 갖춘다. 폐기한다는 말은 옥송을 판단하는 것이다."

鄭玄曰: "邦典, 六典也, 以六典待邦國之治. 邦法, 八法也, 以八法待官府之治. 邦成, 八成也, 以八成待萬民之治. 弊之, 斷其獄訟也."

---

24 육전(六典): 주나라의 치전(治典), 교전(敎典), 예전(禮典), 정전(政典), 형전(刑典), 사전(事典)을 말한다. 《周禮 天官 大宰》

25 팔법(八法): 주나라 때 관부(官府)를 다스리는 법식으로, 관속(官屬), 관직(官職), 관련(官聯), 관상(官常), 관성(官成), 관법(官灋), 관형(官刑), 관계(官計)를 말한다. 《周禮 天官 大帝》

26 팔성(八成): 주나라 때 관청에서 정무를 처리하는 여덟 가지 격식을 말한다. 《주례(周禮)》 〈소재(小宰)〉에 "조세와 부역에 관한 일은 주민의 호적에 근거하여 처리하고, 정벌과 사냥에 관한 일은 점검하고 조사하는 것에 근거하여 처리하며, 마을에 관한 일은 판도(版圖)에 근거하여 처리하고, 대여(貸與)에 관한 일은 대차 관계를 증명하는 문서에 근거하여 처리하며, 녹봉과 작위에 관한 일은 예제(禮制)에 따른 인사 규정에 근거하여 처리하고, 받고 주는 것에 관한 일은 서계(書契)에 근거하여 처리하고, 매매에 관한 일은 증빙 문건에 근거하여 처리하며, 수입과 지출에 관한 일은 장부에 근거하여 처리한다." 하였다.

신은 이렇게 생각합니다. 육전, 팔법, 팔성은 모두 태재(太宰)가 관장합니다만, 판정한다, 판단한다, 폐기한다는 일은 사구(司寇)에게 달렸습니다. 나라를 육전으로 다스리니 제후가 지켜야 할 것이고, 이 방전에 어긋남이 있으면 사구가 형법으로 판정하니, 판정한다는 것은 그 죄를 정하는 것입니다.

관부를 팔법으로 다스리니 경대부가 따라야 할 바이고, 이 법에 어긋남이 있으면 사구가 형법으로 판단하니, 판단한다는 것은 그 죄를 판단하는 것입니다. 나라의 통치를 팔성으로 경영하니 서민이 행해야 할 바이고, 팔성을 범하는 일이 있으면 사구가 형법으로 폐기하니, 폐기한다는 것은 그 죄를 폐기하는 것입니다.

소송은 아래에서 일어나고 옥송은 위에서 이루어지니, 죄를 판단하는 일이 비록 나라의 금법을 관장하는 사구에게 달렸더라도, 헌도(憲度: 헌법 같은 기강)는 나라의 통치를 담당하는 총재(冢宰)에게 달렸으니, 왕도(王道)는 민심(民心)을 같게 하고 치도(治道)가 나오는 예악정형(禮樂政刑)에 갖추어져 있지만 형벌 또한 예악의 정치가 미치지 못하는 곳을 보도(輔導)하는 방법임을 알 수 있습니다. 옥사를 판단하는 자가 한결같이 통치에 대한 보도를 우선으로 삼는다면, 형벌이 시행되어도 치도가 확립될 것입니다.

臣按: 六典·八法·八成皆太宰所掌者也, 而定之·斷之·弊之則在司寇焉. 蓋治邦國以六典, 諸侯所當守者也, 有戾於其典者, 則司寇以刑法定之, 定之者定其罪也. 治官府以八法, 卿大夫所當遵者也, 有違於其法者, 則司寇以刑法斷之, 斷之者斷其罪也. 經邦治以八成, 庶民所當行者也, 有犯於其成者, 則司寇以刑法弊之, 弊之者弊其罪也. 訟興於下, 獄成於上, 斷罪雖在掌邦禁之司寇, 而憲度則本於掌邦治之冢宰焉, 可見王道備於同民心·出治道之禮樂政刑, 而刑又所以輔禮樂政之所不及. 斷獄者一以輔治爲先, 則刑行而治道立矣.

소사구(小司寇)는 오형을 가지고 만백성의 옥송을 듣나니, 형벌에 저촉되면 실정을 가지고 신문하고, 열흘이 되어야 폐기하니, 저지른 죄에 대한 형법 조문을 읽어 주고 난 뒤 법을 적용한다.

小司寇以五刑聽萬民之獄訟, 附於刑, 用情訊之, 至於旬乃弊之, 讀書則用法.

정현이 말하였다.

"부(附)는 붙다, 걸리다[著]와 같다. 실정과 사리로 신문하면, 나오는 것이 있으리라 기대할 수 있으므로 열흘이 되어 판단한다."

鄭玄曰: "附猶著也, 以情理訊之, 冀其有可以出之者, 十日乃斷之."

가공언이 말하였다.

"죄수의 범죄가 오형에 걸리면 왜곡되거나 남형이 있을지도 모르기 때문에 실정으로 심문하여 진실을 얻도록 한다."

賈公彥曰: "以囚所犯罪附於五刑, 恐有枉濫, 故用情實問之, 使得眞實."

신은 이렇게 생각합니다. 이는 성인(聖人)이 옥사를 판단할 때 신중한 뜻이니, 바로 《주역》의 완옥(緩獄),[27] 《서경》 〈강고(康誥)〉의 복념(服念)입니다. 죄를 얻어 형벌에 걸린 뒤에는 심복하지 않을까 우려되니, 또 따라서 실정으로 신문하고, 또 급박한 나머지 충분히 밝지 못할 것을 우려하여 반드시 열흘이라는 기간을 두고서 판단합니다. 판단한 뒤에는 또 죄수가 범한 형법서를 그에게 읽어 주며, 살펴서 변동사항이 없는 뒤에 법을 적용한다. 그 삼가고 삼가는 것이 이와 같으니, 이것이야말로 선왕의 시대에 천하에 억울한 백성이 없었던 이유일 것입니다.

臣按: 此聖人斷獄欽愼之意, 卽《大易》所謂緩獄·《康誥》所謂服念也. 旣得其罪附於刑矣, 恐其非心服也, 又從而用情以訊之, 又恐迫急而不盡其明也, 必至旬時之久乃敢斷之, 旣斷之矣, 又以其所犯之刑書讀之於囚, 審之而弗變, 乃用法焉. 其謹之又謹如此, 此先王之世天下所以無冤民也歟.

27 완옥(緩獄): 완사(緩死)를 말한다. 《주역》 〈중부(中孚) 상전(象傳)〉에 "못 위에 바람이 있는 것이 중부(中孚)이니, 군자가 보고서 옥사를 의논하며 죽임을 늦춘다.[澤上有風, 中孚, 君子以議獄, 緩死.]" 하였다.

사사(士師)는 관청의 정령을 관장하고, 옥송의 발언을 살피어, 사구의 옥사 판단과 송사 폐기를 돕고, 방령을 가져온다.

士師掌官中之政令, 察獄訟之辭, 以詔司寇斷獄弊訟, 致邦令.

가공언이 말하였다.

"방령을 가져온다는 것은 법을 보고하는 것이다."

賈公彥曰: "致邦令者, 以法報之也."

구규(丘葵)가 말하였다.

"관청의 정령이란 추관(秋官) 소속이 행하는 정령이다. 옥송의 발언을 살핀다는 것은, 향사·수사·현사·방사 같은 형관 소속이 각각 옥송 가운데 판결나지 않은 것을 올려서 사사(士師)에게 바치면, 사사는 그 발언대로 살펴보고 사구가 그 옥사를 판단하고 소송을 폐기하도록 돕는다. 옥송이 방령에 부합함을 확인한 뒤에는 또 그 방령을 향사·수사·현사·방사에게 가져다준다. 상하가 사안을 연대하여 이처럼 정밀하게 살피니, 이것이 옥사가 중도를 얻는 까닭이다."

丘葵曰: "官中之政令, 秋官之屬所行政令也. 察獄訟之辭者, 則刑官之屬若鄉士·遂士·縣士·方士各上其獄訟之不決者而致於士師, 士師因其辭而察之, 以詔司寇斷其獄·弊其訟, 獄訟旣審合於邦令, 則又以其邦令而致之於鄕士·遂士·縣士·方士. 上下聯事, 精察如此, 此獄之所以得其中也."

신은 이렇게 생각합니다. 후세에 주군의 옥송 가운데 판결할 수 없는 것이 있으면 헌사(憲司)에 보고하고, 헌사에서 그 실정과 범죄를 상세히 살핀 뒤 율령을 고찰하고 질정하여 죄명을 정하였습니다. 그 뒤 아래에 알려서 처단하게 했는데, 이것이 바로 《주관》의 이런 의미입니다.

臣按: 後世州郡獄訟有不能决者, 申達於憲司, 憲司審察其情犯, 稽考質正於律令而定其罪名, 然後報之於下, 使處斷焉, 是卽《周官》此意也.

조사(朝士)의 경우, 모든 사(士)의 다스림은 기일이 있는데, 국중에는 열흘, 교는 20일, 야는 30일, 도는 석 달, 방국은 1년이다. 기한 안에 듣고 다스리며, 기한 외에는 듣지 않는다.

朝士, 凡士之治有期日, 國中一旬·郊二旬·野三旬·都三月·邦國期, 期內之治聽, 期外不聽.

오징(吳澂)이 말하였다.

"옥사를 다스리는 날은 모두 기한이 있으니, 향사는 열흘 안에 조정에서 송사를 주관하고, 수사는 20일, 현사는 30일, 방사는 90일, 제후의 나라는 1년을 기한으로 하며, 기한 내에 있는 자는 모두 그 송사를 듣고, 기한이 지난 경우는 듣지 않으니, 또한 송사를 그치게 하는 방도이다."

吳澂曰: "治獄之日皆有限期, 鄉士旬而職聽於朝, 遂士二旬·縣士三旬·方士九旬·諸侯之國以一年爲期也. 在期內者皆聽其訟, 出期之外則不聽之, 亦息訟之道也."

신은 이렇게 생각합니다. 무릇 사(士)는 향사·현사·수사·방사·아사(訝士)입니다. 사의 옥사를 다스릴 때는 모두 기한이 있으니, 지역의 원근으로 차이를 둡니다. 기한 안이면 듣고 다스리고, 기한 밖이면 듣지 않습니다. 이는 백성들에게 급작스러울 우려가 있기 때문이다. 기한이 빨리 도달하면 받을 우려는 깊지 않고 증좌가 쉽게 드러나며 연루되는 사람이 많지 않습니다. 만일 세월이 늘어지면 반드시 왜곡하고 엄폐하게 되고 연루되는 사람도 많아집니다.

세상에 불량한 무리들은 왕왕 남의 집의 수십 년 전의 일을 끄집어내어 사송(詞訟)을 일으키고, 정치와 옥사를 맡는 사람이 그것을 그르다고 생각하지 않고 도리어 그 기회에 남을 죄에 얽는 것을 스스로 즐기면서 능력이 있다고 여기니, 《주관》의 기한이 지나면 듣지 않는다는 취지에 어두운 것입니다.

臣按: 凡士者謂鄕士·縣士·遂士·方士·訝士也. 凡士之治獄者皆有其期, 以地之遠近爲之差, 在期內者則聽而治之, 出於期之外則不聽也. 蓋民有急遽之患, 速達則受患不深而證佐易見·連逮不多, 苟迂延歲月則必有爲之委曲掩蔽, 而負累及人多矣. 世有不逞之徒往往捃拾人家數十年前之事以興詞訟, 而司政典獄者不以爲非而反因之而入人之罪, 自喜以爲能, 昧於《周官》期外不聽之旨也.

무릇 책임이 있는 자는 판서를 가지고 다스리니 듣는다. 무릇 백성들이 재화를 함께 소유하는 경우는 국법에 따라 명령하여 행한다. 법령을 범하는 자는 형벌에 처하고, 속책(屬責)하는 사람은 그 지부에 따라서 그 진술을 듣는다.

凡有責【音債】者有判書以治則聽, 凡民同貨財者令以國法行之, 犯令者刑罰之, 凡屬責者以其地傅而聽其辭.

정현이 말하였다.

"판(判)은 반으로 나누어 합한 것으로, 별도의 증명서이다. 재화를 같이한다는 것은, 부자가 축적이 많을 때는 거두어들이고 부족할 때는 국복(國服: 나라에서 걷은 세금)의 법에 따라 내놓는 것이다. 비록 앙등하더라도 그 나머지는 이를 넘을 수 없고, 이익을 내는 경우나 취하는 경우에 이를 넘으면 벌을 주니, 한나라 때 이자를 취하는 것을 더욱 귀하게 여기면 뇌물죄에 연좌한 것과 같다."

鄭玄曰: "判, 半分而合者, 謂別券也. 同貨財者, 富人蓄積多時收斂之, 乏時以國服之法出之, 雖有騰踴, 其贏不得過此, 以利出者與取者, 過此則罰之, 若漢世加貴取息坐贓."

가공언이 말하였다.

"재산 주인이 채(責)를 내는 것과 이익을 내어 주인에게 돌려주는 것이 재화를 함께 소유하는 것이다. 지금 나라에서 세금을 걷는 법에 따라 이익을 증식한다. 법령을 범하는 자는 국법을 어기는 것이기 때문에 형벌을 준다."

賈公彥曰: "財主出責與生利還主, 則同有貨財者也. 今以國服之法爲之息利, 犯令者違國法也, 故刑罰之."

오징이 말하였다.

"속채(屬責)는, 채무를 바꾸어 다른 사람을 시켜 돌려주는 것을 말한다. 만일 주인이 사망하여 친속이 재화를 갚아 돌려받을 경우의 많고 적음의 수치가 혹 서로 상치하면 반드시 그 토지의 사람들이 근래의 자료로 비교하여 증명할 수 있는 것은 발언을 받아들여 다스리고, 아니면 듣지 않는다."

吳澂曰: "屬責謂轉責使人而歸之, 而本主死亡, 若其親屬貸還貨財, 則多寡之數或相抵冒, 必以其地之人相比近而能爲證者, 乃受其辭而治之, 否則不聽也."

신은 이렇게 생각합니다. 빚을 빌려 이자를 취하는 것은 삼대(三代) 이전에도 이미 있었으나, 다만 반드시 증명서가 있고 다량의 이자를 취해서는 안 됩니다. 사망한 경우가 있더라도 증좌가 있으면 또한 반드시 나중에 보상해야 합니다. 선왕(先王)이 백성들의 실정을 직접 알고, 그에 대해 유무(有無)를 통하게 하여 서로 보좌하여 부족함에 이르지 않게 하니 본디 그른 것이 아닙니다. 근세에 악한 부자가 이익을 탐하고 있으니, 민간의 사사로운 빚은 일체 혁파하였으니, 그 뜻은 본래 부강한 자를 누르는 것이었으나, 가난한 백성들이 빌릴 데가 없어 앉아서 사망에 이르는 자가 많음을 알지 못했습니다.

臣按: 借債取息, 三代已前已有之, 但必有券書而不可多取息耳. 雖有死亡, 苟有證佐, 亦必追償. 先王體悉民情, 爲之通有無以相資助, 使不至於匱乏, 固不以爲非也. 近世乃有惡富人冒利者, 一切禁革民間私債, 其意本欲抑富強, 不知貧民無所假貸坐致死亡多矣.

사구가 옥사를 판단하고 송사를 폐기하는 것 같은 사형(司刑)은 오형의 법으로 형벌을 돕고 죄의 경중을 변별한다.

司刑, 若司寇斷獄弊訟, 則以五刑之法詔刑罰而以辨罪之輕重.

정현이 말하였다.

“형벌을 돕는 것은 그 적부(適否)에 대처하는 것이니, 지금 율가의 서명하는 법과 같다.”

鄭玄曰: “詔刑罰者, 處其所應否, 如今律家所署法矣.”

가공언이 말하였다.

사구가 법률을 판단할 때 사형은 오형의 법으로 형벌을 돕는다. 형과 벌을 아울러 말한 것은 형이 의심스러우면 벌을 적용하기 때문이다.

賈公彦曰: “司寇斷律之時, 司刑則以五刑之法詔刑罰. 刑罰並言者, 刑疑則入於罰故也.”

신은 이렇게 생각합니다. 후세에 형부(刑部)에서 죄수를 심문하고 대리시(大理寺)에서 평윤(平允)하는 것 또한 이러한 뜻입니다.

臣按: 後世於刑部問擬罪囚, 而以大理寺平允, 亦此意.

《예기》〈왕제(王制)〉에서 말하였다.

사구가 형을 바르게 하고 죄를 밝혀 옥송을 들을 때는 반드시 세 번 물어서 처리하되, 뜻이 있었으나 증거가 없으면 듣지 않는다.

《王制》: 司寇正刑明辟以聽獄訟, 必三刺, 有旨無簡不聽.

육전(陸佃)이 말하였다.

"청송에 만일 증거가 없어서 기록할 만한 근거의 실상이 없으면 듣지 않는 것이다."

陸佃曰: "聽訟若無簡書可書之實狀可據, 則不聽也."

진호(陳澔)가 말하였다.

"드러난 의도는 있지만 조사로 드러난 실제 자취가 없으면 청단하기 어렵다."

陳澔曰: "有發露之旨意, 無簡核之實跡, 則難於聽斷矣."

신은 이렇게 생각합니다. 《주례(周禮)》의 삼자(三刺)에 대해 주(注)에서 "자(刺)는 살(殺)이다"라고 했는데, 운서(韻書)를 고찰해 보면 자를 또 신(訊)이라고 풀이하였습니다. 사자가 삼자의 법을 관장하니, 자의 뜻은 자거(剌擧)[28]의 자와 같고 이는 신(訊)과 같은 의미입니다. 만일 주석의 말대로 하면 이는 주나라 사람들이 관직을 두어 오로지 살육을 일삼았고 바야흐로 옥사를 처음 들을 때 이미 살육할 뜻을 품고 미리 이런 관직을 두어 대처했다는 것인데, 삼대 이전에 이런 제도는 없었을 듯합니다. 하물며 이른바 삼자의 법은, 1자는 신하들에게 묻는 것이고, 재자는 관리들에게 묻는 것이며, 3자는 만백성에게 묻는 것입니다. 위에서는 의견을 묻고 아래서는 바로 답변하는 것을 더욱 알 수 있습니다. 한나라 사람들이 관직을 두어 군국을 살피면서 자사(刺史)라고 불렀으니, 대개 또한 묻고 살피기 때문에 이렇게 불렀던 것이니, 만일 주석의 말대로 한다면 살사(殺史)라고 불러야 되겠습니까.

臣按: 《周禮》三刺, 注謂"刺, 殺也", 考之韻書, 刺又訓訊. 司刺掌三刺之法, 刺之爲義當如刺擧之刺, 蓋與訊同義也. 若如注言, 則是周人設官專以殺戮爲事, 方其聽獄之初已懷殺戮之意, 而豫爲此官以待之, 三代已前恐無此制. 況所謂三刺之法, 一刺曰訊群臣, 再刺曰訊群吏, 三刺曰訊萬民, 上以刺言, 下卽言訊, 尤爲可見. 漢人設官以察擧郡國而謂之刺史, 蓋亦以訊察爲言, 若如注言, 則謂之殺史可乎?

옥사【성옥사(成獄辭)는 문서를 관장하는 것이다.】의 발언을 결정하고, 사(史)가 옥사가 성립했다고 정(正)【정(正)은 사사의 관속이다.】에게 고하고, 정이 듣는

28 자거(刺擧): 척거로도 읽는다. 간악한 자를 탄핵하여 배척하고 공이 있는 이를 거양(擧揚)하는 대간의 임무를 말한다.

다. 정이 옥사 성립을 대사구에게 고하고, 대사구는 극목(棘木)【극목은 외조(外朝) 경(卿)의 지위이다.】 아래서 듣는다. 대사구가 옥사의 성립을 왕(王)에게 고하고 왕이 삼공에게 참석하여 듣도록 명한다. 삼공이 옥사의 성립을 왕에게 고하면, 왕이 세 번【우(又)는 유(宥)라고 써야 한다.】 사면한 뒤에 형을 정한다.

成獄辭【掌文書者】, 史以獄成告於正【士師之屬】, 正聽之. 正以獄成告於大司寇, 大司寇聽之棘木【外朝之卿位】之下. 大司寇以獄之成告於王, 王命三公參聽之. 三公以獄之成告於王, 王三又【當作"宥"】然後制刑.

진호(陳澔)가 말하였다.

성옥사(成獄辭)란, 옥사를 다스리는 자가 범법자의 발언을 책임지고 취하여 사안이 이미 끝난 것이다. 우는 유라고 써야 한다. 《주례(周禮)》에 첫째 사면은 불식(不識)이고, 둘째 사면은 과실(過失)이고, 셋째 사면은 유망(遺亡)이니, 형을 집행할 때 천자(天子)가 오히려 반드시 이 세 가지로 죄를 면제해 준다. 위에서부터 아래로 모두 다른 발언이 없어서 천자가 오히려 반드시 세 번 사면한 뒤에 유사(有司)가 형을 집행하는 것은, 임금이 아래를 사랑하는 어짊에 달려 있고, 신하가 법을 지키는 뜻에 달려 있다.

陳澔曰: "成獄辭者, 謂治獄者責取犯者之言辭已成定也, '又'當作'宥', 《周禮》一宥曰不識·再宥曰過失·三宥曰遺亡, 謂行刑之時天子猶必以此三者免其罪也. 自上而下咸無異辭而天子猶必以三宥而後有司行刑者, 在君有愛下之仁, 在臣有守法之義也."

방각(方慤)이 말하였다.[29]

"옥정(獄正)은 단지 형관의 관속일 뿐이고, 대사구는 단지 형관의 우두머리일 뿐이다. 오로지 관원 하나의 청송에 오히려 사사로움이 없을 수 없을 것을 우려하였기 때문에 왕이 또 삼공에게 참석하여 들으라고 명하여 공의(公議)에 부합한 것이다. 삼공이 참석하여 듣고 옥사의 발언이 성립한다. 이에 옥사의 성립을 왕에게 고하니, 이렇게 오형으로 다스려야 될 것이다. 그렇지만 세 번 사면하는 법을 보면 혹 완전히 사면하는 대상이 될 수도 있기 때문에 세 번 사면한 뒤에 형을 정한다."

方慤曰: "獄正特刑官之屬而已, 大司寇特刑官之長而已, 專以一官之聽猶慮不能無私焉, 故王又命三公參聽之, 以合乎公議也. 三公參聽之而獄之辭又成矣, 於是以獄成告於王, 若是以五刑治之可也. 然以三宥之法原之, 或在所赦焉, 故三宥然後制刑也."

신은 이렇게 생각합니다. 우리나라의 제도는 형옥이 있으면 모두 법

29 방각(方慤)이 말하였다: 방각은 《대학연의보》 권101 주) 27 참조. 이 말은 《예기집해(禮記集解)》에 나온다.

사에서 관장하고 이사에서 평윤하며, 이사가 옥사의 성립을 갖추어 조정에 올리고 가을이 되어 처결하며, 문무 대신을 궁궐 외정에 모이게 하였으니, 바로 이러한 제도입니다.

臣按: 本朝之制, 凡有刑獄皆掌於法司而平允於理寺, 理寺具成獄上諸朝, 及秋後處決, 乃集文武大臣會審於外廷, 即此制也.

맹씨(孟氏)가 양부(陽膚)【양부는 증자 제자이다.】를 사사(士師)로 임명했는데, 양부가 증자(曾子)에게 묻자, 증자가 "위에서 할 도리를 못하여 백성들이 흩어진 지가 오래되었으니, 만일 그들이 죄를 짓게 된 실정을 안다면 애처롭고 불쌍하게 여기고 기뻐하지 말아야 한다."라고 하였다.[30]

孟氏使陽膚【曾子弟子】爲士師, 問於曾子, 曾子曰: "上失其道, 民散久矣, 如得其情, 則哀矜而勿喜."

주희가 말하였다.

"백성들이 흩어진다는 것은 사람들의 마음과 의리가 괴리되어 서로 연대하지 못한다는 말이다."

朱熹曰: "民散謂情義乖離, 不相維係."

30 맹씨(孟氏)가 … 하였다: 《논어(論語)》 〈자장(子張)〉에 나온다.

사량좌가 말하였다.

“백성들이 흩어지는 것은 무도하게 부리고 의리 없이 가르쳤기 때문에 그들의 범법은 부득이한 상황에 쫓겨서 그런 것이 아니면 알지 못한 상황에 빠진 것이다. 그러므로 그 사정을 알면 애처롭고 불쌍하게 여기고 기뻐하지 말아야 한다.”

謝良佐曰: “民之散也, 以使之無道·教之無義, 故其犯法也非迫於不得已, 則陷於不知也, 故得其情則哀矜而勿喜.”

보광(輔廣)이 말하였다.[31]

“사람이 죄를 범하는 경우가 두 가지인데, 부득이한 상황에 쫓긴 경우는 부릴 때 도가 없기 때문이고, 스스로 알지 못한 상황에 빠진 경우는 가르침에 바탕이 없기 때문이다. 후세에 옥사를 다스리는 관원은 매번 그 실상을 얻지 못하는 것이 걱정이고, 그 실상을 얻으면 기뻐하니, 어찌 애처롭고 불쌍하게 여기고 기뻐하지 말아야 한다는 의미를 알겠는가. 또한 사람이 기뻐하면 그 마음이 해이해지고 해이해지면 마음이 놓이며, 마음이 놓이면 애처롭고 불쌍하게 여기는 뜻이 싹트지 않는다. 옥사를 판단하고 소송을 결단할 때 반드시 중도를 지나치고 정도를 잃으면서 스스로 알지 못하는 경우에는, 오직 백성

31 보광(輔廣)이 말하였다: 《사서찬소(四書纂疏)》 권10에 나온다. 보광의 자는 한경(漢卿), 호는 잠암(潛庵), 송나라 조주(趙州) 사람이다. 여조겸(呂祖謙)과 주희(朱熹)에게 배웠다. 저서에 《육경집해(六經集解)》·《통감집의(通鑑集義)》·《일신록(日新錄)》 등이 있다.

들 마음이 그렇게 되는 이유를 돌이켜 생각해 보면 애처롭고 불쌍한 마음이 생기고 기뻐하는 마음이 사라질 것이다. 증자의 말을 상세히 음미하면 지성으로 측은해 하고 이처럼 긍휼히 여겨 도와주니 아, 어질도다."

輔廣曰: "民之犯罪有二, 迫於不得已, 則使之無其道故也; 陷於不自知, 則敎之無其素故也. 後世治獄之官, 每患不得其情, 苟得其情則喜矣, 豈知哀矜而勿喜之味哉? 且人喜則其意逸, 逸則心放, 放則哀矜之意不萌, 其於斷獄剖訟之際必至於過中失正有不自知者, 惟能反思夫民情之所以然, 則哀矜之意生而喜心亡矣. 詳味曾子之言, 至誠惻怛而體恤周盡如此, 嗚呼, 仁哉!"

신은 이렇게 생각합니다. 증자가 양부에게 옥사를 판단하고 형을 다스리는 도리를 가르치면서, 형벌을 말하지 않고 '백성이 흩어진다'고 말하였는데, 주희(朱熹)가 해석하기를 "백성들이 흩어진다는 것은 사람들의 마음과 의리가 괴리되어 서로 연대하지 못한다는 말이다."라고 하였습니다. 아, 나라를 다스리면서 백성들이 마음과 의리가 괴리되어 서로 연대하지 못하게 한다면 그 나라가 망하는 데 얼마 걸리지 않을 것입니다. 임금과 백성은 서로 기다려 나라를 이루고, 연대하고 편안한 방법은 정으로 믿고 의리로 결속하는 것입니다. 괴리되고 해체되어 연대하지 못하게 되는 상황에 처하는 이유가 어찌 하루아침에 생겼겠습니까.

백성들이 모이고 임금을 존경하고 위를 친히 여기는 이유는, 윗사람이 길러 주고 가르치고 다스릴 때 도리가 있고 또 평소 그렇기 때문입니다. 그러므로 선왕이 백성을 대할 때 정전(田井)을 나누어 주어 기르고, 학교를 세우고 법을 읽혀 가르치며, 또 금령과 형벌을 제정하여 다스립니다. 생업이 넉넉해진 뒤 예의가 다시 밝아져, 안으로 임금을 존경하고 위를 친히 여기는 마음이 있고, 밖으로 부모를 모시고 자식을 키우는 소원을 이룰 것입니다. 마을을 이루어 친족이 모이고 정전을 중심으로 사람들을 모으며 가정을 이루어 부자와 형제, 부부, 친척이 모이게 되면, 기쁜 마음으로 은혜로 사랑하고 질서 있게 차례로 모여 흩어지게 하려고 해도 누가 스스로 흩어지려고 하겠습니까.

후세에 백성들이 쉽게 흩어지는 이유는 위에서 모여 살게 할 방도가 없기 때문입니다. 추위와 기근이 몸에 닥치면 흩어지고, 요역이 번다하면 흩어지며, 세금징수가 무거우면 흩어집니다. 흩어지면 정이 없어지고 정이 없어지면 의리가 없어집니다. 정과 의리가 없어지면 소송을 일으키는 풍조가 생기고 쟁탈하는 화란이 생깁니다. 이것이 옥사를 다스리는 사람이 옥사의 실정을 파악하되 반드시 애처롭고 불쌍한 마음을 가지고 기뻐해서는 안 되는 것입니다.

애처로움은 백성들의 불행을 슬퍼하는 것이고, 불쌍함은 백성들의 무지를 연민하는 것이며, 기뻐하지 않는 것은 자기가 유능하다고 기뻐하지 않는 것입니다.

아, 성인(聖人) 문하에서 사람들에게 청송(聽訟)을 능력 있다고 가르치지 않고 반드시 백성들에게 소송이 없게 하는 것을 지극히 여겼기 때문에, 증자가 양부에게 실정을 파악한 것을 기뻐하지 말고 도리를 잃어 백성들이 흩어질 것을 걱정하라고 가르친 것입니다. 후대의 천하와 국가를 다스리는 자는 이 백성들을 보전하고 기를 방도를 미리 생각하여 그들이 항상 모여 사는 즐거움을 누릴 수 있게 하여, 하루아침에 정과 의리가 괴리되어 연대할 수 없게 만드는 일이 없어야 할 것입니다.

臣按: 曾子敎陽膚以斷獄理刑之道, 不言刑罰而以民散爲言, 朱熹釋之曰: "民散謂情義乖離不相維係." 噫, 爲國而使民至於情義乖離而不相維係, 則其國之亡也無日矣. 蓋君之於民相須而成, 所以維係之以相安者, 以情相孚而義相結也, 所以使之至乖違離解而不相維係者, 夫豈一日之故哉? 蓋民之所以聚而尊君親上者, 以上之人養之·敎之·治之旣有其道, 又有其素故也. 是以先王之於民, 旣分田授井以養之, 立學讀法以敎之, 又制爲禁令刑罰以治之焉. 生業旣厚, 禮義復明, 內有尊君親上之心, 外遂仰事俯育之願, 有比閭以聚其族, 有井邑以聚其人, 有室家以聚其父子·兄弟夫婦·親戚, 歡然有恩以相愛, 秩然有序以相聚, 驅之使散不肯也, 況肯自散哉? 後世民之所以易於散者, 以上無聚之道故也. 饑寒迫身則散, 徭役煩擾則散, 賦斂重多則散, 散則無情, 無情則無義, 無情無義, 則健訟之風起而爭奪之禍作矣. 此治獄者得獄之情, 必加之哀矜而不可喜也, 哀者悲民之不幸, 矜者憐民之無知, 勿喜者勿喜己之有能也. 嗚呼, 聖門敎人不以聽訟爲能, 而必以使民無訟爲至, 故曾子之於陽膚不以得其情爲喜, 而以失道民散爲憂. 後之有天下國家者, 其豫思所以保養斯民, 使其恒有聚處之樂, 而無至於一旦情義乖離而不相維係也哉.

당 덕종(唐德宗) 때, 이손(李巽)이 사사로운 원한으로 두참(竇參)이 번진(藩

鎭)과 결탁하였다고 상주하였다. 황제가 대로하여 두참을 죽이려고 하니, 육지(陸贄)가 두참의 죄는 사형에 해당하지 않는다고 생각하여 상언하기를, "두참은 조정의 대신이니, 주륙하려면 명분이 없어서는 안 됩니다. 옛날 유안(劉晏)을 죽였을 때 죄가 명백하지 않아서 여론이 분노하게 하였고, 반란을 일으킨 신하가 그것을 핑계로 내세웠습니다. 두참의 탐욕스러운 죄는 천하가 다 알고 있지만, 몰래 다른 의도를 품고 있는지는 사안이 애매하여, 만일 추국(推鞫)을 하지 않고 갑자기 무거운 사형을 가하면 적지 않게 놀라 동요할 것입니다."라고 하였다.

唐德宗時, 李巽以私怨奏竇參交結藩鎭, 上大怒, 欲殺參, 陸贄以爲參罪不至死, 上言: "參朝廷大臣誅之不可無名, 昔劉晏之死, 罪不明白, 至使衆議爲之憤惋, 叛臣得以爲辭. 參貪縱之罪, 天下共知, 至於潛懷異圖, 事爲曖昧, 若不推鞫遽加重辟, 駭動不細."

신은 이렇게 생각합니다. 왕자(王者)의 형은, 1인에게 형을 가하여 천만 사람이 두려워할 때 형을 가해야 됩니다. 당나라에서 유안을 자기 죄가 아닌데도 살해하여 천하가 그 때문에 분노하였고 반란을 일으킨 신하가 그것을 빙자하여 군사를 일으켰습니다. 그러니 임금이 형벌에 대해 가볍게 할 수 있겠습니까.

臣按: 王者之刑, 刑一人而千萬人懼, 刑之可也. 唐殺劉晏不以其罪, 天下爲之憤惋, 叛臣藉以稱兵, 然則人主於刑戮, 其可輕哉?

육지가 덕종에게 말하기를, “청송은 참언을 변별하니 밝게 헤아리는 일이 중요합니다. 밝음은 행적으로 변별하는 데 달려 있고, 헤아림은 실정을 구하는 데 달려 있습니다. 행적은 책망할 수 있으나 실정은 불쌍할 경우, 성군은 유사하다는 이유로 죄가 아닌 사람을 빠트릴까 두려워 책망하지 않습니다. 실정은 책망할 수 있으나 행적은 사면할 수 있을 경우, 성군은 거꾸로 속여 죄가 없는 사람에게 남형을 가할까 두려워 책망하지 않습니다. 실정이 드러나고 행적이 갖추어져 진술을 복종하고 이치를 다한 뒤에 형벌을 가합니다. 그러므로 아래로 원망하는 사람이 없고 위로 잘못된 청송이 없으니, 가혹한 악행이 일어나지 않고 교화가 흥성할 것입니다.”라고 하였다.

陸贄言於德宗曰: “夫聽訟辨讒, 貴於明恕, 明者在辨之以跡, 恕者在求之以情. 跡可責而情可矜, 聖主懼疑似之陷非辜, 不之責也; 情可責而跡可宥, 聖主懼逆詐之濫無罪, 不之責也. 惟情見跡具, 詞服理窮者, 然後加刑罰焉. 是以下無冤人, 上無繆聽, 苛慝不作, 敎化以興.”

신은 이렇게 생각합니다. 육지의 이 말은 송사를 듣고 옥사를 판단하는 법이라고 할 수 있으며, 참언을 변별하는 법 또한 갖추어졌습니다. 임금이 참언을 듣고 신하가 옥송을 판단할 때 모두 이 말을 좌석 오른쪽에 써 두어야 할 것입니다.

臣按: 陸贄此言可以爲聽訟斷獄之法, 而辨讒譖之法亦具焉. 人君之聞讒譖·人臣之斷獄訟, 皆當以是書於座右.

송 인종(宋仁宗) 가우(嘉祐) 5년, 판형부 이연(李綖)이 말하기를 "한 해 동안 사형이 무려 3천여 명이니, 풍속의 야박하기로는 골육상잔보다 심한 것이 없고, 의식의 궁핍하기로는 도적보다 급한 자가 없다. 지금 범법자가 많으니 어찌 형벌이 간사한 자들을 멈추기에 부족하고 교화가 그들의 선을 인도하지 못했기 때문이겠습니까. 원컨대 형부에 조서를 내려 천하에 사형에 처단하는 경우를 분류하여 해마다 조정에 올려 살피기를 돕게 하십시오."라고 하니, 따랐다.

宋仁宗嘉祐五年, 判刑部李綖言: "一歲之中, 死刑無慮三千餘, 夫風俗之薄, 無甚於骨肉相殘, 衣食之窮, 莫急於盜賊. 今犯法者衆, 豈刑罰不足以止奸而敎化未能導其所善歟? 願詔刑部類天下所斷大辟, 歲上朝廷以助觀省." 從之.

신은 이렇게 생각합니다. 천하의 치란(治亂)은 풍속의 후박(厚薄), 의식의 유무(有無)에서 징험됩니다. 골육상잔이 많으면 풍속이 투박한 것을 알 수 있고, 도적의 약탈이 많으면 사람들의 궁핍함을 알 수 있습니다. 이연이 형부가 천하에 사형에 처단하는 경우를 분류하여 조정에 올려 살피기를 돕게 하고자 했으니 임금이 여기에 유념하여 살펴야 합니다. 이 두 가지 사이에서 풍속의 투박함은 예의를 밝혀 교화하고, 의식이 부족하면 세금을 덜어 주고 관용을 베풉니다. 이와 같이 하면 위아래로 화목하고 집안과 개인이 넉넉해지니, 형벌이 이를 통해 맑아질 뿐 아니라 백성들의 풍속 또한 이를 계기로 도타워질 것입니다.

臣按: 天下之治亂驗於風俗之厚薄·衣食之有無, 骨肉相殘者多, 其風俗之偷也可見; 盜賊之劫掠者衆, 其人之窮也可知. 李綖欲刑部類天下所斷大辟, 上朝廷以助觀省, 人主於此誠留心觀省, 於斯二者之間, 風俗之偷則明禮義以化之, 衣食之闕則省征輸以寬之. 如此, 則上和下睦, 家給人足, 非特刑罰以之而清, 而民風亦因之而厚矣.

효종(孝宗) 때, 신료들이 상언하기를, "율령에, 국옥을 언급한 것은 모두 고한 실상에 의해 국문해야 합니다. 본래의 실상 외에 따로 다른 죄를 찾는다면 고의로 사람을 죄에 얽어 논하는 것입니다. 근년 중외의 옥사는 실상 외에서 듣고 죄를 찾아 허물을 추심하였으며, 평생 국문하여 덩달아 다른 사람에게 미치니 연루되어 법에 엮입니다. 바라건대, 분명한 법을 펴서 이제부터 옥사는 문서 외에서 죄를 구하지 못하게 하고 만일 어긋남이 있으면 법으로 무겁게 처치하십시오."라고 하였다.

孝宗時, 臣僚上言: "在律言鞫獄者, 皆須依所告狀鞫, 若於本狀之外別求他罪者, 以故入人罪論. 比年中外之獄, 聞於狀外求罪, 推尋愆咎, 鞫勘平生, 旁及他人, 幹連禁繫. 乞申明法, 令自今獄事無得於狀外求罪, 如有違戾, 重置於法."

신은 이렇게 생각합니다. 옛사람은 율령을 제정하여 문서 외에 죄를 구하는 것을 허락하지 않았으니, 당송 이래 모두 그러했습니다. 【이상

은 옥사의 판단이다.】

臣按: 古人制律不許於狀外求罪, 唐宋以來皆然.【以上斷獄】

찾아보기

저자 소개

구준(邱濬, 1420~1495)

중국 명(明)나라의 유학자, 정치가이다. 자는 중심(仲深), 호는 경대(瓊臺). 구준(丘濬)으로도 쓴다. 현재의 하이난성[海南省] 출신이다. 경제(景帝) 경태(景泰) 5년(1454) 과거에 급제하였다. 한림원(翰林院)의 서길사(庶吉士)로 뽑혀 지리지인 《환우통지(寰宇通志)》, 《영종실록》 편찬에 참여하였다. 예부상서를 지냈고 이어 《헌종실록》 편찬에 참여했으며 문연각 대학사(文淵閣大學士)를 역임했다.
남송 시대 성리학자 진덕수(眞德秀, 1178~1235)의 《대학연의(大學衍義)》를 보충해 《대학연의보(大學衍義補)》 160권을 저술하였다. 이외에도 《세사정강(世史正綱)》, 《가례의절(家禮儀節)》, 《오륜전비충효기(伍倫全備忠孝記)》, 《구문장집(丘文莊集)》, 《경태집(瓊台集)》 등의 저술을 남겼다.

역주자 소개

오항녕(吳恒寧)

현재 전주대학교 사학과(대학원) 교수로 재직 중이며, 인권평화연구원 이사이다.
고려대학교 한국사학과를 졸업하고, 태동고전연구소, 한국사상사연구소 연구원, 연변대학교와 튀빙겐대학교 방문교수, 한국고전번역원 이사를 지냈다.
저서로 《역사의 오류를 읽는 방법》, 《사실을 만난 기억》, 《역사학 1교시, 사실과 해석》, 《실록이란 무엇인가》, 《광해군, 그 위험한 거울》, 《조선의 힘》, 《한국 사관제도 성립사》, 《조선초기성리학과 역사학》 등이 있고, 역서로 《사통(史通)》, 《국역 영종대왕실록청의궤(英宗大王實錄廳儀軌)》, 《문곡집(文谷集)》, 《존재집(存齋集)》 등이 있다. 그 외 논문 50여 편이 있다.

大學衍義補